Wetterfest und robust!

Für die Innenseiten dieses Buches haben wir uns etwas Besonderes einfallen lassen. Die Seiten bestehen aus hochwertigem Landkartenpapier, welches mit einer robusten und wasserabweisenden Beschichtung versehen wurde. Somit übersteht es unbeschadet auch mal ein Regenwetter.

Bitte beachten Sie: wetterfest und wasserabweisend bedeutet nicht wasserfest! Die Seiten sind gut gegen Spritzwasser geschützt und kleben, wenn sie feucht werden, nicht aneinander. Dennoch darf das Buch nicht komplett durchnässt werden.

Bitte verwenden Sie bei Dauerregen zusätzlich einen Regenschutz.

Wetterfest

Gabriele Fülbier, Sieglinde Reiß

Radregion Pfalz

Mit Deutscher Weinstraße

Ein original *bikeline*-Radtourenbuch

VERLAG**ESTERBAUER**

bikeline®-Radtourenbuch
Gabriele Fülbier, Sieglinde Reiß
Pfalz
© 2005-2022, **Verlag Esterbauer GmbH**
A-3751 Rodingersdorf, Hauptstr. 31
Tel.: +43/2983/28982-0, Fax: -500
E-Mail: bikeline@esterbauer.com
www.esterbauer.com
3. überarbeitete Auflage 2022
ISBN 978-3-7111-0036-8
Bitte geben Sie bei jeder Korrespondenz die ISBN an!

Mit freundlicher Unterstützung durch
radwanderland.de

Dank an alle, die uns bei der Erstellung dieses Buches tatkräftig unterstützt haben.

Das *bikeline*-Team: Birgit Albrecht-Walzer, Katharina Amon-Schneider, Katrin Baumhauer, Beatrix Bauer, Michael Binder, Veronika Bock, Petra Bruckmüller, Roland Esterbauer, Dagmar Güldenpfennig, Martina Kreindl, Daniela Lehnerova, Gregor Münch, Mario Nakić, Karin Neichsner, Carmen Paradeiser, Amélie Pommier, Manuel Randa, Petra Schartner, Sonja Schleifer, Christian Thoren, Isabella Tillich, Martin Trippmacher, Carina Winkelhofer, Martin Wischin, Wolfgang Zangerl

Umschlagbilder: Bild gr.: © Rolf Ge – fotolia; Bild kl. oben, Bild kl. unten: pixabay

Bildnachweis: Alice_D - stock.adobe.com: 93; Anna Reinert - stock.adobe.com: 94, 146; © Blickfang - fotolia: 60; © Bruno Glätsch - fotolia: 127; David Hajnal - stock.adobe.com: 129; Dirk - stock.adobe.com: 56, 82; Ewald Reiß: 116; Gabriele Fülbier & Sieglinde Reiß: 17, 18, 25, 26, 28, 40, 51, 58, 65, 66, 68, 73, 75, 78, 92, 98, 105, 108, 110, 113, 114, 122, 138, 140, 141, 148, 150; Gräfensteiner Land Tourismus, Dirk Weber: 24, 33; HerrKaiser - stock.adobe.com: 76; juhumbert - stock.adobe.com: 140; Jürgen Fälchle - stock.adobe.com: 96; Jürgen Fälchle - stock.adobe.com: 100; Lapping Pictures - stock.adobe.com: 16, 18; Leonid Andronov - stock.adobe.com: 156; lotharnahler - stock.adobe.com: 34; LUKOM (Ludwigshafener Kongress- und Marketing-Gesellschaft mbH: 131; lumberman71 - stock.adobe.com: 94, 96; Markus Belz: 134; Marat Yakhin - stock.adobe.com: 54; mmuenzl - stock.adobe.com: 22; pixabay: 7, 8, 10, 11, 12, 86, 107, 118, 124, 164; © pure-life-pictures - fotolia: 128; Schepers_Photography - stock.adobe.com: 88; Sebastian - stock.adobe.com: 155; Sina Ettmer - stock.adobe.com: 30, 89, 90, 101, 138, 147; Stadt Bad Dürkheim, melhubach photographie: 84; Stephan Dinges - stock.adobe.com: 52, 71; thorstenstark - stock.adobe.com: 38; travelview - stock.adobe.com: 46; Verbandsgemeinde Freinsheim: 104; Vincent - stock.adobe.com: 144; © waechter-media.de - fotolia: 160

Kartographie erstellt mit expand (www.axes-systems.com)

bikeline

Was ist bikeline?

Wir sind ein Team von Redakteuren, Kartografen, Geografen und anderen Mitarbeitern, die allesamt begeisterte Radfahrerinnen und Radfahrer sind. Ins „Rollen“ gebracht hat das Projekt 1987 eine Wiener Radinitiative, die begonnen hat, Radkarten zu produzieren. Heute tun wir dies als Verlag mit großem Erfolg. Mittlerweile gibt's bikeline® Bücher in fünf Sprachen und in vielen Ländern Europas.

Um unsere Bücher immer auf dem letzten Stand zu halten, brauchen wir auch Ihre Hilfe. Schreiben Sie uns, wenn Sie Unstimmigkeiten oder Änderungen in einem unserer Bücher entdeckt haben.

Wir freuen uns auf Ihre Rückmeldung (redaktion@esterbauer.com),

Ihre bikeline-Redaktion

Vorwort

Die Pfalz liegt im Südwesten von Deutschland und wird geprägt vom Pfälzerwald, der mitten in ihrem Herzen liegt. Beiderseits des größten deutschen Waldes liegen zwei grundverschiedene Landschaften, die darauf warten, von Ihnen erkundet zu werden. Im Osten erstreckt sich die klimatisch begünstigte Rheinpfalz, die bestimmt wird vom sanfthügeligen Weinland und den Landschaften der stillen Rheinauen. Unterwegs treffen Sie hier auf malerische und kulinarisch anregende Winzerdörfer, aber auch auf sehenswerte Städte wie Speyer, Landau und Worms, Neustadt an der Weinstraße, Kaiserslautern und das badische Karlsruhe. Westlich des bergigen Pfälzerwaldes bleibt die Landschaft auf Mittelgebirgshöhe und wird von den Bergen und Höhenzügen des Pfälzer Berglandes und der Westricher Hochfläche bestimmt, zwischen denen sich zahlreiche idyllische Bachtäler hindurchwinden. Neben hübschen Städten wie Zweibrücken und Pirmasens, Meisenheim und Bad Münster am Stein treffen Sie hier auf Streuobstwiesen, ruhige Wälder und saftige Weiden. Für weitere Abwechslung sorgen verwinkelte Altstadtkerne und aussichtsreiche Burgruinen sowie Mühlen und Klosteranlagen. Auf all Ihren Wegen in der Pfalz werden Sie verlässlich begleitet von der herzhaften Pfälzer Küche sowie nicht wenigen herausragenden Tropfen aus dieser weithin bekannten Weinregion.

Präzise Karten, genaue Streckenbeschreibungen, zahlreiche Stadt- und Ortspläne, Hinweise auf das kulturelle und touristische Angebot der Region und ein umfangreiches Übernachtungs- und Serviceverzeichnis – in diesem Buch finden Sie alles, was Sie zu einer Radtour in der Pfalz brauchen – außer gutem Radlwetter, das können wir Ihnen nur wünschen.

Kartenlegende

Radrouten (cycling routes)

Hauptroute, wenig KFZ-Verkehr
(main cycle route, low motor traffic)

- asphaltiert (main cycle route, paved surface)
- nicht asphaltiert (main cycle route, unpaved surface)
- schlecht befahrbar (main cycle route, bad surface)

Hauptroute, autofrei / Radweg
(main cycle route, without motor traffic / cycle path)

- asphaltiert (cycle path, paved surface)
- nicht asphaltiert (cycle path, unpaved surface)
- schlecht befahrbar (cycle path, bad surface)

Ausflug od. Variante, wenig KFZ-Verkehr
(excursion or alternative cycle route, low motor traffic)

- asphaltiert (excursion or alternative route, paved surface)
- nicht asphaltiert (excursion, unpaved surface)
- schlecht befahrbar (excursion, bad surface)

Ausflug od. Variante, autofrei / Radweg
(excursion or alternative route, without motor traffic / cycle path)

- asphaltiert (excursion or alternative route, paved surface)
- nicht asphaltiert (excursion, unpaved surface)
- schlecht befahrbar (excursion, bad surface)

Sonstiges (other cycle routes)

- sonstige Radroute (other cycle route)

- verkehrsreiche Radroute (cycle route with significant motor traffic)
- Kopfsteinpflaster (cobbled street)
- Einbahnführung (one-way connection)
- Fährverbindung (ferry connection)
- unbekannter Belag (road surface unknown)
- Tunnel (tunnel)
- Schiebestrecke (dismounting recommended)
- Zugverbindung (train connection)
- Radweg in Planung (planned cycle path)
- Radweg gesperrt (closed cycle path)
- Radstreifen mit Verkehr (cycle lane)
- Radstreifen, straßenbegleitender Radweg (cycle path along road)
- Straße für Radfahrer gesperrt (road closed to cyclists)
- Beschriebene Fahrtrichtung (described direction)
- 5 Wegpunkt (waypoint)

Steigungen / Entfernungen (gradient / distance)

- starke Steigung (steep gradient, uphill)
- leichte bis mittlere Steigung (light gradient, uphill)
- 2,4 Entfernung in Kilometern, gerundet (distance in km, rounded)

Radinformationen (important cycling information)

- Fahrradwerkstatt* (bike workshop*)
- Fahrradvermietung* (bike rental*)
- überdachter Abstellplatz* (covered bike stands*)
- abschließbarer Abstellplatz* (lockable bike stands*)
- E-Bike Ladestation (E-bike charging station)
- Infotafel* (information board*)
- Gefahrenstelle (dangerous section)
- Text beachten (read text carefully)
- Treppe (stairs)
- Tragestrecke (bicycle must be carried!)
- Engstelle* (constriction, bottleneck*)
- 17 42 Knotenpunktnummer der Wegweisung* (nodal point)
- Stadt-, Ortsplan (city map)

Nur in Ortsplänen (symbols only in the city maps)

- Parkhaus* (garage*)
- Theater* (theatre*)
- Post* (post office*)
- Apotheke* (pharmacy*)
- Krankenhaus* (hospital*)
- Feuerwehr* (fire-brigade*)
- Polizei* (police*)

* Auswahl (* selection)

Maßstab 1 : 75.000

1 cm ≙ 750 m   1 km ≙ 13,3 mm

0 1 2 3 4 5 6 7 8 9 10 11 12 13 14 15 km

Sehenswertes / Einrichtungen (sights of interest / facilities)

- Kirche; Kapelle (church; chapel)
- Kloster (monastery/convent)
- Synagoge; Moschee (synagogue; mosque)
- Schloss, Burg; Ruine (palace, castle; ruin)
- Turm; Leuchtturm (tower; lighthouse)
- Wassermühle; Windmühle (watermill; windmill)
- Kraftwerk (power station)
- Bergwerk; Höhle (mine; cave)
- Flughafen; Denkmal (airport; monument)
- sonstige Sehenswürdigkeit (other sight of interest)
- Museum (museum)
- Ausgrabungen; röm. Objekte (excavations; roman site)
- Tierpark; Natur-Information (zoo; nature info)
- Naturschutzgebiet, -denkmal (nature reserve, monument)
- sonstige Natursehenswürdigkeit (natural sight of interest)
- Aussichtspunkt* (panoramic view*)
- Tourist-Information; Gasthaus (tourist information; restaurant)
- Unterkunft; Jugendherberge (hotel, guesthouse; youth hostel)
- Camping-; Naturlagerplatz* (camping site; simple tent site*)
- Einkaufsmöglichkeit*; Kiosk* (shopping facility*; kiosk*)
- Rastplatz*; Unterstand* (picnic tables*; covered stand*)
- Freibad; Hallenbad (outdoor pool; indoor pool)
- Naturbad; Thermal-; Erlebnisbad (natural pool; thermal baths; waterpark)
- Brunnen*; Parkplatz* (drinking fountain*; parking lot*)
- Schönern sehenswertes Ortsbild (picturesque town)
- Einrichtung im Ort vorhanden (facilities available)

Topographische Informationen (topographic information)

- Kirche; Kapelle (church; chapel)
- Kloster (monastery)
- Synagoge; Moschee (synagogue; mosque)
- Schloss, Burg; Ruine (palace, castle; ruins)
- Turm; Leuchtturm (tower; lighthouse)
- Wassermühle; Windmühle (windmill; water mill)
- Kraftwerk; Solaranlage (power station; solar power station)
- Bergwerk; Höhle (mine; cave)
- Denkmal; Hügelgrab (monument; burial mound)
- Flughafen; Flugplatz (airport; airfield)
- Windkraftanlage (windturbine)
- Funk- und Fernsehanlage (TV/radio tower)
- Umspannwerk, Trafostation (transformer station)
- Wegkreuz; hist. Grenzstein (wayside cross; boundary stone)
- Sportplatz, Stadion (playing field, stadium)
- Golfplatz; Tennisplatz (golf course; tennis courts)
- Schiffsanleger; Schleuse (boat landing; sluice/lock)
- Quelle; Kläranlage (natural spring; wastewater treatment plant)
- Staatsgrenze mit Übergang (international border crossing)
- Landesgrenze (country border)
- Kreis-, Bezirksgrenze (district border)
- Naturschutzgebiet, Naturpark, Nationalpark (nature reserve, national park)
- Truppenübungsplatz, Sperrgebiet (prohibited zone)
- Höhenlinie 100m/50m (contour line)
- UTM-Gitter (in km; 2 km-Gitter) (UTM-grid)
- Autobahn; Schnellstraße (motorway/freeway; expressway)
- Fernverkehrsstraße (highway)
- Hauptstraße (main roads)
- untergeordnete Hauptstraße (secondary main road)
- Nebenstraße; Fahrweg (secondary road; side street/access road)
- Weg; Fähre (track; ferry)
- Straße geplant/in Bau (road planned/under construction)
- Eisenbahn/Bahnhof; S-Bahnhof (railway/station; suburban station)
- Eisenbahn stillgelegt; geplant (railway disused, planned)
- Schmalspurbahn (narrow gauge railway)
- Bergbahn; Seilbahn (mountain railway; cable car)
- Wald; Parkanlage (forest; park)
- Sumpf; Heide (marsh/bog; heath)
- Weinbau; Gartensiedlung* (vineyards; allotment gardens*)
- Steinbruch, Tagebau* (quarry, open cast mine*)
- Friedhof; Düne, Strand (cemetery; dunes, beach)
- Watt; Gletscher (tidal flats; glacier)
- Felsen; Geröll (rock, cliff; scree)
- Gewächshäuser*, Plantage* (greenhouses*, plantation*)
- Gewerbe-, Industriegebiet (commercial/industrial area)
- Siedlungsfläche; öffentl. Gebäude (built-up area)
- Stadtmauer, Mauer (defensive wall, wall)
- Damm, Deich (embankment, dike)
- Kanal (canal)
- Fluss/Staumauer/See (river/dam/lake)

Inhalt

Stadtpläne

Die Pfalz

An der Grenze zu Frankreich gelegen, hat die Pfalz seit jeher eine abwechslungsreiche Geschichte zu erzählen. So lädt das milde Klima schon seit Jahrtausenden Menschen zur Besiedlung dieser Region ein. Kelten, Römer, Franken, Merowinger – sie alle haben diesen Landstrich kulturell und landschaftlich geprägt. Der Wechsel der Völker bescherte der Region leider auch lange Kriegsjahre und immer wiederkehrenden Aufbau. Ruhe und Frieden stellten sich in diesem umkämpften Landstrich auch in späteren Jahren und Jahrhunderten selten ein – egal ob bei den Territorialherren des Mittelalters oder zur Zeit Napoleons. Nach einem Tauziehen der Zugehörigkeit zwischen Frankreich und Bayern war die Pfalz bis 1930 französisches Besatzungsgebiet und gehörte dann bis zum Zweiten Weltkrieg zu Bayern. Erst seit der Mitte des 20. Jahrhunderts nimmt sie ihren Platz im Bundesland Rheinland-Pfalz ein.

Weinberge in der Pfalz

Eines der Hauptmerkmale und der große Stolz der Pfälzer ist der Weinbau. Regionales Schlagwort zum Thema „Weinland Pfalz" ist allen voran die Deutsche Weinstraße. Das milde und sonnenreiche Klima hatte hier schon die Römer auf die Idee mit dem Weinanbau gebracht. Heute stehen Rebstöcke in der gesamten Region – auf mehr als 23.000 Hektar Fläche – und über 250 Millionen Liter Wein werden hier in jedem Jahr abgefüllt.

Der Pfälzerwald ist mehr als dreimal so groß wie der Bodensee und gilt als größtes zusammenhängendes Waldgebiet Deutschlands. Nur ein paar Handvoll Ortschaften gibt es in dieser bewegten Mittelgebirgslandschaft und dementsprechend wenige Straßen, die sie durchqueren. Gut verteilt in ihren ausgedehnten Wäldern finden sich bizarre Felsformationen und imposante Burgen.

Östlich des gebirgigen Pfälzerwaldes bis hin zu den Ufern des Rheins erstreckt sich flach die Rheinpfalz. Reich an Abwechslung ist ihr Landschaftsbild, in dem das hügelige

LIVE-UPDATES

LIVE UPDATE

Als Online-Angebot finden Sie auf unserer Webseite eine Sammlung aktueller Änderungen und Korrekturen zu diesem Radtourenbuch. Diese Informationen sind immer auf dem neuesten Stand und ermöglichen Ihnen in Kombination mit der bestehenden Auflage dieses Buches die beste Reiseplanung. Das LiveUpdate zu diesem Titel ist frei verfügbar und auf unserer Webseite beim jeweiligen Buch oder unter folgendem Link zu finden:

https://www.esterbauer.com/pfalz

Sind Ihnen auf Ihrer Radreise Fehler und Änderungen zur Route, zum Übernachtungsverzeichnis oder den touristischen Daten aufgefallen? Über die Updateseite können Sie diese brandneuen Infos direkt an das bikeline-LiveUpdate-Team übermitteln. Wir freuen uns auf Ihr Update und bedanken uns im Namen aller Radler!

GPS Tracks

Den aktuellen bikeline-Track zu diesem Titel finden Sie, wenn Sie folgende Adresse in die Adresszeile Ihres Browsers eingeben:

https://www.tracks.world/?dir=de/trk02lb927

Weitere Tracks:
www.radwanderland.de

Blick über den Pfälzerwald

Weinland Hand in Hand geht mit dem rauen Pfälzerwald im Westen und der flachen Rheinebene im Osten. Letztere ist vom Gemüseanbau geprägt und gilt als größter Gemüsegarten Deutschlands. Weiter östlich geht die Ebene nahtlos in die idyllischen Rheinauen über, die den großen Strom umgarnen und begleiten. Hier finden die Menschen Erholung und viele Pflanzen- und Tierarten Schutz und Lebensraum. Geschichte atmen die Städte der Region, die sich überwiegend im Randbereich finden. Am Rhein sind dies das badische Karlsruhe, Speyer und Worms, an der Haardt – dem östlichen Rand des Pfälzerwaldes – Neustadt an der Weinstraße und Landau.

Im Gegensatz zur Rheinpfalz gilt die von Wald und Landwirtschaft geprägte Mittelgebirgslandschaft westlich des Pfälzerwaldes als touristischer Geheimtipp. Von der stetigen Entwicklung Richtung Urlaubsregion zeugt das hervorragend ausgebaute Radwegenetz. Der hügelige Landstrich zwischen Pfälzerwald, Saarland und Frankreich wird landschaftlich in drei Gebiete unterteilt: Im Norden liegt zunächst das Pfälzer Bergland mit seinen bewaldeten Bergkuppen, zwischen denen der Glan als wichtigster Fluss die Landschaft prägt, neben Lauter und Alsenz. Südlich davon zieht sich auf der Höhe von Landstuhl der schmale Streifen der Westricher Niederung, einer einstigen Moorlandschaft, die seit dem 18. Jahrhundert immer stärker zur Kulturlandschaft umgewandelt wurde. Ganz im Süden schließlich dehnt sich die Westricher Hochfläche mit ihren fruchtbaren Böden aus Lehm und Muschelkalk aus.

In der von Wald und Landwirtschaft geprägten Region zählt die Barbarossastadt Kaiserslautern zu den zentralen kulturellen Plätzen, doch auch die Städte Zweibrücken, Pirmasens und das saarländische Homburg warten mit allerhand Sehenswertem auf. Imposante Klosteranlagen, Europas eindrucksvollste Buntsandsteinformationen und zahlreiche Burgruinen verteilen sich über die gesamte Region.

So bunt sich Geschichte und Landschaft der Pfalz darstellen, so abwechslungsreich und vielfältig ist auch das Radroutennetz. Von der flachen Rheinebene über die sanften Hügel der Weinhänge bis hin zu den tief eingeschnittenen Tälern und Erhebungen des Pfälzerwaldes und denen westlich davon bietet sich für jedes Radlerherz die richtige Radtour an.

In diesem Buch haben wir 12 Routen im gesamten Gebiet der Pfalz für Sie zusammengestellt. Einige davon – Tour 7, 8 und 12 – verlaufen dabei durch das Gebiet südlich der Queich bis an die französische Grenze, das seit altersher als „Wasgau" bezeichnet wird.

Streckenstatistik

Länge der Hauptstrecken: 964 km

HM/km: ↗ 3,2 m (3.038 m) ↘ 3,4 m (3.318 m)

Radweg: 71 % **Unbefestigt:** 12 % **Verkehr:** 5 %

Summe aller Strecken: 1.157 km

Streckencharakteristik

Länge

Die Gesamtlänge aller 12 Touren beträgt gut **960 Kilometer**.

Wegequalität, Verkehr und Steigungen

Die Touren verlaufen hauptsächlich auf asphaltierten Wirtschaftswegen, Radwegen und ruhigen Landstraßen. Hin und wieder kommen auch unbefestigte Waldwege vor. Achten Sie bitte darauf, dass auf Wirtschafts- und Forstwegen Winzer, Land- und Forstwirte für ihre alltägliche Arbeit (auch an Wochenenden) stets Vorrang haben. Verkehrsbelastungen treten nur selten auf, insbesondere in den Städten müssen Sie jedoch mit Verkehrsaufkommen rechnen.

Starke bzw. lange Steigungen gibt es nur bei einigen Touren, leichte Steigungs- und Gefällestrecken hingegen kommen immer wieder vor. Einige Touren sind fast bzw. komplett steigungsfrei, so die Touren 3, 5, 9, 11 und 12. Am ehesten finden sich Anstiegs- und Gefällepassagen im Einzugsgebiet des Pfälzerwaldes.

Beschilderung

Nahezu alle Touren sind durchgehend mit eigenem Logo ausgewiesen. Lediglich Tour 10 ist nicht durchgehend einheitlich beschildert. Genauere Informationen finden Sie jeweils zu Beginn der Tour.

Tourenplanung

Wichtige Telefonnummern

Internationale Vorwahlen
Deutschland: 0049
Frankreich: 0033

Zentrale Infostellen

Pfalz Touristik e. V., Martin-Luther-Str. 69, D-67433 Neustadt an der Weinstraße, ✆ 06321/39160, info@pfalz.de, www.pfalz.de

Radwanderland Rheinland-Pfalz mit integriertem Radroutenplaner: www.radwanderland.de
Hier finden Sie Informationen zum radtouristischen Angebot in Rheinland-Pfalz. Die Homepage des Landes wird unter Federführung des Ministeriums für Wirtschaft, Verkehr, Landwirtschaft und Weinbau Rheinland-Pfalz ständig ergänzt und gepflegt.
Datenlieferung LBM Rheinland-Pfalz:
radwege@lbm.rlp.de,
https://lbm.rlp.de/de/grossprojekte-themen/radverkehr/

Informationen über Umleitungen von Radrouten
www.radwanderland.de/seiten/umleitung

radwanderland.de
Sattelfest durch Rheinland-Pfalz

An- und Abreise mit der Bahn

Die Pfalz ist gut an das Bahnnetz angeschlossen und von den meisten Großstädten mit wenigen Umstiegen zu erreichen. So kommen Sie z. B. nach Neustadt an der Weinstraße von Hamburg oder Berlin aus in 5-6 Stunden mit ein- bis zweimaligem Umsteigen, von München sind es ca. 3,5-4 Stunden mit einem Umstieg.
Aufgrund der sich ständig ändernden Preise und Bedingungen für Fahrradtransport bzw. -mitnahme empfehlen wir Ihnen, sich bei nachfolgenden Infostellen über Ihre ganz persönliche Anreise mit der Bahn zu informieren.

Informationsstellen

Deutsche Bahn AG, Service-Hotline: ✆ 030/2970, Mo-So 0-24 Uhr, Auskünfte über Fahrpreise und Fahrpläne, Informationen über die Serviceleistungen der Deutschen Bahn, www.bahn.de, www.bahn.de/bahnundbike

ROLPH - Mobilität für Rheinland-Pfalz, www.rolph.de

Verkehrsverbund Rhein-Neckar, ✆ 0621/1077077 (Ortstarif), Mo-So 0-24 Uhr, www.vrn.de

Karlsruher Verkehrsverbund, ✆ 0721/61075885 (Ortstarif), www.kvv.de

Fahrradversand

Deutsche Bahn AG (innerhalb Deutschlands sowie zwischen Deutschland und Österreich)
Wenn Sie mit der Deutschen Bahn an- und abreisen, können Sie den Gepäckservice der DB nutzen. Ihr Rad oder E-Bike wird im Haus-zu-Haus-Versand an den vereinbarten Zielort gebracht, wenn Sie im Besitz einer entsprechenden Bahnfahrkarte sind. Fahrrad oder E-Bike müssen verpackt werden und dabei roll- und lenkbar bleiben, Gewicht max. 31,5 Kilogramm. Kostenlos kann eine Fahrradverpackung zugebucht werden, bei E-Bikes muss der Akku ausgebaut sein. Informationen und aktuelle Preise finden Sie unter www.gepaeckservice-bahn.de.

Im französischen Wissembourg

An- und Abreise mit dem Fernbus

Viele Fernbusunternehmen bieten auf ihren Strecken eine Radmitnahme an. Aufgrund der großen Anzahl von Fernbuslinien und -unternehmen informieren Sie sich bitte im Internet z. B. unter www.fernbusse.de.

An- und Abreise mit dem Auto

Die Pfalz ist über das Fernstraßennetz bestens angebunden und von überall her gut zu erreichen.
Von Norden her ist die Region über die A 6 (Saarbrücken-Kaiserslautern-Mannheim) erreichbar. Entlang ihrer Ostseite verläuft im Rheintal die A 65 (Ludwigshafen-Landau-Karlsruhe). Von München fahren Sie ca. 4 Stunden, von Hamburg oder Berlin sind es ca. 7 Stunden.

Rad & Bahn

Die Pfalz ist gleichmäßig durchzogen von einem dicht getakteten Bahnnetz, sodass nahezu alle größeren Orte im Buch und auch viele kleinere gut und regelmäßig mit der Bahn zu erreichen sind. Das kann sowohl für An- und Abreise zu den Touren als auch für Abkürzungen von Nutzen sein.
Quer durch den Pfälzerwald gibt es zwei Bahnverbindungen. Im Süden verkehrt zwischen Pirmasens und Landau im Stundentakt die RB 55 (Queichtalbahn), die unterwegs an folgenden Orten hält: Rodalben, Münchweiler an der Rodalb, Hinterweidenthal, Hauenstein, Wilgartswiesen, Rinnthal, Annweiler am Trifels, Albersweiler, Godramstein und Siebeldingen. Von Pirmasens nach Westen kommen Sie mit der RB 68 stündlich nach Zweibrücken.
Mitten durch den nördlichen Pfälzerwald besteht eine regelmäßige S-Bahn-Verbindung zwischen Neustadt an der Weinstraße und Kaiserslautern, die über Lambrecht führt. Streckenweise parallel fahren der RE 1 (Mannheim - Ludwigshafen - Neustadt a. d. Weinstraße - Kaiserslautern - Landstuhl - Homburg) und der RE 6 (Karlsruhe - Wörth (Rhein) - Kandel - Winden - Landau - Edenkoben - Neustadt an der Weinstraße, z. T. Verlängerung nach Kaiserslautern).
Von Kaiserslautern nach Norden gibt es Bahnverbindungen über Landstuhl nach Kusel (RB 67 mit Halt u. a. in Glan-Münchweiler, Theisbergstegen und Altenglan), ferner nach Lauterecken (RB 66 mit Halt u. a. in Olsbrücken und Wolfstein) sowie nach Bad Münster am Stein (RB 65 mit Halt u. a. in Münchweiler (Alsenz) und Rockenhausen).
Am Westrand des Pfälzerwaldes verkehrt zwischen Pirmasens und Kaiserslautern stündlich die RB 64, die auch in Waldfischbach und Steinalben hält.
Gleich östlich des Pfälzerwaldes verbindet die RB 53 Neustadt an der Weinstraße mit dem französischen Wissembourg und hält auch in Maikammer, Edenkoben, Landau, Schaidt, Steinfeld, Kapsweyer und Schweighofen. Die RB 51 fährt von Karlsruhe nach Neustadt an der Weinstraße und hält dabei (wie der RE 6) u. a. in Wörth, Kandel und Landau. Weiter nördlich verkehrt zwischen Neustadt an der Weinstraße und Bad Dürkheim die RB 45, die u. a. in

Bad Dürkheim hält, eine weitere Regionalbahn verbindet Grünstadt und Bockenheim.
In Rheinnähe gibt es eine Verbindung zwischen dem französischen Lauterbourg und Wörth (Rhein), die S-Bahn-Linie 52 zwischen Wörth (Rhein) und Germersheim sowie den von Karlsruhe kommenden RE 4, der von Germersheim über Speyer und Ludwigshafen (Rhein) bis nach Worms fährt.
Eine kostenlose Fahrradmitnahme ist in Rheinland-Pfalz montags bis freitags ab 9 Uhr und am Wochenende und den Feiertagen zeitlich unbeschränkt in den Zügen der DB Regio möglich, sofern es die Kapazitäten erlauben.
Mit dem **Rheinland-Pfalz-Ticket** können bis zu 5 Personen einen Tag lang durch Rheinland-Pfalz und das Saarland fahren. Das Ticket für die 2. Klasse gilt in den Nahverkehrszügen der Deutschen Bahn in Rheinland-Pfalz und im Saarland sowie auch in Linienbussen.
Ferner gilt es linksrheinisch auch in allen Verkehrsmitteln des Saarländischen Verkehrsverbunds SaarVV sowie in allen Verkehrsmitteln der Verbünde
- Verkehrsverbund Region Trier (VRT)
- Karlsruher Verkehrsverbund (KVV)
- Rhein-Nahe-Nahverkehrsverbund (RNN)
- Verkehrsverbund Rhein-Neckar (VRN).

Im Verkehrsverbund Rhein-Mosel (VRM) ist es ebenfalls gültig, jedoch nicht in Bussen und Straßenbahnen.
Preise und Fahrradmitnahmeregelungen sind je nach Verkehrsverbund unterschiedlich und sollten daher gesondert erfragt werden. Detaillierte Infos finden Sie unter www.bahn.de

Rad & Bus

Die Fahrradmitnahme in Bussen ist je nach Verkehrsverbund unterschiedlich geregelt. Grundsätzlich gilt, dass in Bussen der Platz für Fahrräder eingeschränkt ist – insbesondere zu den Haupt-Schulschlusszeiten zwischen 12 Uhr und 14 Uhr – und Rollstuhlfahrer und Kinderwagen Vorrang haben. Je nach Verkehrsverbund ist die Mitnahme eines Fahrrades entweder gratis oder Sie brauchen dafür eine Fahrkarte zum Kinderpreis. Genaue Informationen zum jeweiligen Verkehrsverbund unter folgenden Telefonnummern:
VV Rhein-Neckar: ✆ 0621/1077077 (Ortstarif) oder ✆ 01805/8764636 (14 ct/Min. aus dem Festnetz, Mobilfunk max. 42 ct/Min.)
VV Rhein Mosel: ✆ 0800/5986986 (kostenfrei)
VV Region Trier: ✆ 01806/131619 (20 ct/Anruf aus dem Festnetz, Mobilfunk max. 60 Cent/Anruf)
VV Rhein-Nahe: ✆ 06132/789622 (Ortstarif)
VV Karlsruhe: ✆ 0721/61075885 (Ortstarif)

Warnwestenpflicht in Frankreich

In Frankreich müssen Radfahrer außerhalb geschlossener Ortschaften nachts, in der Dämmerung sowie auch tagsüber bei schlechten Sichtverhältnissen (Nebel, Regen) eine reflektierende Warnweste tragen. Andernfalls können bis zu € 35,– fällig werden.

Sonnenuntergang über den Weinbergen der Pfalz

Übernachtung

Von First-Class-Hotels über preiswerte Gasthäuser und Pensionen, von komfortablen Ferienwohnungen und Privatzimmern – teilweise in Weingütern – zu Jugendherbergen bis zu Naturfreundehäusern erstreckt sich die Palette der Unterkünfte und bietet für jeden Geldbeutel das Passende. Im Bereich der Deutschen Weinstraße und des Pfälzerwaldes ist das Angebot an Übernachtungen am größten. Dennoch empfiehlt es sich besonders hier, an verlängerten Wochenenden und vor allem im Herbst zur Wanderzeit und der Weinlese mit den großen Weinfesten frühzeitig die Unterkunft für Ihre Tour zu buchen.
Bei unseren Recherchen haben wir eine größtmögliche Auswahl für Sie zusammengestellt. Für alle, die Alterna-

Karlsruher Schloss in der Abenddämmerung

tiven oder einfach noch mehr Anbieter suchen, gibt es nachfolgende Internet-Adressen, die auch Beherbergungen anderer Art anbieten:

Der ADFC-Dachgeber funktioniert nach dem Gegenseitigkeitsprinzip: Hier bieten Radfreunde anderen Tourenradlern private Schlafplätze an. Mehr darüber unter www.dachgeber.de

Für das Übernachten in **Jugendherbergen** informieren Sie sich weltweit am besten beim internationalen Hostelling-Dachverband unter www.hihostels.com/de. Für Deutschland gibt es zusätzlich folgende Webseite zur Recherche: www.jugendherberge.de

Auch die **Naturfreunde** bieten mit ihren **Naturfreundehäusern** eine Alternative zu anderen Beherbergungsarten an, mehr unter www.naturfreunde.de

Die Plattform Airbnb bietet die Möglichkeit, weltweit private Unterkünfte zu suchen und zu buchen. Infos dazu und Anbieter finden Sie auf: www.airbnb.com

Unter www.camping.info finden Sie flächendeckend den **Campingplatz** nach Ihrem Geschmack.

Weiterhin bietet **Bett+Bike** unter www.bettundbike.de zusätzliche Informationen zu den beim ADFC gelisteten Beherbergungsbetrieben in ganz Deutschland.

Reisezeit

Die Hauptreisezeit beginnt in der Region mit der Mandelblüte an der Weinstraße Anfang April und endet mit den letzten Weinfesten Anfang November; in dieser Zeit haben fast alle Gastgeber und die gesamte Gastronomie für Besucher geöffnet.

Durch das bevorzugte Klima bieten sich Radtouren im Pfälzerwald auch im restlichen Jahr an. Dennoch kann die Pfalz und speziell der Pfälzerwald im Winter tief einschneien, sodass Sie ggf. telefonisch vor Ort erfragen sollten, ob Radtouren möglich sind.

Mit Kindern unterwegs

Die Kindereignung der Radtouren in der Pfalz ist je nach Tour unterschiedlich. Die wenigsten Höhenmeter und zudem sehr wenig Verkehr finden Sie westlich des Pfälzerwaldes bei den Touren 2 (Pirminius-Radweg bis Hauenstein – unter Nutzung der Alternativen bei Pirmasens), 3 (Glan-Blies-Radweg), 4 (Barbarossa-Radweg – bis Enkenbach-Alsenborn und danach wieder ab Eisenberg) und 5 (Lautertal-Radweg). Auch die Touren in der Rheinebene (Touren 8-11) sowie der Deutsch-französische Pamina-Radweg Lautertal (Tour 12) sind mit sportlichen und straßenerfahrenen Kindern ab 8 Jahren gut zu befahren.

Radreiseveranstalter

Eurobike, Mühlstr. 20, A-5162 Obertrum am See, ✆ 0800/5889718 (gebührenfrei aus A+D+CH), ansonsten ✆ 0043/6219/7444, eurobike@eurobike.at, www.eurobike.at

PEDALO Touristik GmbH, Kickendorf 1a, A-4710 Grieskirchen, ✆ 0800/2400999 (gebührenfrei aus A+D+CH), ansonsten ✆ 0043/7248/635840, info@pedalo.com, www.pedalo.com

Radweg-Reisen GmbH, Fritz-Arnold-Str. 16a, D-78467 Konstanz, ✆ 0049/7531/819930, info@radweg-reisen.com, www.radweg-reisen.com

Rückenwind Reisen GmbH, Am Patentbusch 14, D-26125 Oldenburg, ✆ 0800/5889717 (gebührenfrei aus A+D+CH), ansonsten ✆ 0049/441/485970, info@rueckenwind.de, www.rueckenwind.de

Velociped Fahrradreisen, Alte Kasseler Str. 43, D-35039 Marburg, ✆ 0049/6421/886890, info@velociped.de, www.velociped.de

Tourismus Zentrale Saarland GmbH, Trierer Str. 10, D-66111 Saarbrücken, ✆ 0049/681/927200, info@tz-s.de, www.saarradland.de

Gepäckservice Pfalz (Touren 7/8), Habergartenstr. 17, D-67146 Deidesheim, ✆ 0049/175/1591204, info@gepaeckservice-pfalz.de, www.gepaeckservice-pfalz.de

Zu diesem Buch

Dieser Radreiseführer enthält alle Informationen, die Sie für den Radurlaub in der Pfalz benötigen: Exakte Karten, eine detaillierte Streckenbeschreibung, ein ausführliches Übernachtungs-und Serviceverzeichnis, Stadt- und Ortspläne und die wichtigsten Informationen zu touristischen Attraktionen und Sehenswürdigkeiten.
Und das alles mit der ***bikeline*-Garantie**: die Routen in unseren Büchern sind von unserem professionellen Redaktionsteam auf ihre Fahrradtauglichkeit geprüft worden. Um höchste Aktualität zu gewährleisten, nehmen wir nach der Befahrung Korrekturen von Lesern bzw. offiziellen Stellen bis Redaktionsschluss entgegen, die dann jedoch teilweise nicht mehr an Ort und Stelle verifiziert werden können.
Die Radtouren sind nicht in Tagesetappen sondern in logische Abschnitte aufgeteilt, weil die Tagesleistung zu sehr davon abhängt, wie sportlich oder genussvoll Sie die Strecke in Angriff nehmen möchten.

Die Karten

Die Detailkarten sind im Maßstab 1 : 75.000 erstellt. Dies bedeutet, dass 1 Zentimeter auf der Karte einer Strecke von 750 Metern in der Natur entspricht. Zusätzlich zum genauen Routenverlauf informieren die Karten auch über die Beschaffenheit des Bodenbelages (befestigt oder unbefestigt), Steigungen (leicht oder stark), Entfernungen sowie über kulturelle, touristische und gastronomische Einrichtungen entlang der Strecke.
Allerdings können selbst die genauesten Karten den Blick auf die Wegbeschreibung nicht ersetzen. Komplizierte Stellen werden in der Karte mit diesem Symbol ⚠ gekennzeichnet, im Text finden Sie das gleiche Zeichen zur Markierung der betreffenden Stelle wieder. Beachten Sie, dass die empfohlene Hauptroute immer in Rot und Violett, Varianten und Ausflüge hingegen in Orange dargestellt sind. Die genaue Bedeutung der einzelnen Symbole wird in der Legende auf den Seiten 4 und 5 erläutert.

Höhen- und Streckenprofil

Die auf den Tourenseiten dargestellten Höhen- und Streckenprofile geben Ihnen einen grafischen Überblick über die Steigungsverhältnisse, die Länge und die wichtigsten Orte entlang der Tour. Zudem ist über die Wegpunkte eine Zuordnung zwischen Karte und Text möglich. Es können in diesem Überblick nur die markantesten Höhenunterschiede dargestellt werden, jede einzelne kleinere Steigung wird in dieser grafischen Darstellung nicht berücksichtigt. Die Steigungs- und Gefälleverhältnisse entlang der Route finden Sie im Detail mit Hilfe der Steigungspfeile in den genauen Karten.

Der Text

Der Textteil besteht im Wesentlichen aus der genauen Streckenbeschreibung, welche die empfohlene Hauptroute enthält. Stichwortartige Streckeninformationen werden von dem Zeichen ~ begleitet. Manche besonders markante oder wichtige Punkte auf der Strecke sind als Wegpunkte **1**, **2**, **3**,... oder als Knotenpunkte KP 1, KP 2, KP 3,... durchnummeriert und – zur besseren Orientierung – mit dem selben Symbol in den Karten wieder zu finden.

Unterbrochen wird dieser Text gegebenenfalls durch orangefarbige Absätze, die Varianten und Ausflüge beschreiben.

TIPP Textabschnitte in Violett heben Stellen hervor, an denen Sie Entscheidungen über Ihre weitere Fahrstrecke treffen müssen, z. B. wenn die Streckenführung von der Wegweisung abweicht oder mehrere Varianten zur Auswahl stehen u. ä.

AUSFLUG Sie weisen auch auf Ausflugstipps, interessante Sehenswürdigkeiten oder Freizeitaktivitäten etwas abseits der Route hin.

Ferner sind alle wichtigen **Orte** zur besseren Orientierung aus dem Text hervorgehoben. Gibt es interessante Sehenswürdigkeiten in einem Ort, so finden Sie unter dem Ortsbalken die jeweiligen Adressen, Telefonnummern, Öffnungszeiten-Kategorien und Weblinks.

Die Beschreibung der einzelnen Orte sowie historisch, kulturell oder naturkundlich interessanter Gegebenheiten entlang der Route trägt zu einem abgerundeten Reiseerlebnis bei. Diese Textblöcke sind kursiv gesetzt und unterscheiden sich dadurch auch optisch von der Streckenbeschreibung.

Öffnungszeiten – Kategorien

- Öffnungszeiten
- 24 frei zugänglich
- 7d täglich
- häufig (5-6 Tage/Wo.)
- durchschnittlich (3-4 Tage/Wo.)
- selten (bis 2 Tage/Wo.)
- nach tel. Anfrage

Diese Angaben gelten während der Radsaison und dienen als Orientierungshilfe. Die tagesaktuellen Öffnungszeiten finden Sie über den Weblink.

Weblink

Im Ortsdatenblock bei dem jeweiligen touristischen Eintrag befindet sich nach dem @ Symbol eine sechsstellige Zahlen- und Buchstabenkombination ***(z. B. @ abc123)***. Die Eingabe dieser Weblink-ID auf unserer Internetseite www.esterbauer.com leitet Sie direkt auf die entsprechende Webseite weiter und ersetzt somit die mühsame Eingabe ellenlanger Webadressen.

Übernachtungs- und Serviceverzeichnis

Auf den letzten Seiten dieses Radtourenbuches sind zu fast allen Orten entlang der Strecke eine Vielzahl von Übernachtungsmöglichkeiten aufgelistet, vom einfachen Zeltplatz bis zum 5-Sterne-Hotel. Zusätzlich finden Sie umfangreiche Informationen zu Radwerkstätten und Radverleihstationen.

Mit dem E-Bike

Mittlerweile sind immer mehr Radler mit einem E-Bike unterwegs. Im Grunde sind dabei die Anforderungen dieselben, auch wenn damit längere Etappen und mehr Steigungen zurückgelegt werden können. Da auch die Leistungsfähigkeit bei unmotorisierten Radlern sehr unterschiedlich ist, haben wir schon bisher keine Etappenlängen vorgegeben.

Engstellen, Treppen oder Tragestellen, die wegen des Gewichts des E-Bikes schwer zu überwinden sind, sind in den Karten verzeichnet und wo möglich Alternativen angegeben.

Wir verzichten bewusst auf das systematische Erfassen offizieller Ladestationen, da die „inoffiziellen" Ladestationen (Steckdosen) ungleich häufiger sind. Vergessen Sie das Ladekabel nicht.

Tour 1 Pfälzerwald-Tour 60,6 km

HM/km: ↗ 6,9 (420m) ↘ 7,1 (430m) Radweg: 71 % Unbefestigt: 4 % Verkehr: 7 %

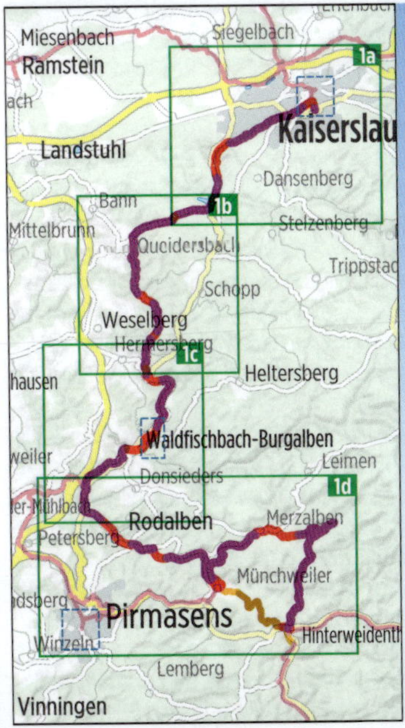

Ausgehend vom Stadtgebiet Kaiserslautern verläuft die Tour am westlichen Rand des Pfälzerwalds. Entgegen der Erwartungen, die man mit einer hügeligen Landschaft wie dem Pfälzerwald gemeinhin verbindet, halten sich die ansteigenden Streckenteile in Grenzen. Ab dem Naturbadeweiher Gelterswoog führt die Route durch Bachtäler - unter ihnen die der Moosalbe, der Rodalb und der Wieslauter - und natürlich immer wieder durch Wald. In der gewachsenen Kulturlandschaft thronen hoch oben Burgruinen, die sich mit Buntsandsteinfelsen abwechseln, während unten im Tal alte Mühlen von geschichtlichen Traditionen erzählen.

Charakteristik

Start: Kaiserslautern, Hauptbahnhof
Ziel: Hinterweidenthal, Bahnhof
Wegbeschaffenheit: fast durchgehend Asphaltwege
Verkehr: überwiegend Rad-, Wirtschafts- und Forstwege; Autoverkehr nur in Kaiserslautern und bei einigen Ortsdurchfahrten
Steigungen: zwischen Badesee Gelterswoog und Queidersbach ein kurzer, stärkerer Anstieg; zur Burg Gräfenstein erheblicher Anstieg, ansonsten fast eben
Beschilderung: durchgängig mit dem grünen Logo der Pfälzerwald-Tour
Tipp: Die sehr anspruchsvolle Gräfenstein-Schleife über Merzalben kann in Münchweiler a. d. Rodalb durch einen Wechsel auf den Pirminius-Radweg umgangen werden.
Anschlusstouren: 2, 5, 12

Der Pfälzerwald

Der Pfälzerwald ist mit 1.800 Quadratkilometern das ausgedehnteste Waldgebiet Deutschlands – und das wärmste zugleich. Gemeinsam mit den Nordvogesen bildet er die größte zusammenhängende Waldlandschaft Westeuropas. Seiner landschaftlichen Gegebenheit nach wird das Biosphärenreservat in vier Landschaftsteile gegliedert: den nördlichen und den mittleren Pfälzerwald, ferner den als Wasgau bezeichneten südlichsten Teil und das frühere Landschaftsschutzgebiet „Deutsche Weinstraße" mit einem Meer von Rebstöcken, das sich am Ostrand des Biosphärenreservats erstreckt. Mehr als 80 Prozent seiner Fläche sind bewaldet, wobei sich der Baumbestand zirka je zur Hälfte aus Laub- und Nadelhölzern zusammensetzt. Eine besondere Baumart stellt die Edelkastanie (Esskastanie) dar, deren Vorkommen

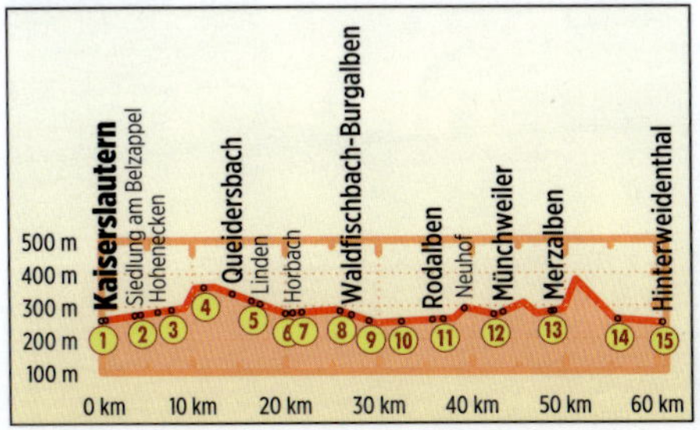

sich auf den Haardtrand entlang der Deutschen Weinstraße konzentriert.

Mächtige Schichten aus Buntsandstein bilden eindrucksvolle Felsformationen, deren Farbschattierungen überwiegend von hellgelb bis zu Rottönen der verschiedensten Abstufungen reichen, und verleihen der vielgestaltigen Landschaft eine eindrucksvolle Note. Zur Rheinebene hin verändert sich die Waldlandschaft merklich und geht in eine von der Sonne verwöhnte, fast südlich anmutende Weinlandschaft über. Als bedeutendes Wasserreservoir und kostbarer Frischluftspender bietet das Biosphärenreservat seinen Bewohnern eine hohe Lebensqualität und stellt ein wichtiges Naherholungsgebiet für die gesamte Pfalz und die umliegenden Ballungsräume dar. Als Biosphärenreservat ausgewiesen wurde der Pfälzerwald im Jahre 1992 und ist seit 1998 Teil des deutsch-französischen Biosphärenreservats Pfälzerwald/Nordvogesen, das zu den fünf grenzüberschreitenden in Europa zählt.

Kaiserslautern, Kaiserpfalz

Kaiserslautern

Vorwahl: 0631

Tourist Information, Fruchthallstr. 14, ✆ 3652317, @ yci567

Pfalzgalerie, Museumspl. 1, ✆ 3647201 Ⓔ 1875-80 im Stil der Neorenaissance erbaut, ursprünglich Gewerbemuseum, beherbergt die Galerie heute die bedeutendste Gemäldesammlung der Pfalz, außerdem Skulpturen und Kunsthandwerk vom 14. Jh. bis zur Neuzeit. @ rvn877

Wadgasserhof, Steinstr. 55, ✆ 3652327 Ⓔ Ehemaliger Klosterwirtschaftshof der Prämonstratenser, später Adelswohnsitz mit prachtvollem Stuckzimmer und Möbeln des 18. Jhs. Heute: kunsthandwerkliche Ausstellungen historischer und aktueller Art, Gewürz- und Heilkräutergarten. @ pyi576

FCK-Museum, Fritz-Walter-Str. 1, Osttribüne, ✆ 31881900 Ⓔ Exponate aus dem Nachlass des Fußballers Fritz Walter und zur Vereinsgeschichte des FCK. @ tqp366

Theodor-Zink-Museum, Steinstr. 48, ✆ 3652327 Ⓔ Volkskundliche und stadtgeschichtliche Sammlungen; malerischer Innenhof des Fuhrmannsgasthofs „Rheinkreis" von 1817. @ vxw788

Stiftskirche, Marktstr. 13, ✆ 3625080 7d Bedeutendste spätgotische Hallenkirche Südwestdeutschlands, erbaut Mitte 13. bis Ende 14. Jh. @ hpu838

St. Martin, St.-Martins-Pl. 5, ✆ 93183 7d Die Barockdecke der ursprünglichen Bettelordenskirche (Anfang 14. Jh.) stammt aus dem 18. Jh. Auffallendes Merkmal ist das nur einseitige Längsschiff und der schräggestellte Chor. @ gsi225

Humbergturm, südlich der Stadt, ✆ 58910 7d Der 33 m hohe Turm (1899/1900) bietet einen schönen Blick auf die Stadt. @ llr443

Kaiserpfalz, Willy-Brandt-Pl. 2, ✆ 3652317 24 Von der 1152 entstandenen Kaiserpfalz (Kaiser Friedrich I. Barbarossa) sind bis heute die erhaltenen Mauerzüge, Steinquader, Grundmauern, als auch wiederaufgebaute und ergänzte Gebäudeteile zu sehen. @ gjt131

Fruchthalle, Fruchthallstr. 10, ✆ 3653450. 1843-1846 nach Plänen des Architekten August von Voit im Stil der florentinischen Renaissance erbaut. Bis 1901 wurde das Erdgeschoss als Frucht- und Getreidemarkt genutzt. In dem bedeutendsten Profanbau der Pfalz finden heute neben Sinfonie- und Kammerkonzerten auch die internationalen „Konzerte der Stadt Kaiserslautern" statt, die zu den musikalischen Spitzenereignissen in Rheinland-Pfalz zählen. @ vaf516

Pfalzgrafensaal des ehemaligen Casimirschlosses, Willy-Brandt-Pl. 2, ✆ 3652317. Im Jahr 1571 von Pfalzgraf Johann Casimir als Renaissanceschloss errichtet. Im Laufe der Jahrhunderte wurde das Schloss durch kriegerische Einflüsse nach und nach zerstört. 1935 wurden die noch vorhandenen Teile freigelegt, gesichert und überdacht. Der Pfalzgrafensaal und die unterirdischen Gänge können im Rahmen von Führungen besichtigt werden. @ kmj326

St.-Martins-Platz. Umgeben vom Alten Stadthaus von 1745, heute Sitz der Emmerich-Smola-Musikschule, und herrschaftlichen Bürgerhäusern des 18./19. Jhs. sowie dem Brunnen (1891).

Kaiserslautern, Pfalztheater

Adler-Apotheke, Marktstr. 11, ✆ 64007. Entstanden 1811 aus einer ehemaligen Kapelle.

Albrechtsbrunnen, Bremer-/Kurpfalzstr. 1890 vom Bildhauer Heinrich Bernd geschaffen und von seinem ursprünglichen Platz 1895 hierher verlegt. Er soll an den römischen König Albrecht erinnern, der der Stadt 1303 den Waldbezirk Spitzrain zur Belohnung für geleistete Treue schenkte. Die 1911 aufgesetzte Figurengruppe „Knabe und Ferkel“ weist auf die den Bürgern übertragenen Weid- und Waldrechte hin.

Altstadtfest. Das Altstadtfest findet immer am 1. Wochenende im Juli statt. @ ahg737

Elf Freunde Kreisel. Bestehend aus dem Element „Elf Freunde“ am Löwenburgkreisel und acht Fußballspielern in den Trikots der in Kaiserslautern gastierenden Nationen auf dem Philipp-Mees-Platz; wurde zur WM 2006 von der Künstlerin Christel Lechner aus Beton geschaffen.

Fritz-Walter-Stadion, Fritz-Walter-Str. 1, Betzenberg, ✆ 31880. Führungen möglich nach Absprache. Das traditionsreiche Stadion der „Roten Teufel vom Betze“ (1. FC Kaiserslautern) zählt zu den stimmungsvollsten Arenen Deutschlands. @ bhu874

Kaiserbrunnen, Steinstr. Der 1987 von Barbara und Gernot Rumpf gestaltete Brunnen mit einem Durchmesser von ca. 17 m stellt in humorvoller, teilweise kurioser Formensprache die Vergangenheit und Gegenwart der Stadt dar. Die 16 Figuren bzw. Sinnbilder des Brunnens aus Sandstein und Bronze werden dominiert von den beiden 5 m hohen Hauptfiguren Kaiser Friedrich I. Barbarossa und König Rudolf von Habsburg.

Kulturzentrum Kammgarn, Schoenstr. 10, ✆ 3652607, ✆ 950034. Die ehemalige Spinnerei wird für Kultur- und Freizeitveranstaltungen und wechselnde Ausstellungen genutzt. @ yfu471

Spinnrädl, Schillerstr. 1, ✆ 60511. Eines der ältesten erhaltenen Fachwerkhäuser (1740) der Stadt. Heute Restaurant mit Pfälzer Küche. @ gpx854

Stadtführungen, ✆ 3652317. Stadtführungen verschiedener Art, Auskunft: Tourist-Information, @ ksi215

Ruine Hohenecken

- **Wildpark Betzenberg**, Entersweiler Str. 25 ha großer Wildpark. ngq864
- **Gartenschau**, Haupteingang Lauterstr., 710070, 7100760 Neben variationsreich angelegten Gärten entstand auf dem Kaiserberg eine 30 m lange, 15 m hohe Weidenkirche, in der Lesungen und kleinere Konzerte veranstaltet werden. Die größte Dinosaurierausstellung Europas mit mehr als 80 originalgetreu nachgebildeten Modellen sowie ein Wasser- und Abenteuerspielplatz runden das Angebot ab. esw156
- **Japanischer Garten**, Am Abendsberg 1, 3706600 Im Jahr 2000 eröffnet, zählt er zu den größten Gärten dieser Art in Europa. Für eine fernöstliche Atmosphäre sorgen ausgesuchte Pflanzen, Teiche, Wasserfälle, Fische, Laternen und Steinarrangements. goe621
- **Warmfreibad**, Am Warmfreibad 1, 4146884, oul268
- **Monte Mare**, Mailänder Str. 6, 30380, kip562

Urkundlich wird der Köngishof Lutra (Lautern) bereits um 830 erwähnt. Ihren Beinamen Barbarossastadt verdankt die am Rand des Naturparks Pfälzerwald gelegene Stadt Friedrich I. Barbarossa, dem König und Kaiser des Heiligen Römischen Reiches Deutscher Nation, der 1152 eine Kaiserpfalz errichten ließ, in deren Palast er sich mehrfach aufhielt. 1276 wurde Lautern zur Reichsstadt erhoben, ein Jahrzehnt später fiel sie an die Kurpfalz. Während der Regierungszeit von Napoleon I. war Kaiserslautern Sitz seiner Unterpräfektur. Mit dem Ende seiner Herrschaft wurden die Stadt und die gesamte Pfalz auf dem Wiener Kongress dem Königreich Bayern zugeteilt. Mitte des 19. Jahrhunderts entwickelte sich Kaiserslautern zu einem wichtigen Industriestandort. Trotz nahezu vollständiger Zerstörung im Zweiten Weltkrieg hat sich die Stadt zum Zentrum der Pfalz entwickelt, woran die Stationierung der US-Truppen in der größten US-Garnison Europas einen maßgeblichen Anteil hatte.

Von Kaiserslautern nach Queidersbach 13,5 km

1 Vom Bahnhofsgebäude fahren Sie geradeaus über den Bahnhofsvorplatz in die **Richard-Wagner-Straße** ~ links in die **Mozartstraße** ~ über den **Musikerplatz** geradewegs in die **Pirmasenser Straße** ~ an deren Ende links und unter der Bahnbrücke hindurch ~ an der **B 37** rechts und gleich darauf bei den Stadtwerken links in die **Hohenecker Straße** ~ auf dem Radweg bis zur Kreuzung mit dem Rauschenweg ~ unmittelbar danach rechts in den Wald ~ die Leipziger Straße queren ~ **2** an der nächsten Straße rechts in einem Bogen unter der Eisenbahnbrücke hindurch ~ nach dem Bogen links halten und weiter entlang der Bahnlinie nach Hohenecken ~ in etwa gerader Richtung in die langgezogene **Burgherrenstraße**.

Hohenecken (Kaiserslautern)

- **Kath. Kirche St. Rochus**, Rochusweg 2. Die neugotische Pfarrkirche aus dem Jahr 1897 wurde 2014-2017 saniert.
- **Burg Hohenecken**. Die stattliche Ruine mit dem fünfseitigen Bergfried ist eines der beeindruckendsten Bauwerke aus der Zeit der Staufer (um 1200). Die östlich oberhalb des Ortes liegende Burg

Queidersbach, Museum Sickinger Höhe im alten Schulhaus

wurde während des Pfälzischen Erbfolgekrieges im Jahre 1689 weitgehend zerstört. @ cmw817

Strandbad Gelterswoog, Gelterswoog 2, ✆ 015253/191911, @ qlf652

Unter der Eisenbahnbrücke hindurch und nach wie vor der **Burgherrenstraße** folgen ~ **3** an der T-Kreuzung mit der **B 270** links auf den Radweg links der Bundesstraße ~ an dessen Ende an der Fußgängerampel die Straßenseite wechseln ~ vorbei am **Strand- und Freizeitbad Gelterswoog** ~ nach dem Hotel dem Radweg nach rechts entlang der L 472 folgen ~ anfangs steil hinauf durch ein Waldstück ~ **4** nach ca. 2 km zur rechten Straßenseite hinüber ~ am Ortseingangsschild von Queidersbach links in ein Wäldchen und in einer Sackgasse ins Wohngebiet.

Queidersbach

Vorwahl: 06371

Tourist-Information, Hauptstr. 3a, Landstuhl, ✆ 1300012, @ mgy837

Sickinger Höhe, Schulstr. 4, im alten Schulhaus, ✆ 14775 Die Geschichte der Region wird in 4.000 Exponaten anschaulich dokumentiert. Die Silbermedaille Franz von Sickingens von 1521 der Münzen- und Medaillensammlung stellt einen besonderen Wert dar. @ csv351

Bußsteine, im Kirchgarten der Pfarrkirche St. Antonius. Diese sieben Steine stammen aus dem 18. Jh. und sind Teile eines Kreuzwegs. Sie standen einst am Kirchweg nach Bann und stellen in der Pfalz eine Rarität dar.

Naturdenkmal Falkenstein. Die drei riesigen Felsbrocken befinden sich nahe dem Forsthaus Stempelberg.

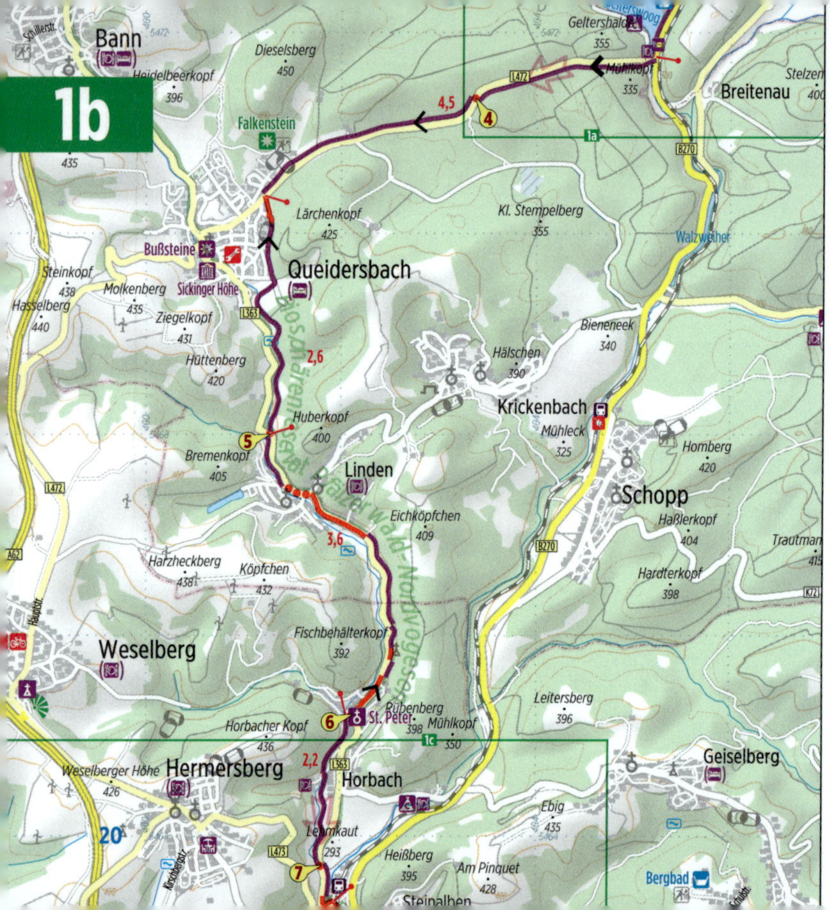

Von Queidersbach nach Waldfischbach-Burgalben 13,5 km

An der Straße **Zum Winterberg** links ~ zwischen östlichem Ortsrand und Waldrand abwärts ~ kurz nach dessen Ende an einer Weggabelung rechts ~ **5** nach ca. 2 km die **L 363** queren und entlang der Straße bis **Linden** ~ auf der **Hauptstraße** durch den Ort ~ danach links der Landstraße bis Horbach.

Horbach

Vorwahl: 06333

- **Touristinformation Waldfischbach-Burgalben**, Friedhofstr. 3, Waldfischbach-Burgalben, ✆ 925160, @ yjn424
- **Kath. Kirche St. Peter**, Pfarrhübelstr. Die Kirche stammt aus dem 14. Jh. Im Rahmen von Renovierungsmaßnahmen stieß man auf Götterbilder aus der römischen Zeit und 4 Steinsarkophage.

Aus dem beschaulichen kleinen Dorf stammt der Naturwissenschaftler und Forscher Johann Jakob Hemmer (1733-1790), der mit dem von Benjamin Franklin 1747 erfundenen Blitzableiter weiterexperimentierte. Der Pfälzer Kurfürst Karl Theodor (1724-1799) ließ Hemmers fünfstrahlige Blitzableiter als erster deutscher Fürst auf seinen Schlössern und Pulvertürmen anbringen. Leider erwies sich seine Annahme, dass eine größere Angriffsfläche bei Blitzeinschlägen erfolgreicher sei, als verkehrt. Seine Forschungen auf meteorologischem Gebiet allerdings brachten ihm in Europa große Anerkennung ein. Die Einrichtung von Wetterstationen in ganz Europa – auch auf Grönland – zu einem flächendeckenden Netz zur Wetterbeobachtung war seiner Initiative zu verdanken.

6 Vor der Kirche nicht dem Linksbogen der **Hauptstraße** folgen, sondern schnurgerade in die **Schwedenstraße** und sogleich vor der Brücke links ~ entlang des Queidersbachs bis zur **Horbachermühle** ~ hier minimal geradeaus, noch vor den Gebäuden der Mühle links leicht hinab ~ neben dem Bach weiter, bis er sich der **L 363** nähert ~ **7** schon bald auf den linksseitigen Radweg wechseln ~ in Steinalben den ersten beiden Kurven der **Hauptstraße** noch folgen, dann schnurgerade in die **Hermersberger Straße**.

Steinalben

Links in die **Talstraße** ~ am Wendeplatz den Ort Richtung Kläranlage verlassen ~ vor dieser rechts über den Bach Moosalbe ~ nach 1,5 km rechts, gleich darauf links ~ etwas später erneut links ~ **8** wieder links unter der Bundesstraße **B 270** hindurch und sofort rechts bis zur Landstraße **L 501** ~ nach rechts auf den Geh-/Radweg ~ dieser endet noch vor Waldfischbach-Burgalben ~ auf der **Hauptstraße** bis zum Kreisverkehr, dort nehmen Sie die 1. Ausfahrt.

Waldfischbach-Burgalben

Vorwahl: 06333

Tourist-Information Waldfischbach-Burgalben, Friedhofstr. 3, ✆ 925160, @ yjn424

Heimatmuseum, Hauptstr. 112, ✆ 955880 Originalfunde aus der Heidelsburg, Gegenstände zum Thema Schuhfabrikation sowie Geräte und Handwerkszeug aus früheren Zeiten - außerdem die Ausstattung der Alten Apotheke Kamm. @ yfm433

Wallfahrtskirche Maria Rosenberg, Rosenbergstr. 22, ✆ 923200 Mit der Gnadenkapelle aus dem Jahr 1150 gilt die Kirche als einer der ältesten romanischen Baudenkmäler des Landes. @ qxw336

Straße der Wissenschaften. Das Projekt der Max-Wittmann-Realschule, der ältesten Staatlichen Realschule in Rheinland-Pfalz, wurde 2008 umgesetzt. Auf Metalltafeln, die in Gehwege verschiedener Straßen eingelassen wurden, kann sich der Betrachter über Daten zu weltweiten wissenschaftlichen Entdeckungen informieren.

Hallenbad, Carentaner Pl., ✆ 1050. Das Bad ist derzeit wegen Sanierungsarbeiten geschlossen.

Von Waldfischbach-Burgalben nach Hinterweidenthal *33,5 km*

Am Abzweig Pirmasens biegen Sie rechts ab ~ ⚠ wo die Hauptstraße rechts zur **B 270** geht, weiter geradeaus und nach 100 m rechts durch die Unterführung ~ **9** links weiter auf dem Radweg ~ an der nächsten Straße rechts zum Weiler **Moschelmühle** ~ vor dem ehemaligen Gasthaus links und ein längeres Stück im Randbereich des Waldes ~ unterhalb des **Steinenschlosses** stößt der Radweg auf die **L 477**.

Thaleischweiler-Fröschen s. S. 30

Diese überqueren, links auf den Radweg und vorbei am Eingang zum **Freibad Biebermühle** ~ **10** an der Ampel rechts ~ am **Bahnhof Pirmasens-Nord** über die Fußgängerbrücke zur anderen Straßenseite ~ auf dem linksseitigen Radweg bis Rodalben ~ am Ortseingang endet der Radweg am Eischweilerer Weg, hier gerade in die **Zweibrücker Straße** bzw. später in die **Hauptstraße**.

Rodalben

Vorwahl: 06331

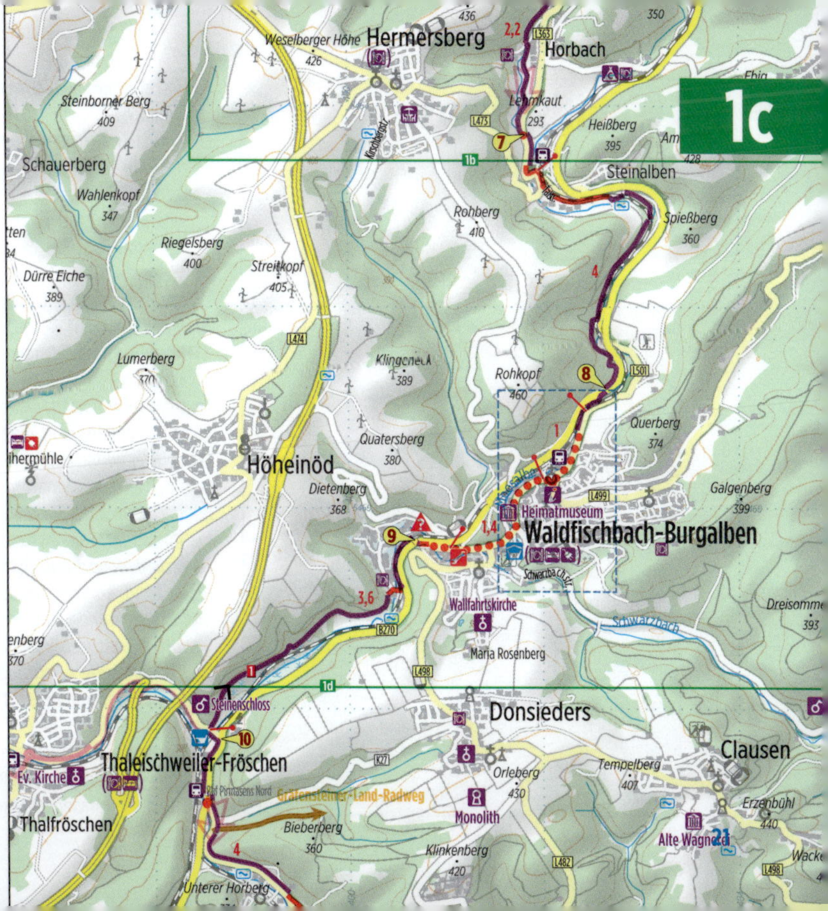

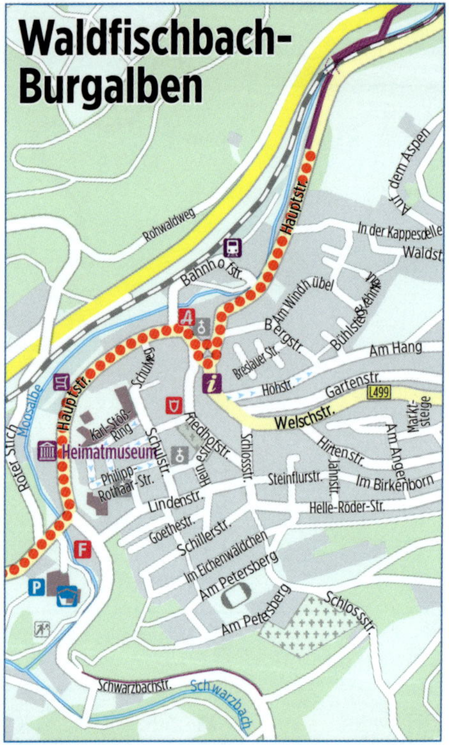

Tourist-Information Gräfensteiner Land, Am Rathaus 9, ✆ 234180, @ nce563

Johann-Peter-Frank-Museum, Schulstr. 9, ✆ 258994, ✆ 234180 © J. P. Frank war ein bedeutender deutscher Mediziner des 18. Jhs. Neben seinem mehrbändigen Hauptwerk „System einer vollständigen medicinischen Policey" befinden sich auch zahlreiche Schriften von ihm und über ihn im Museum. @ jbu732

Pfarrkirche Mariä Geburt, Hauptstr. Erhalten von der Kirche (1360) sind der romanische Turm und der mit Fresken ausgestattete Chor.

Rodalber Bärenhöhle, Landstraße L 482 Richtung Pirmasens. Mit 40 m Tiefe die größte natürliche Höhle aus Buntsandstein in der Pfalz.

Mehrere Jahrhunderte bäuerlich geprägt, entwickelte sich vor 1900 zunehmend eine Schuhindustrie in Rodalben. Wegen der wirtschaftlichen Entwicklung in dieser Branche kam es allerdings bereits in den 60er Jahren des 20. Jahrhunderts zur Schließung vieler Fabriken.

Inmitten einer waldreichen und mit unzähligen Felsen und Naturdenkmälern ausgestatteten Region, dem Gräfensteiner Land, konnte sich jedoch der Tourismus entfalten und ist inzwischen zu einem wichtigen Wirtschaftsfaktor geworden. Das Geburtshaus von Dr. Johann Peter Frank, im 19. Jahrhundert Begründer des Hygieneinstituts Wien und damit Vorreiter unseres heutigen Gesundheitswesens, steht mitten in der Stadt.

Nach dem Rathaus rechts in die **Dr.-Johann-Peter-Frank-Straße** ~ vorbei am Bahnhof ~ **11** an der T-Kreuzung links in die **Pirmasenser Straße** und gleich rechts auf den

Blick auf Rodalben

Radweg der **Hauptstraße** ~ unter der **Umgehungsstraße** hindurch ~ nach dem Freizeitgelände Schwallborn dem Verlauf des Radwegs folgen ~ an der T-Kreuzung rechts in die **Neuhofstraße** ~ hinauf in den Ortsteil **Neuhof** ~ in der Neuhofstraße bis zur Straßengabelung kurz vor dem Beginn des Waldes ~ hier halblinks abwärts ~ an der **Imsbacher Mühle** vorüber ~ ab hier parallel zu Bahn und Rodalb in leichtem Auf und Ab ~ **12** links durch die Unterführung der **L 496** nach Münchweiler ~ von der **Mühlstraße** links in die **Hanauer Straße** bis zur nächsten Kreuzung.

VARIANTE Wollen Sie die steigungsreiche Strecke über Merzalben hinauf zur Burg Gräfenstein vermeiden, können Sie die Bahn oder Tour 3 (s. S. 33) nutzen, um nach Hinterweidenthal zu gelangen. Folgen Sie dem lilafarbenen Symbol des Pirminius-Radwegs. Mit Kindern sollten Sie auf jeden Fall die 12 km kürzere Variante nutzen.

Münchweiler an der Rodalb

Tourist-Information Gräfensteiner Land, Am Rathaus 9, Rodalben, ✆ 06331/234180, @ nce563

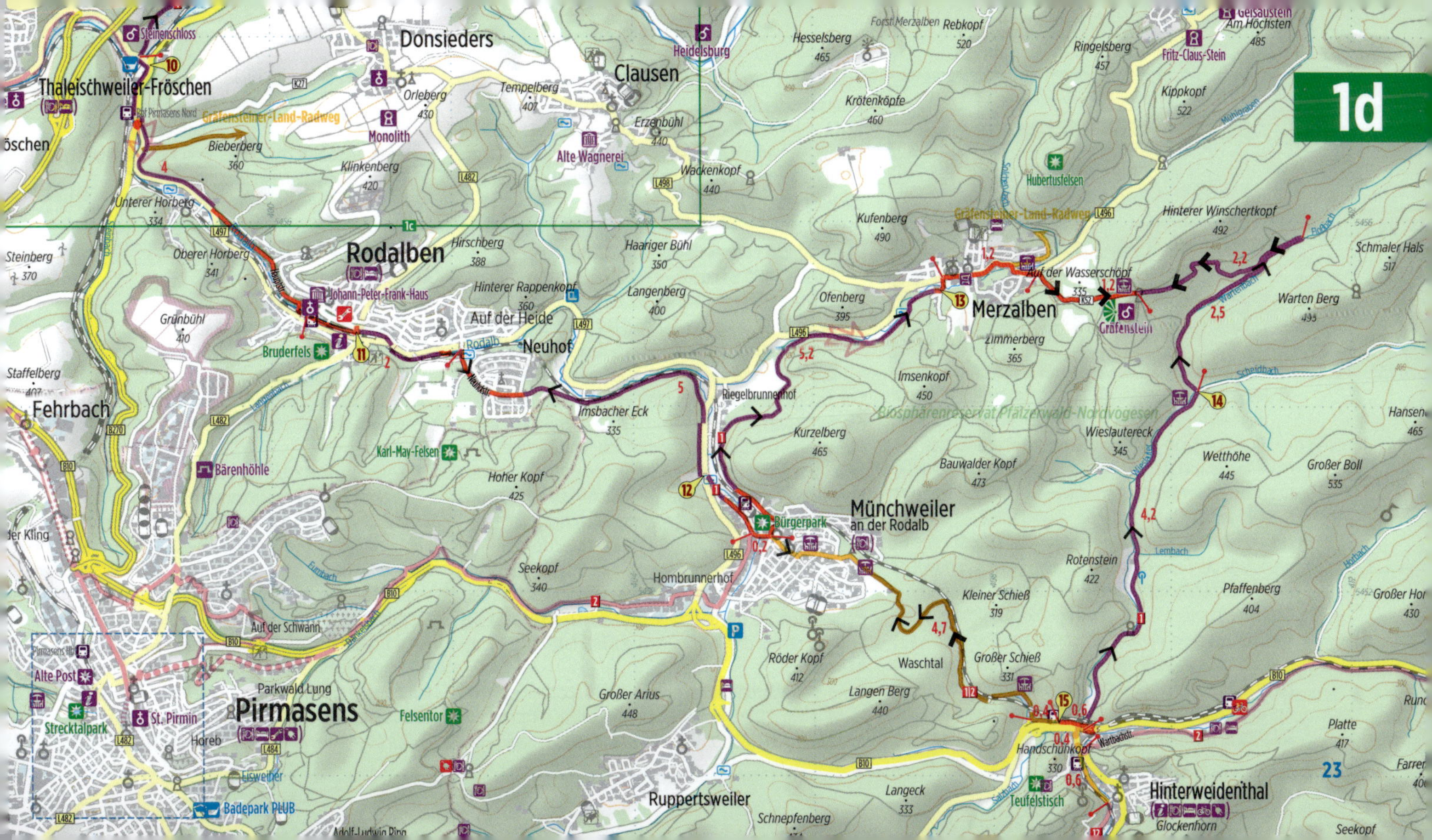
1d
Thaleischweiler-Fröschen
Steinenschloss
Donsieders
Clausen
Heidelsburg
Orleberg
430
Monolith
Tempelberg
407
Alte Wagnerei
Erzenbühl
440
Wackenkopf
440
Hesselsberg
465
Forst Merzalben
Rebkopf
520
Krötenköpfe
460
Ringelsberg
457
Geisaustein
Am Höchsten
485
Fritz-Claus-Stein
Kippkopf
522
Hubertusfelsen
Gräfensteiner-Land-Radweg
Bieberberg
360
Klinkenberg
420
Unterer Horberg
334
Oberer Horberg
341
Steinberg
370
Rodalben
Johann-Peter-Frank-Haus
Hirschberg
388
Haariger Bühl
350
Hinterer Rappenkopf
360
Langenberg
400
Auf der Heide
Neuhof
Kufenberg
490
Ofenberg
395
Merzalben
Auf der Wasserschöpf
335
Gräfenstein
Hinterer Winschertkopf
492
Schmaler Hals
517
Warton Berg
495
Grünbühl
410
Bruderfels
Staffelberg
407
Fehrbach
Imsbacher Eck
335
Riegelbrunnerhof
Zimmerberg
365
Imsenkopf
450
Kurzelberg
465
Biosphärenreservat Pfälzerwald-Nordvogesen
Wieslauterеck
345
Hansen
465
Karl-May-Felsen
Bärenhöhle
Hoher Kopf
425
Bauwalder Kopf
473
Wetthöhe
445
Großer Boll
535
Münchweiler an der Rodalb
Bürgerpark
Seekopf
340
Hombrunnerhof
Rotenstein
422
Pfaffenberg
404
Kleiner Schieß
319
Großer Hor
430
Auf der Schwann
Röder Kopf
412
Waschtal
Großer Schieß
331
Pirmasens Hbf
Alte Post
Strecktalpark
St. Pirmin
Parkwald Lung
Pirmasens
Horeb
Großer Arius
448
Felsentor
Langen Berg
440
Handschuhkopf
330
Platte
417
Eisweiher
Badepark PLUB
Ruppertsweiler
Langeck
333
Schnepfenberg
Teufelstisch
Hinterweidenthal
Glockenhorn
Seekopf
Adolf-Ludwig-Ring
23

Merzalben, Burgruine Gräfenstein

Bürgerpark, Hanauer Str. (24) Der Park umfasst 16.000 m² und bietet etliche Freizeitmöglichkeiten wie zum Beispiel Spazierwege, Spielplätze, Sport- und Erlebnisräume und eine Teichanlage.

Mönche des von Bischof Pirminius gegründeten Benediktinerklosters in Hornbach errichteten im Tal der Rodalb im 8. Jahrhundert ein Einzelgehöft; deshalb hieß der Ort auch lange Zeit Mönchweiler. Der Wald war lange Zeit Lebensgrundlage der Bevölkerung, erst Ende des 19. Jahrhunderts mit der Schuhindustrie und nochmals mit dem Bau der Bahnlinie Zweibrücken-Landau erschlossen sich neue Einkommensquellen. Von den Schuhfabriken sind nur wenige geblieben; eine große Rolle spielt erneut die waldreiche Landschaft - allerdings eher für den Wandertourismus.

Auf der Hauptroute biegen Sie an der nächsten Kreuzung links ab in die **Hauptstraße** ~ nach dem Bahnübergang erneut links in die **Bahnhofstraße** ~ am Ortsausgang rechts von der Straße abbiegen und kurz steil hinauf in den Wald ~ an der Weggabelung am Rand des Waldes links hinauf ~ oberhalb der Merzalb nach Merzalben ~ **13** am Ortseingang links in die **Hammelsbachstraße** ~ rechts in die **Hauptstraße**.

Merzalben

Tourist-Information Gräfensteiner Land, Am Rathaus 9, Rodalben, 06331/234180, @ nce563

Burgruine Gräfenstein. Von der fast 450 m hoch liegenden Burganlage (12.-13. Jh.) ist der Grundriss fast vollständig erkennbar. Erhalten sind die hohe Ringmauer, Teile des Palas und der fensterlose, siebeneckige Bergfried, der in Deutschland einmalig ist.

Der Ortsname leitet sich vom Namen eines fränkischen Siedlers namens „Merchio" und dem germanischen „albiz" für Bach ab. Das Dorf und der gleichnamige Bach des Merchio waren stets den Herren der nahen Burg Gräfenstein unterworfen und litten in der Regel unter der Nähe zu den wechselnden Herrschern mehr, als davon zu profitieren.

Dem Rechtsbogen Richtung Burg Gräfenstein folgen ~ bei den letzten Häusern rechts ~ auf der **K 52** hinauf zum Parkplatz der Burg ~ bis zur Haarnadelkurve nun rasant bergab.

ACHTUNG: Beachten Sie bei der starken Gefällestrecke, dass der Hang rechts des Weges steil abfällt, fast ohne Randstreifen.

Links des **Wartenbachs** immer noch spürbar abwärts ~ **14** etwa 2,5 km weiter an der T-Kreuzung rechts, unmittelbar nach einer Rasthütte mit Tisch und Sitzbank ~ Sie fahren in der Nähe der Wieslauter im **Zieglertal** ~ durch den Bahntunnel und dahinter direkt links.

INS ZENTRUM: Wenn Sie sich nach rechts und anschließend an der Vorfahrtsstraße nach links wenden, gelangen Sie ins Zentrum von Hinterweidenthal.

Auf dem Radweg sogleich links hoch zum Bahnhof Hinterweidenthal ~ **15** am Bahnhof endet die Tour.

Hinterweidenthal

Tourist-Info-Zentrum Pfälzerwald, Schuhmeile 1, Hauenstein, 06392/9233380, @ jud324

Planetenweg Dahner Felsenland. Von Hinterweidenthal bis Bruchweiler-Bärenbach veranschaulichen Sandsteinfindlinge und Tafeln unser Planetensystem.

Teufelstisch, Im Handschuhteich. Felsen, dessen Form an einen Tisch erinnert. Unterhalb des Teufelstisches befindet sich ein attraktiver Spielpark.

Waldbadeweiher Rohrwoog. Der Badeweiher ist mitten im Wald, in einem Seitental von Hinterweidenthal gelegen.

Skurril geformte Sandsteinformationen überragen die Fachwerkhäuser von Hinterweidenthal – unter ihnen der majestätische Teufelstisch, Wahrzeichen des Ortes. Diesen wohl bizarrsten aller Pfälzer Buntsandsteinfelsen haben Erosionskräfte im Laufe von Jahrmillionen entstehen lassen. Ein sich nach oben verjüngender, acht Meter hoher Fuß trägt einen wie eine Tischplatte wirkenden, überdimensionalen fünfeckigen Stein mit einem Gewicht von schätzungsweise 300 Tonnen. Der großzügig angelegte Spielpark zu seinen Füßen lässt jedes Kinderherz höher schlagen.

Tour 2 Pirminius-Radweg 74,5 km

HM/km: ↗ 4,6 (340m) ↘ 4,8 (360m) Radweg: 65 % Unbefestigt: 8 % Verkehr: 7 %

Charakteristik

Start: Hauptbahnhof Zweibrücken bzw. Hornbach, direkt am Kloster

Ziel: Wilgartswiesen, Bahnhof

Wegbeschaffenheit: asphaltierte Wege, vereinzelt unbefestigte Waldwege

Verkehr: überwiegend Radwege, in Städten und Orten kurze Teilstücke auf Straßen mit meist mäßigem Verkehr, außer in Pirmasens im Bereich der Stadtein- und -ausfahrt

Steigungen: bis Thaleischweiler-Fröschen nahezu eben; kräftige Steigung vor und in Pirmasens, anschließend entsprechende Gefällestrecke; zum Ende hin leicht hügelig

Beschilderung: durchgängig mit dem lilafarbenen Logo des Pirminius-Radwegs

Tipp: Zum Umgehen der Pirmasenser Höhe werden zwei Alternativen angeboten: zum einen mit der Bahn vom Bahnhof Pirmasens-Nord hinauf in die Stadt, zum anderen über eine Verbindungsstrecke von Thaleischweiler zur Pfälzerwald-Tour bis Münchweiler.

Anschlusstouren: 1, 3, 11, 12

Der Pirminius-Radweg beginnt am Kloster Hornbach, der bedeutsamen Wirkungsstätte des Heiligen Pirminius, der ein Wandermönch war. Auf einer einstigen Bahntrasse durchqueren Sie das Pirminiusland im äußersten Südwesten der Pfalz. Ab der Herzogstadt Zweibrücken erwartet Sie eine gemütliche und fast ebene Fahrt durch das Tal des Schwarzbachs in die Schuhregion Deutschlands mit der ehemaligen Schuhmetropole Pirmasens und dem größten Schuhdorf Deutschlands in Hauenstein. Kleine Orte reihen sich auf in Bachwindungen – begleitet von Wiesen- und Waldflächen im Gräfensteiner Land. Meist auf Wegen durch schattige Laubwälder und entlang stiller Weiher genießen Sie das zauberhafte Waschtal und die Ruhe im Biosphärenreservat Pfälzerwald, bis ihre Reise auf den Spuren von Pirminius in Wilgartswiesen endet.

Pirminiuskirche in Hornbach

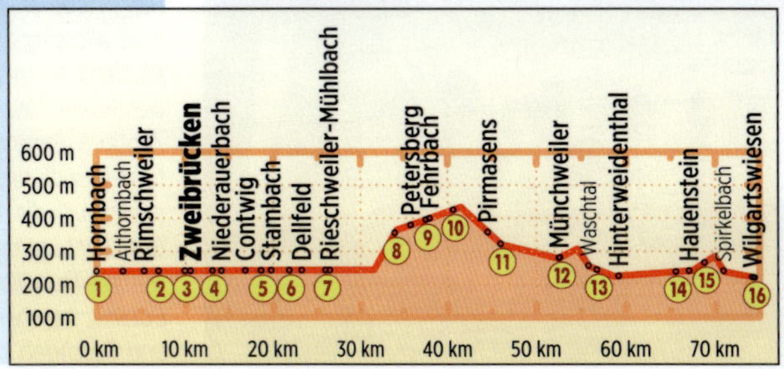

EINSTIEG Hornbach ist nur per Bus zu erreichen. Um zum Startpunkt des Radwegs am Kloster Hornbach zu gelangen, folgen Sie vom Hbf. Zweibrücken der beschriebenen Route 10 km in der Gegenrichtung.

Hornbach

Vorwahl: 06338

Tourist-Information, Im Klosterbezirk 1, ✆ 809153, @ dms451

Historama, Im Klosterbezirk 1, ✆ 809153 Ein modernes Ausstellungskonzept veranschaulicht die Entstehung der Klosterstadt, das Leben des Hl. Pirminius sowie die Geschichte der Region. @ rjs238

Kloster Hornbach

Ev. Klosterkirche. Das Gotteshaus wurde 1784 z. T. auf den Grundmauern der ehemaligen Basilika errichtet. Ihr erst 1844 erbauter Turm erhebt sich über den gesamten Klosterkomplex.

Kloster Hornbach, Im Klosterbezirk, ✆ 910100, Führungen n. V. Das Kloster stammt aus dem Jahre 742 und wurde Anfang des 21. Jhs. mit großem Aufwand behutsam renoviert. Es beherbergt seit 2000 ein modernes Hotel, das seine Atmosphäre aus der faszinierenden Mischung von kargen Sandsteinmauern vergangener Jahrhunderte und moderner Architektur bezieht. Der ehemalige Klosterbezirk umfasst auch die Stiftskirche St. Fabian (12. Jh.), die von 1985 bis 1995 denkmalgerecht restauriert wurde. Direkt daneben die Ruine der Michaelis-Kapelle (11./12. Jh.), außerdem die Grabkapelle (1956/57) des Hl. Pirminius. Von der Klosterkirche (11. Jh.) sind noch der spätgotische Kreuzgang, Fragmente der Grundmauern, der Arkaden und des Turmes zu erkennen. @ lqi138

Um 740 gründete der Wandermönch Pirminius in Hornbach sein letztes Benediktinerkloster, dessen Abt er auch war. Hier wurde er 753 begraben, seine Gebeine überführte man allerdings im 16. Jahrhundert nach Innsbruck. Das Kloster war im frühen Mittelalter das bedeutendste der westlichen Pfalz und gleichzeitig geistiges und kulturelles Zentrum. Berühmte Namen aus der Medizin und der Naturheilkunde sind mit der Stadt Hornbach eng verbunden, so war auch die Heilige Hildegard von Bingen im Kloster zu Gast. Der berühmteste Sohn der Stadt, der Pfarrer, Arzt und Naturheilkundler Hieronymus Bock, widmete sich hier der Botanik, beschäftigte sich vor allem mit Kräuterpflanzen und beschrieb deren Heilkraft in einem „Kräuterbuch“. Dass diese nicht nur der Gesundheit dienen, sondern den Gästen des Hotelrestaurants auch vorzüglich munden, beweisen die Speisen, die mit Kräutern aus dem Klostergarten verfeinert werden.

Von Hornbach nach Zweibrücken — 11 km

1 Der Pirminius-Radweg beginnt am Kloster Hornbach in der **Hauptstraße** ~ seitlich der Klostermauer fahren Sie hinunter bis zur nächsten Kreuzung ~ an der Kreuzung gegenüber in die **Lauerstraße** ~ deren Kurve nach links folgen ~ kurz danach an einem Rastplatz in spitzem Winkel nach rechts auf den Radweg ~ durchs idyllische Hornbachtal, meist zwischen Bäumen und Sträuchern ~ vorbei an **Althornbach** und dem Zweibrücker Stadtteil **Rimschweiler** ~ **2** am Kreisverkehr links in die **L 465**, den Hornbach überqueren und direkt danach rechts auf den geschotterten Radweg ~ nach ca. 1,5 km beim Sportplatz auf der Brücke der **Schlachthofstraße** ans rechte Bachufer mit seiner Baumallee wechseln ~ an der nächsten Brücke über die Straße, rechts auf den Radweg und die Autobahn unterqueren ~ am Kreisverkehr links bleiben und nach der zweiten Abfahrt wieder links auf den Radweg der **Gottlieb-Daimler-Straße** ~ **3** nach Passieren des Bahnhofs rechts durch die Unterführung ~ noch vor dem Bahnhof links in die **Zollamtstraße**, dann links in die **Kohlenhofstraße** ~ vor dem Schwarzbach in spitzem Winkel rechts ~ an der T-Kreuzung links in die **Kaiserstraße**, dann nach der Brücke rechts in die **Schillerstraße** ~ an deren Ende öffnet

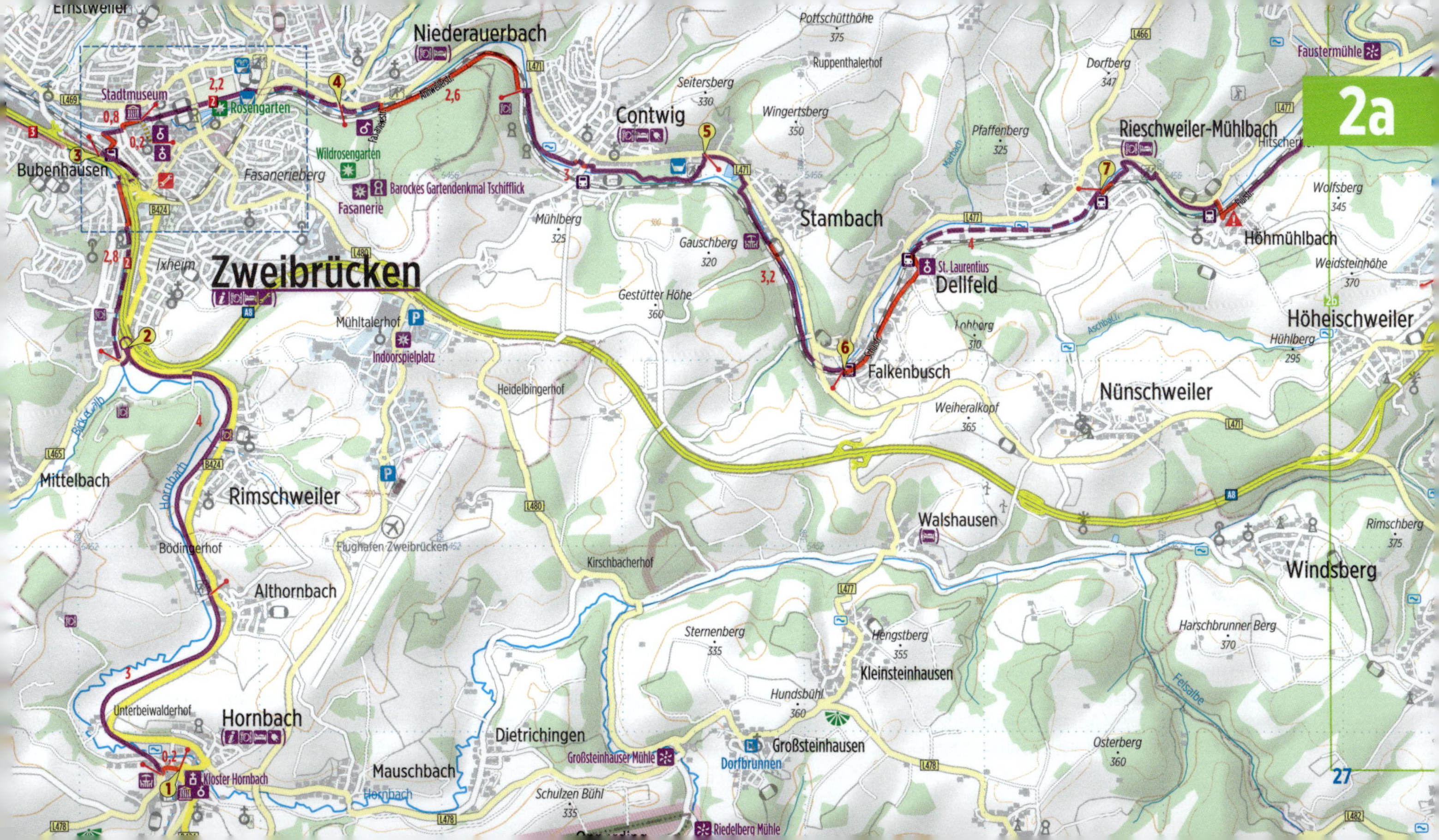
2a
Niederauerbach
Pottschütthöhe
375
Ruppenthalerhof
Dorfberg
347
Faustermühle
Stadtmuseum
Rosengarten
Wildrosengarten
Fasanerieberg
Fasanerie
Barockes Gartendenkmal Tschifflick
Seitersberg
330
Contwig
Wingertsberg
350
Pfaffenberg
325
Rieschweiler-Mühlbach
Wolfsberg
345
Höhmühlbach
Bubenhausen
Stambach
Mühlberg
325
Gauschberg
320
St. Laurentius
Dellfeld
Weidsteinhöhe
370
Ixheim
Zweibrücken
Gestütter Höhe
360
Mühltalerhof
Indoorspielplatz
Lohberg
310
Höheischweiler
Hühlberg
295
Falkenbusch
Heidelbingerhof
Nünschweiler
Weiheralkopf
365
Mittelbach
Rimschweiler
Walshausen
Rimschberg
375
Bödingerhof
Flughafen Zweibrücken
Kirschbacherhof
Windsberg
Althornbach
Sternenberg
335
Hengstberg
355
Harschbrunner Berg
370
Kleinsteinhausen
Hundsbühl
360
Unterbeiwalderhof
Hornbach
Dietrichingen
Osterberg
360
Großsteinhauser Mühle
Großsteinhausen
Dorfbrunnen
Kloster Hornbach
Mauschbach
Schulzen Bühl
335
Riedelberg Mühle
Hornbach
Felsalbe
Bickenalb
A8
B424
L465
L469
L471
L477
L478
L480
L466
L482
2,2
0,8
0,2
2,6
2,8
3,2
0,2
1
2
3
4
5
6
7
27

Herzogplatz in Zweibrücken

sich die Herzogvorstadt mit dem **Herzogplatz**, umgeben von strahlend weißen Barockgebäuden.

INS ZENTRUM **Für einen Abstecher ins Zentrum oder zum Schloss wenden Sie sich nach rechts zum Hallplatz und folgen der Hauptstraße (Schiebestrecke).**

Zweibrücken

Vorwahl: 06332

- **Kultur- und Verkehrsamt**, Maxstr. 1, ✆ 871471, @ vxu342
- **Stadtmuseum Zweibrücken**, Herzogstr. 9-11, ✆ 871380, Di 10-18 Uhr, Mi-So und Fei 14-18 Uhr. Neben einer Dauerausstellung zur Geschichte der Stadt gibt es meist sehr interessante Sonderausstellungen. @ dpn353
- **Alexanderskirche**, Alexanderstr. 2. Die ursprünglich aus dem 15. Jh. stammende Kirche wurde 1945 zerstört und 1953-1955 wieder vereinfacht aufgebaut. Besonders sehenswert sind in dieser spätgotischen Hallenkirche die wertvollen Grabdenkmäler und Gemälde von Zweibrücker Künstlern.
- **Zweibrücker Schloss**, Schlosspl. Das ehemalige Residenzschloss der Herzöge von Zweibrücken ist der größte Profanbau im Barockstil nordischer Prägung in der Pfalz. Es wurde in den Jahren 1720-1725 errichtet und ist heute Sitz des Oberlandesgerichts.
- **Fasanerie**, Fasaneriestr. Die salische Burganlage und die Ruinen von Tschifflick waren früher das Lustschloss des Polenkönigs Stanislaus Leszczynski (1677-1766).
- **Ältestes Haus**, Hauptstr. 88. Erstmals erwähnt wurde das ehemalige Gasthaus 1583.
- **Herzogplatz, Herzogvorstadt und Herzogstraße.** Harmonisches, barockes Bau- und Platzensemble, das die Herzöge Christian IV. und Karl II. August aus den Erlösen einer Zwangslotterie 1765-1788 errichten ließen.
- **Landgestüt und Landesleistungszentrum für Pferdesport**, Gutenbergstr. 16, ✆ 17556. Ganzjährig Veranstaltungen aus allen Bereichen des Pferdesports. @ ujt854
- **Rosengarten Zweibrücken**, Rosengartenstr. 50, ✆ 9212611 Mit 60.000 Rosenstöcken in 1.500 verschiedenen Sorten. Seine Ergänzung, der Wildrosengarten (Nähe Fasanerie), vermittelt dem Besucher einen Einblick in die Artenvielfalt der Wildrosen. Auch alte Züchtungen, die nicht mehr am Markt erhältlich sind, sind hier noch zu sehen. @ adw511
- **Freibad**, Landauer Str. 111, ✆ 874480, @ spw465
- **Badeparadies**, Hofenfelsstr. 120, ✆ 874460. Mit Saunalandschaft. @ tth258

Die Anfänge der Stadt gehen zurück auf den Bau der Burg Zweibrücken durch die Grafen von Saarbrücken im Jahr 1150. Ihren Namen erhielt sie, da man über „zwei Brücken" in die Burg gelangen konnte. Ab 1477 war die Stadt für mehr als 300 Jahre Residenz der Herzöge von Pfalz-Zweibrücken. Vor allem während der Regentschaft Herzogs Christian IV. im 18. Jahrhundert erlebte sie ihre architektonische Blütezeit, die sich in einer Fülle barocker Gebäude dokumentierte. Herzogliche Gärten und schattige Alleen erstrecken sich am Ufer des Schwarzbachs und geben der Stadt noch immer einen Hauch von Weitläufigkeit, der durch die Anfang des 21. Jahrhunderts abgeschlossene und gelungene Sanierung der Herzogvorstadt abgerundet wird.

Das Landesgestüt Zweibrücken und der Rosengarten, Anziehungspunkt für Gartenfreunde aus aller Welt, gaben der Stadt den Namenszusatz „Stadt der Rosen und Rösser".

Von Zweibrücken nach Thaleischweiler-Fröschen 21,5 km

Am **Herzogplatz** links des Schwarzbachs halten ~ über die Gutenbergstraße geradeaus in die breite **Gestütsallee**, die zusammen mit der parallel verlaufenden Rosengartenstraße eine der schönsten Doppelalleen bildet ~ linker Hand das Landesgestüt und nach der Saarlandstraße die Pferderennbahn Rennwiese, rechts ist der Rosengarten zu sehen ~ nach der Rennbahn Richtung **Niederauerbach**, vorbei an Freibad und gepflegten Schrebergärten ~ **4** auf der engen Brücke über den Auerbach ~ geradeaus Richtung **Contwig** ~ an der T-Kreuzung rechts, Bach und Bahnlinie queren und dann links in die **Annweilerstraße (K 3)** ~ am Ende des weiten Rechtsbogens links abbiegen und erneut Bahngleis und Bach queren ~ noch vor den ersten Häusern rechts und erneut ans Wasser ~ neben dem still dahinfließenden Schwarzbach bis zum Spielplatz ~ davor rechts durch ein enges Gässchen.

Contwig

Vorwahl: 06332

Con Aqua, Am Schwimmbad 1, ✆ 5582, ✆ 8062117, @ fvh111

Rechts versetzt über die **Bahnhofstraße** in den Radweg ~ am Freibad bei den Tennisplätzen links halten ~ **5** an der **L 471** rechts ~ bis zu den ersten Häusern von **Stambach** ~ auf Höhe der **Egerstraße** rechts ~ den Schwarzbach überqueren und vorbei am Sportplatz ~ zwischen Wiesen, Wasser und der Bahnlinie nach **Falkenbusch** ~ **6** am Ende des Radwegs rechts über die Gleise, dann links in die **Schulstraße**.

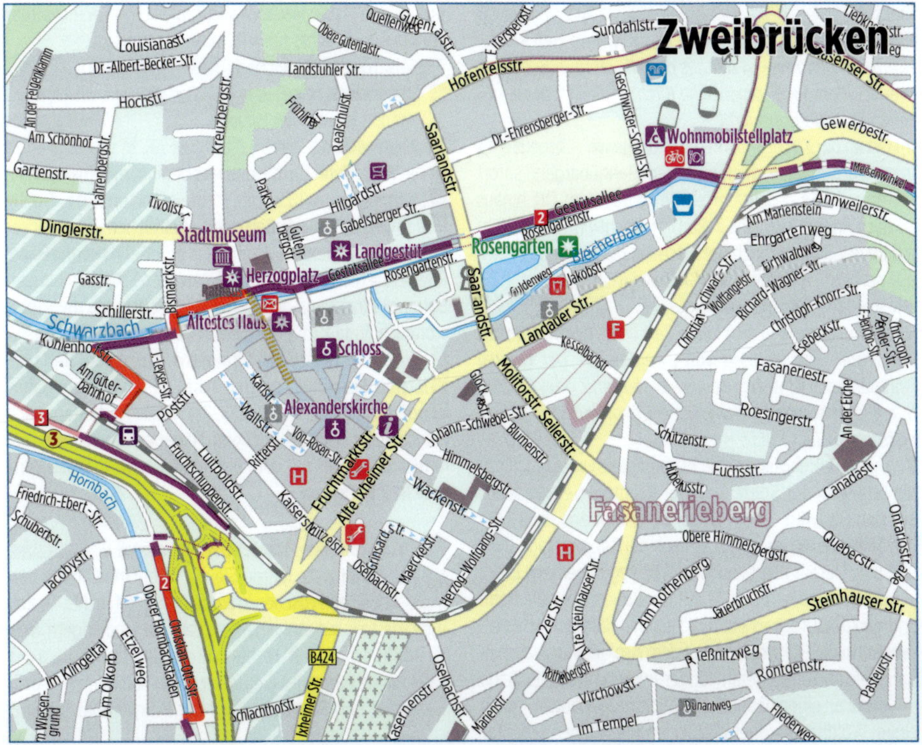

Dellfeld

Eindrucksvoll im Dorf Dellfeld - das zeitweise zum Kloster Hornbach gehörte - ist der aus dem 11. Jahrhundert stammende, viereckige romanische Kirchturm der Protestantischen St. Laurentiuskirche.

Im Ort an der Kirche links in die **Mittelgasse** ⁓ erneut links in die **Vordergasse**, dann nach dem Bahnübergang sofort rechts auf fein geschottertem Weg aus dem Ort hinaus ⁓ nach knapp 2 km ans linke Ufer wechseln ⁓ am Wehr macht der Schwarzbach geräuschvoll plätschernd auf sich aufmerksam, Rieschweiler-Mühlbach ist erreicht.

Rieschweiler-Mühlbach

Rieschweiler befand sich lange Zeit unter der Oberhoheit der Grafen und Herzöge von Zweibrücken. Der Ortsteil Höhmühlbach ist wahrscheinlich bereits im 7. oder 8. Jahrhundert entstanden, urkundlich erwähnt wurde er jedoch erstmals im Jahre 1437.

7 An der **Bahnhofstraße** rechts und gleich wieder links in die Straße **In der Sperr** ⁓ in der Rechtskurve geradeaus auf den Radweg ⁓ am Ortsende erneut ans linke Ufer des Schwarzbaches ⁓ direkt nach der Tennisanlage links und kurz darauf rechts auf den Radweg neben der **L 477** ⁓ nächste Straße rechts ⁓ auf der Brücke über die Bahn und kurz darauf scharf links (⚠ Gegenverkehr schlecht einsehbar) in die **Flurstraße** ⁓ auf dem Asphaltweg zwischen Bahnlinie und bewaldeten Hängen immer entlang der Bahn ⁓ vorbei an einem länglichen Speditionsgebäude ⁓ nach einem Waldhang vorbei an einer langgezogenen Schuhfabrik zu den ersten Häusern von Thaleischweiler-Fröschen, wo die Route rechts nach Pirmasens abzweigt.

Thaleischweiler-Fröschen

Steinenschloss, beim Freibad. Die Höhenburg wurde um 1100 erbaut und überdauerte keine 100 Jahre.

Biebermühle, Am Schloß 1, ✆ 0174/3206596, @ ybb828

TIPP: Die Weiterfahrt nach Pirmasens beginnt mit einer starken Steigung (bis zu 10 %), die Stadteinfahrt erfolgt z. T. ohne Radweg auf der äußerst verkehrsreichen Zweibrücker Straße. Als bequemere Alternative empfiehlt sich die Bahn. Radeln Sie hierfür durch Thaleischweiler-Fröschen bis zum Bahnhof Pirmasens-Nord. Von dort verkehren mehrmals stündlich Züge zum Pirmasenser Hauptbahnhof.

VARIANTE: Wollen Sie nicht nach Pirmasens, nutzen Sie den vorletzten Abschnitt von Tour 1 und fahren ab dem Bahnhof Pirmasens-Nord (s. S. 21) über Rodalben nach Münchweiler. Ab der dortigen Hanauer Straße (s. S. 22) radeln Sie wieder auf dem Pirminius-Radweg. Diese Variante ist 7 km kürzer.

Von Thaleischweiler-Fröschen nach Pirmasens *8 km*

Auf der Hauptroute fahren Sie vor dem Ortseingang von Thaleischweiler-Fröschen in spitzem Winkel rechts ⁓ steil aufwärts, teils auf asphaltiertem, teils auf schottrigem Weg bis **Höhfröschen** ⁓ **8** rechts in die **Hauptstraße** ⁓ auf der **L 474** mit erneutem Anstieg unter der **A 62** hindurch ⁓ bald darauf auf den Radweg ⁓ auf der Brücke über die B 10 ⁓ über den Kreisverkehr und in den nach links führenden Wirtschaftsweg ⁓ parallel zur **B 10** bis zum nächsten kleinen Kreisverkehr ⁓ **9** ab hier geradeaus auf der Straße ⁓ in den großen Kreisverkehr und direkt am **Wasserturm** ausfahren ⁓ entlang der **Zweibrücker Straße** Richtung „Centrum" ⁓ über die große Kreuzung mit der **B 270**.

INS ZENTRUM: Für einen Besuch der Stadt fahren Sie auf der Zweibrücker Straße und der Schlossstraße zum Exerzierplatz. Kurz danach beginnt die Fußgängerzone. Wollen Sie zurück zur Hauptroute, fahren Sie am Exerzierplatz in die nach Osten abgehende Höfelsgasse und deren Verlängerung, die Zeppelinstraße. An der Zeppelinbrücke stoßen Sie wieder auf den Radweg und halten sich hier rechts.

Pirmasens, Schlossbrunnen und St. Pirmin

Pirmasens

Vorwahl: 06331

- ℹ **Südwestpfalz Touristik e. V.**, Unterer Sommerwaldweg 40-42, ✆ 809126, @ dqj558
- ℹ **Tourist-Information**, Fröhnstr. 8, im Rheinberger, ✆ 2394321, @ han174
- 🏛 **Dynamikum**, Fröhnstr. 8, im Rheinberger, ✆ 239430 ⊜ Interaktives Museum mit 160 interaktiven Experimentierstationen, die naturwissenschaftliche Themen auf spielerische Art und Weise vermitteln. Auch im angrenzenden Strecktalpark sind Stationen zu finden. @ lej322
- 🏛 **Stadtmuseum Altes Rathaus**, Hauptstr. 26, ✆ 842299 ⊜ Mit Dauer- und Wechselausstellungen. @ bvn552
- 🏛 **WAWI-Schokoladenwelt**, Unterer Sommerwaldweg 18-20, ✆ 239990 ⊜ Kleine Museumsecke mit Café. Zuschauen bei der Produktion, Naschkatzen können Süßwaren kosten und sich im Fabrikverkauf eindecken. Führungen für Gruppen n. V. @ nbk624
- ♁ **St. Pirmin**, Klosterstr. 4. Mitte des 20. Jhs. wurde die im Zweiten Weltkrieg bis auf die Frontfassade zerstörte neugotische Backsteinbasilika durch den Sohn des einstigen Architekten wiederaufgebaut.
- ✲ **Exerzierplatz**. Der im 18. Jh. erbaute Platz wird von Kolonnaden umrahmt. Landgraf Ludwig IX. ließ hier nur zum Vergnügen seine Soldaten für Paraden aufmarschieren.
- ✲ **Forum Alte Post**, Poststr. 2, ✆ 2396716 ⊜ Hist. Gebäude mit Heinrich-Bürkel-Galerie und dem Hugo-Ball-Kabinett sowie Wechselausstellungen. @ yhl646
- ✲ **Schlossplatz**. Der Schlossplatz mit Treppenanlage und Kaskadenbrunnen wird überragt von der Pirminiuskirche.

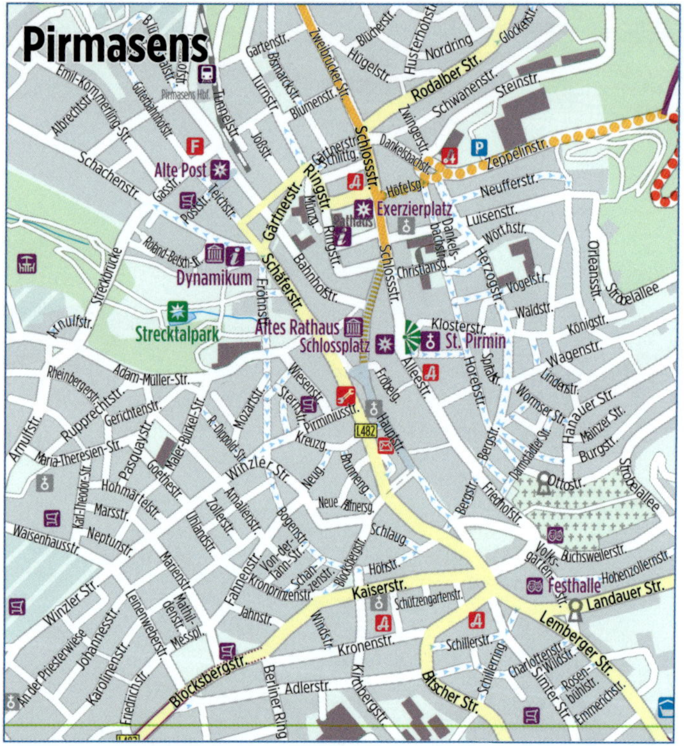

Stadtführungen. Auskünfte: Tourist-Information im Rheinberger, ✆ 2394321, @ yel641

Strecktalpark, an der Fröhnstr./Nähe Dynamikum. Naherholungsgebiet u. a. mit Wassertretbecken, Wasserspielplatz und Inlinercourt.

Badepark PLUB, Lemberger Str. 41, ✆ 72500, @ rnb818

Urkundlich wurde die Stadt erstmals um 860 „pirminiseusna“, eine dem Kloster Hornbach zugehörige Siedlung, erwähnt. Vom Gründer des Klosters Hornbachs, dem Heiligen Pirminius, leitet sich daher auch ihr Name ab. Stadtrechte erhielt Pirmasens 1763 durch den Landgrafen Ludwig IX. von Hessen-Darmstadt, der seine Residenz bereits 1741 hierher verlegt hatte. Von den Soldaten seiner Garnison erhielten die Pirmasenser den Spitznamen „Schlabbeflicker“. Da die Garnison nach dem Tod des Grafen aufgelöst wurde, mussten die Soldaten Mittel und Wege finden, um sich über Wasser zu halten und fabrizierten aus ihren überflüssigen Uniformen simple Schuhe, die „Schlabbe“. Die Frauen der Soldaten verkauften die Schuhe in Nah und Fern. Nach und nach entwickelte sich daraus eine bemerkenswerte Schuhindustrie. Auch wenn diese heute ihre enorme Bedeutung für die Stadt verloren hat, ist Pirmasens immer noch eine wichtige Adresse in Sachen Schuhwerk, was internationale Schuhfachmessen und andere wichtige Wirtschaftsmessen wie auch das Prüf- und Forschungszentrum für die Schuhindustrie beweisen.

Von Pirmasens nach Münchweiler an der Rodalb 12,5 km

Auf der Hauptroute biegen Sie nach der großen Kreuzung und der Tankstelle links ab in die **Carl-Schurz-Straße** ~ an der **Conrad-Krez-Straße** auf den Radweg ~ **10** vor dem Kreisverkehr links über die Straße, weiter auf dem linksseitigen Radweg und dann auf der großen Brücke über die **B 10** ~ den nächsten Kreisverkehr links umfahren ~ auf der **Pestalozzistraße** bis zur **Rodalber Straße** ~ hier rechts ~ an der Ampel links in die breite Straße **Am Sommerwald** ~ nach 200 m rechts hinab in eine schmale Gasse ~ zweimal im Wechsel links und rechts zum **Friedrich-Ebert-Ring** ~ dem langen Linksbogen folgen ~ an der Straße **Auf der Schwann** rechts hinunter ~ an zwei Gabelungen jeweils links halten ~ an der **Haseneckstraße** rechts auf den Radweg

~ nach der **B 10-Unterführung** rechts abbiegen ~ nach links auf die futuristisch gestaltete **Zeppelinbrücke** ~ an der T-Kreuzung links flott abwärts in die **Zeppelinstraße/K 2** ~ auf der Straße, entlang des Waldes und immer leicht abwärts durch ein Industriegebiet bis kurz vor die **L 484** ~ **11** halblinks auf den Radweg neben der Landstraße ~ unter der **B 10** hindurch ~ bis zum Eingang des Waldfriedhofs ~ nun auf der Straße weiter ~ bei erster Gelegenheit links und sogleich rechts Richtung **Lamsbacherhof** ~ hinein in den dichten Wald, durch die beiden Gehöfte ~ weiter im Lamsbacher Tal ~ vorbei am **Hombrunnerhof** gelangen Sie auf der **Industriestraße** nach Münchweiler ~ die **L 496** unterqueren und weiterhin dem Straßenverlauf bis zu einem Fabrikgebäude folgen ~ links in die **Pirmasenser Straße** ~ an deren Ende rechts in die **Hanauer Straße**.

Münchweiler an der Rodalb s. S. 22

Von Münchweiler an der Rodalb nach Wilgartswiesen 21,5 km

12 Geradeaus in die **Römerstraße** ~ vor dem Friedhof links in die **Pirminiusstraße** und sofort wieder rechts in die **Römerstraße** ~ halblinks in den **Konrad-Adenauer-Ring** ~ beim großen Waldparkplatz rechts ~ vorbei am Hundeverein ~ dem Rechtsbogen des breiten Asphaltwegs vorerst folgen ~ unverzüglich an der Gabelung links ~ ab hier führt das wohl gelungenste Radwegstück, das die Region Gräfensteiner Land zu bieten hat, durch das beschauliche Waschtal.

ACHTUNG: Beachten Sie auf der kommenden starken Gefällestrecke die entsprechenden Warnungen – auch die vor einer Schranke.

13 Nach Unterfahren der Eisenbahnlinie lädt am Ende eines lang gestreckten Weihers eine rustikale Sitzgruppe zum Picknick ein ~ erneut unter der Bahn hindurch, rechter Hand liegt der **Annaweiher** ~ vor dem Kreisverkehr links abzweigen ~ am Bahnhof vorbei und im Bogen unter der Bundesstraße hindurch ~ an der Vorfahrtsstraße links in die **Hauptstraße**.

Hinterweidenthal s. S. 24

Nach dem Bahnübergang scharf links in die **Wartbachstraße** und den Ort in Richtung Osten verlassen ~ knapp 6 km auf dem Radweg immer zwischen Waldrand und Bahngleisen bis ins Industriegebiet Hauenstein ~ **14** am Ende der Straße rechts in die **Pirmasenser Straße** ~ mitten durch das Schuhzentrum ~ leicht aufwärts in den Ort ~ weiter auf der **Bahnhofstraße** zum **Marktplatz**.

TIPP: Einen Radweg gibt es auf diesem zeitweise verkehrsreichen Abschnitt nicht, jedoch einen breiten Gehweg, der von Kindern genutzt werden kann.

Hauenstein

Vorwahl: 06392

- **Tourist-Info-Zentrum Pfälzerwald**, Schuhmeile 1, ✆ 9233380, @ jud324
- **Deutsches Schuhmuseum**, Turnstr. 5, ✆ 9233340 An originaler Produktionsstätte wird der Werdegang der Schuhindustrie in einer ehemaligen, im Bauhaus-Stil errichteten Schuhfabrik von 1740 bis heute nachvollzogen. Mit Schusterwerkstatt, Schuhsalon der 50er Jahre, Prominentenschuhen und dem größten Schuh der Welt. In dem Gebäude ist außerdem das Pfälzische Sportmuseum untergebracht. @ rfn555
- **Josef Seibel Erlebnis- und Besucherzentrum Schuhfabrik**, Waldenburger Str. 1, ✆ 9221321 Schuhfabrikation direkt erleben: Schritt für Schritt durch die Produktion - von der Materialauswahl bis zum fertigen Schuh. Zudem ist es möglich sich, sich den eigenen Sneaker zu gestalten. @ gwj253
- **Schuhmacherdenkmal**, Hauptstr. Symbolisiert den Bezug des Dorfes zum Schuhhandwerk.

Annaweiher bei Hinterweidenthal

Deutsche Schuhmeile Hauenstein, Industriestr. In den 19 Schuhgeschäften wird ein überbordendes Sortiment an Fußbekleidung feilgeboten. @ hvr441

Queichquelle. Die Quelle am Ende des Stephanstals ist mit rotem Buntsandstein eingefasst.

Wasgaufreibad, Backelsteinstr., ✆ 409480. Beheizt. @ vbn766

Hallenbad, Marienstr. 10, ✆ 4096296, @ hrw541

Rot-gelb gebänderte Sandsteingebilde, die als Aussichtsfelsen einen wunderbaren Rundblick über den Pfälzerwald gewähren, überragen den Luftkurort Hauenstein. Bestens bekannt ist der Ort als größtes Schuhdorf Deutschlands. Diesen Ruf erwarb sich das kleine Dorf mit der Einführung der Schuhherstellung auf industrieller Basis ab dem Jahre 1886. Eine Sonderstellung als eines der größten Museen seiner Art weltweit genießt das Deutsche Schuhmuseum.

Wilgartswiesen, Burgruine Falkenburg

Nach dem **Marktplatz** folgen Sie der Straße rechts in die **Hauptstraße** ⤳ vorbei am Schuhmacherdenkmal ⤳ weiter hinauf durch die **Weißenburger Straße.**

TIPP: Wer neugierig ist auf den Werdegang der deutschen Schuhindustrie, sollte unbedingt das Deutsche Schuhmuseum besuchen. Biegen Sie hierzu rechts in die Burg- und kurz darauf links in die Turnstraße ein.

Direkt nach dem Ort biegen Sie links ab ⤳ an der Gabelung links halten ⤳ **15** nach einem steilen Gefälle rechts hinauf.

TIPP: Hinter dem Wäldchen bietet sich zur Linken ein schöner Blick auf die roten Sandsteinfelsen.

An der nächsten Gabelung den linken Wirtschaftsweg wählen ⤳ an der nächsten Kreuzung links ⤳ die großartige Aussicht auf die Höhenzüge des Wasgaus können Sie vom folgenden **Rastplatz** aus genießen ⤳ durch ein Waldstück und kurz darauf rechts in rasanter Fahrt hinunter nach Spirkelbach ⤳ auf der **Hohlstraße** weiter in die **Hauptstraße**.

Spirkelbach

An der T-Kreuzung links in die **Talstraße**, vorbei an blumengeschmückten Fachwerkhäusern und den Ort verlassen ⤳ nach einer ca. 1,5 km langen zügigen Abfahrt entlang des Waldrands nach links, unmittelbar danach rechts ⤳ in einer Linkskehre die Bahnlinie unterqueren ⤳ an der **Zufahrtsstraße zur B 10** links halten und geradeaus nach Wilgartswiesen ⤳ an der ersten Kreuzung links in die **Bahnhofstraße**, dann nach 100 m erneut links ⤳ **16** am Bahnhof endet die Tour.

Wilgartswiesen

Vorwahl: 06392

Tourist-Informations-Zentrum Pfälzerwald, Schuhmeile 1, Hauenstein, ✆ 9233380, @ jud324

Evang. Pfarrkirche, Rauhbergstr. 3, ✆ 1278. Zweitürmiger Bau (1840-1843) aus rotem Sandstein mit Stufenportal und Rosette. Architekt: August von Voit (Neue Pinakothek, München). @ uyn281

Burgruine Falkenburg. Die Ruine befindet sich südwestlich des Dorfes auf dem 335 m hohen Schlossberg.

Burgruine Wilgartaburg. Die Burg wurde vermutlich im 11./ Jh. errichtet.

Rathaus, Bahnhofstr. Das Rathaus stammt aus dem Jahr 1853.

Unterhalb des 335 Meter hohen Schlossbergs und der Ruine Falkenburg schmiegt sich der Erholungsort Wilgartswiesen ins Queichtal. Markant: die hoch gelegene und den Ort überragende stattliche Kirche mit ihren beiden Türmen und den goldenen Wetterfahnen.

Im Jahr 828 vermachte Gräfin Wilgarta in der sogenannten „Ingelheimer Schenkung" dem Kloster Hornbach ihren Hof Wiligartawisa, die Kirche und den Forst. Auch wenn Abt Pirminius, der Klostergründer, zu diesem Zeitpunkt bereits verstorben war, veranschaulicht dieses Geschenk doch die Bedeutung seines erfolgreichen Wirkens.

2c
Merzalben
Münchweiler an der Rodalb
Bürgerpark
Hombrunnerhof
Riegelbrunnerhof
Ruppertsweiler
Hinterweidenthal
Handschuhkopf
Teufelstisch
Schöne Aussicht
Heufels
Planetenweg
Gräfenstein
Auf der Wasserschöpf
Luitpoldturm
Luitpoldstein
Dreiherrenstein
Hermersbergerhof
Kirschfels
Schlesierbrunnen
Biosphärenreservat Pfälzerwald-Nordvogesen
Wilgartswiesen
Rathaus
Ev. Pfarrkirche
Falkenburg
Wilgartaburg
Hauenstein (Pfalz)
Erlebnis- und Besucherzentrum Schuhfabrik
Schuhmuseum
Neding
Kreuzelfelsen
Dörreinfelsen
Backelstein
Hängeler Brünnle
Trifelsblick
Spirkelbach
Lug
Kufenberg 490
Ofenberg 395
Zimmerberg 365
Imsenkopf 450
Kurzelberg 465
Bauwalder Kopf 473
Wieslautereck 345
Hinterer Winschertkopf 492
Schmaler Hals 517
Warten Berg 495
Otterfelsen 537
Wernagel 465
Modenhachhang 465
Rindenbühl 446
Hanseneck 465
Spitze Boll 540
Katzenkopf 555
Wetthöhe 445
Großer Boll 535
Staufelkopf 550
Breiteneck 412
Göckelberg 410
Rotenstein 422
Kleiner Horberg 455
Kl. Brettenberg 455
Gr. Breitenberg 455
Steinberg 364
Kleiner Schieß 319
Pfaffenberg 404
Großer Horberg 430
Großer Schieß 331
Röder Kopf 412
Waschtal
Langen Berg 440
Runder Kopf 364
Platte 417
Großer Rauhberg 375
Kleiner Rauhberg
Farreneck 400
Mischberg 325
Biedenberg 382
Langeck 333
Schnepfenberg 434
Glockenhorn 380
Seekopf 355
Zimmerberg 381
Vier Buchen
Weimersberg 375
Etschberg 321
Rehköpfel 305
Großer Schiffelskopf 455
Kl. Hellenberg 325
Gr. Schweinspieß 290
Geiskopf 382
Benz 370
Hoher Kopf 367
Langenberg 450
Großer Hellenberg 390
Bren
Himmelspforte
Winterberg
Hoher Kopf 445
Nesselberg 355
Riger Bühl 350
Lembach
Wartenbach
Scheidbach
Modenbach
Freischbach
Hofbach
Mauzenbach
Salzbach
Wartbachstr.
2b
5
35
B10
L496
L487
L486
L495
B427
4,7
6,5
3,2
0,7
0,4
0,6
1,4
0,8
12
13
14
15
16

Tour 3 Glan-Blies-Radweg 94,9 km

HM/km: ↗ 1,7 (160m) ↘ 2,5 (241m) Radweg: 77 % Unbefestigt: 14 % Verkehr: 0 %

Nach dem Start in Zweibrücken und einer kurzen Exkursion entlang der Blies und durch das saarländische Homburg erwartet Sie eine entspannte Entdeckungsreise im gewundenen Tal des Glan. Die überwiegend naturnahe Radroute inmitten von Waldgebieten, Wiesen und Feldern wird in ihrem nördlichen Teil umrahmt von den begrünten Hängen des Pfälzer Berglands. Im Kuseler Musikantenland begegnet Ihnen auf der „grünen" Trasse der ehemaligen Glantalbahn manch sehenswertes Zeugnis aus der Vergangenheit. Abwechslung bringen hübsche Orte und die Gastronomie an der Strecke; nicht zu vergessen die „Draisinen-Radler", die Ihnen ab Altenglan immer wieder fröhlich winkend entgegenkommen. Bei Staudernheim an der Nahe haben sowohl Radler als auch Glan gemeinsam ihr Ziel erreicht.

Charakteristik

Start: Zweibrücken, Hauptbahnhof

Ziel: Staudernheim, Bahnhof

Wegbeschaffenheit: fast exklusiv Asphaltwege und -straßen, gelegentlich Waldwege mit festgefahrenem Untergrund

Verkehr: überwiegend auf ehemaligen Bahntrassen, teils auf Radwegen neben der Draisinenbahn und somit meist autofrei

Steigungen: auf der gesamten Strecke fast nur eben und tendenziell abwärts

Beschilderung: in Rheinland-Pfalz weiße Wegweiser mit grüner Schrift, im Saarland grüne Schilder mit weißer Schrift; Logo des Glan-Blies-Radwegs jedoch in beiden Bundesländern

Tipp: Der Glan-Blies-Radweg führt vom französischen Sarreguemines bis Staudernheim/Nahe. Die hier vorgestellte Tour beschreibt den nördlichen Teil der Strecke ab dem saarländischen Ingweiler.

Anschlusstouren: 2, 4, 5, 6

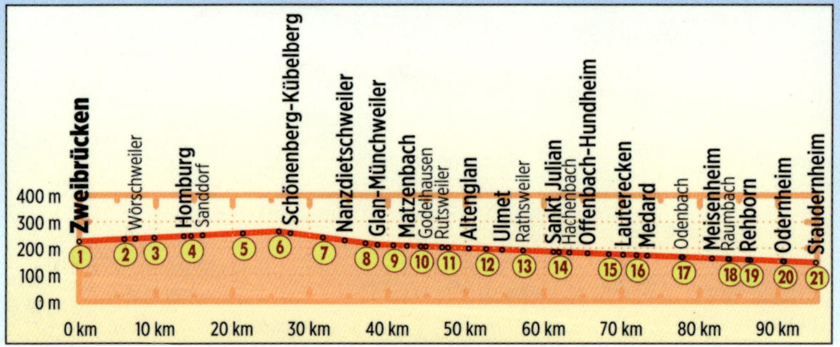

Zweibrücken s. S. 28

Von Zweibrücken nach Homburg *13 km*

1 Vom Hauptbahnhof fahren Sie nach links ~ die Zufahrt bis zum Glan-Blies-Radweg bei Ingweiler folgt der Südwestpfalz-Tour mit Ihrem ockergelben Logo ~ auf dem linksseitigen Radweg im Bogen eine Brücke unterqueren ~ oben angekommen, rechts auf den Radweg entlang eines Gewerbegebiets ~ am Fahrbahnteiler auf die linke Straßenseite wechseln ~ am Kreisverkehr links und die **A 8** unterqueren ~ nach der nächsten Brücke rechts in die Straße **Unterer Hornbachstaden** und entlang des Hornbachs ~ an der **Webenheimstraße** links, dann an der T-Kreuzung rechts in die **Wolfslochstraße** ~ diese geht über in einen Radweg links der Autobahn, wo die Beschilderung mit dem Südwestpfalz-Logo endet ~ an der ersten Möglichkeit rechts ~ die Allee vor den Bahngleisen nach links in die Straße **Am Alten Bahnhof** verlassen ~ an deren Ende nach rechts.

Ingweiler (Homburg)

Unter der **A 8** in die **Wörschweiler Straße** und Ingweiler verlassen ~ nach einem kurzen Stück auf der **L 212** stoßen Sie in deren Rechtskurve auf den **Glan-Blies-Radweg**, der von Süden herführt ~ ein Schilderwald gibt Auskunft über weitere Radwege, Sie bleiben hier auf der Landstraße ~ **2** gleich nach der Bahnbrücke rechts auf den Feldwirtschaftsweg ~ knapp 1,5 km im Bliestal ~ vor den Häusern rechts ~ immer in Nähe des Flusses, der alsbald überquert wird.

Wörschweiler (Homburg)

Klosterruine Wörschweiler, Kosterberg. Von der ehemaligen Zisterzienser Abtei (1171) sind noch Reste der romanischen Kirche zu besichtigen.

Kurz danach rechts die **A 8** unterqueren ~ über die zugewucherten Gleise und dahinter links ~ an den Pferdekoppeln des Mastauhofs vorüber ~ am Rande eines Waldstücks und durch Wiesen zur nächsten Kreuzung ~ **3** an der **Jägerhausstraße** links, dann vor der Brücke rechts und am Erbach weiter ~ auf der **Industriestraße** ans linke Bachufer wechseln ~ ab der nächsten Kreuzung auf der Straße **Am Stadtbad** weiter ~ über die Straße Am Forum leicht aufwärts zum großen Platz vor den Gebäuden der Verwaltung ~ erneut leicht aufwärts ~ vor dem Geländer links bis zur nächsten Straße ~ links zum Kreisverkehr, dort rechts in die **Talstraße**.

Homburg

Vorwahl: 06841

Tourist-Info Homburg, Talstr. 57a, 101820, cmn632

St. Michael, St. Michaelstr., 6870211. Die Pfarrkirche (1836-1841) im neuromanischen Stil ist mit ihrer beachtlichen Höhe von 30 m und dem wuchtigen Turm das Wahrzeichen der Homburger Altstadt. frx854

Vauban-Festung Homburg, Schlossberg-Höhen-Str., 101166 Im 12. Jh. residierten die Grafen von Homburg auf der Hohenburg. Im 16. Jh. wurde sie von den Grafen von Nassau-Saarbrücken im Stil der Renaissance umgestaltet. Im 17. und 18. Jh. stand die Hohenburg unter französischer Herrschaft. Nach 1981 wurden die eindrucksvollen Ruinen freigelegt und restauriert. psy435

Schlossberghöhlen, Schlossberg-Höhen-Str. 1, 2064 Europas größte Buntsandsteinhöhlen, geschaffen von Menschenhand, erstmalig 1671 erwähnt. spd338

Freiheitsbrunnen, Am Rondell. Dieser Brunnen ist Zeugnis der Ausrufung des Hambacher Festes 1832. Er zeigt die Freiheitskämpfer Siebenpfeiffer und Wirth.

Stadtrechtsdenkmal, Bahnhofsvorpl. 1989 von Paul Pink gestaltetes Denkmal, das an die Verleihung der Stadtrechte im Jahre 1330 erinnert.

Historischer Marktplatz. Mit Altem Rathaus (1680), ehem. protestantischen Pfarrhaus und Marktbrunnen.

Der Name Homburg leitet sich von der Hohenburg ab, die im 12. Jahrhundert gegründet wurde. Im 17. Jahrhundert gehörte die Stadt zu Frankreich und hatte 5.000 Einwohner. 1935 stimmte das Volk über die Staatenzugehörigkeit des Saargebietes ab. Danach wurde Homburg wieder ein Teil Deutschlands. Die Universitätsstadt Homburg hat heute etwa 42.000 Einwohner und wird auch die Stadt des Baumes genannt, da das Stadtwappen von einem Baum geziert wird.

Homburg, Schlossberghöhlen

Von Homburg nach Theisbergstegen 33 km

Sie verlassen das Stadtzentrum durch die Einkaufsstraße auf dem linksseitigen Radweg durch die Unterführung der querenden Straße geradeaus auf dem Radweg entlang der **Kaiserslauterer Straße** 4 nach rechts auf den Wirtschaftsweg zum Hundeplatz links versetzt über die Heidebruchstraße in die leicht ansteigende **Alleestraße** hinunter bis an die Durchgangsstraße, dort links und gleich wieder links in die **Heidestraße**.

Sandorf (Homburg)

Vorwahl: 06841

Schloss Karlsberg, Parkplatz am Karlsberger Hof, 105414 Erbaut von 1776 bis 1786, heute zeugen nur mehr die Grundmauern und das Kellergeschoss der Orangerie mit seinem großen Mittelgewölbe vom ehem. Märchenschloss des Herzogs Karl II. August von Pfalz-Zweibrücken. mws567

Bruchhof (Homburg)

Vorwahl: 06841

Gut Königsbruch, Am Gutshof 15 ✆ Der Gutshof (1766) weist architektonisch auf das Schloss Karlsberg hin. Das barocke Kleinod und die Gartenanlage wurden liebevoll restauriert und können auf Anfrage besichtigt werden. @ ibw187

Koi Bad & Sauna, Kaiserslauterer Str. 19a, ✆ 188770, @ rxv154

An der T-Kreuzung links in die **Lilienstraße** ~ an der **Kaiserslauterer Straße** links und gleich wieder rechts in die **Erbacher Straße** ~ an deren Ende rechts auf den breiten, geschotterten Waldweg und gleich wieder links ~ nach etwa 600 m erneut links ~ am übernächsten Weg rechts ~ immer wieder laden Holzbänke ein, die Stille des Waldes zu genießen ~ nach anfangs minimalem Auf und Ab fast schnurgerade im dichten Mischwald ~ unter der A 6 hindurch ~ **5** nach 700 m rechts ~ weiter auf gut zu befahrendem Waldweg ~ eine Steinbrücke unterqueren ~ nach 400 m links ~ nach weiteren 400 m erneut links ~ gleich darauf rechts ~ an der T-Kreuzung links ~ nach der Kläranlage am Ende des asphaltierten Wegs links unter der schmalen Brücke hindurch ~ bis zur Straße am **Mohrmühlweiher**.

INS ZENTRUM Wenn Sie dem Örtchen Waldmohr einen Besuch abstatten möchten, folgen Sie den Wegweisern Freibad und fahren am Freibad-Parkplatz geradeaus über Badstraße und Bruchstraße ins Zentrum.

Waldmohr

Vorwahl: 06373

Stadt Waldmohr, Rathausstr. 14, ✆ 504220, @ due751

Protestantische Pfarrkirche, Blücherstr. 3. Kirche von 1765 mit klassizistischem Glockenturm.

Naherholungsgebiet Bruchwiesen. Rundwanderwege von knapp 2 km Länge mit Infotafeln u. a. über die vier Jahreszeiten, Pflanzen, Landschaft und Glan. @ bmy154

Warmfreibad Waldmohr, Badstr. 12, ✆ 8917134, @ iih324

Am Weiher rechts ~ kerzengerade bis zu einem einstigen **Bahnhaus** ~ direkt dahinter rechts, hier nun erstmals auf der einstigen Bahntrasse, die beidseitig vom Grün umhüllt wird ~ **6** an der T-Kreuzung in einer Rechts-Links-Kombination auf den asphaltierten Weg ~ an der Kreuzung mit dem **Rastplatz** nach links, über die Brücke und unmittelbar danach rechts ~ links des

Brunnen in Schönenberg-Kübelberg

kleinen Baches bis zum alten Friedhof von Schönenberg-Kübelberg ~ hier rechts versetzt wieder auf die Bahntrasse zurück ~ vorbei an Pferdekoppeln ~ eine Brücke wird unterquert ~ an der nächsten Straße geradeaus.

INS ZENTRUM Für einen Abstecher ins Ortszentrum wechseln Sie unmittelbar nach dem Friedhof links auf die Kirschroute.

Schönenberg-Kübelberg

Vorwahl: 06373

- **Verbandsgemeindeverwaltung Oberes Glantal**, Rathausstr. 8, ☎ 5040, @ uoo578
- **Seefest am Ohmbachsee.** 3. Wochenende im Juli. @ yyt625
- **Naherholungsgebiet Ohmbachsee.** Der See ist mit 15 ha die größte zusammenhängende Wasserfläche der westlichen Pfalz und entstand als Rückhaltebecken (1974-1978). Zum Freizeitangebot gehören u. a. Wasserspielplatz, Freizeithalle, Tretbecken, Tretbootverleih und Minigolfanlage. Schwimmen ist nicht erlaubt. @ nrl518

Vorbei an einem Gewerbegebiet ~ nach knapp 2 km bei einem Galgen den linken Weg wählen ~ unter der

Landstraße **L 356** hindurch ~ bald danach den alten **Bahnhof Elschbach** passieren ~ nördlich von **Elschbach** überquert der Glan-Blies-Radweg erstmals den Glan ~
7 kurz danach kommt als Abwechslung der besonderen Art der 150 m lange, beleuchtete **Elschbacher Tunnel** ~ erneut über den ab hier stark mäandernden Glan ~ wegen einer nicht mehr vorhandenen Brücke bei **Nanzdietschweiler** wird die Bahntrasse kurzzeitig verlassen ~ hierzu die **L 358** links hinauf überqueren ~ wieder auf der Bahntrasse bis zu einer Wohnstraße (**Schulstraße**) ~ leicht nach rechts verschwenken ~ nach einem langgezogenen Rechtsbogen folgt eine gerade Wegstrecke, die zu einer Weggabelung vor der **A 62-Brücke** führt.

TIPP Rechts abwärts führt die Tour 4 in westlicher Richtung über Kaiserslautern nach Worms.

8 Für die Weiterfahrt auf dem Glan-Blies-Radweg und Barbarossa-Radweg Richtung Norden heißt es: oben bleiben ~ unter der A 62-Brücke durch ~ dem Verlauf des Weges nach rechts folgen ~ über den Bahnübergang und dahinter links ~ der Radweg läuft parallel zur regelmäßig befahrenen Bahnstrecke nach Glan-Münchweiler, der Glan fließt zur Rechten.

Glan-Münchweiler

Bürgerbüro Glan-Münchweiler, Bahnhofstr. 2, ✆ 06373/504126, ✆ 06373/504125, @ exe221

Prot. Pfarrkirche, Hauptstr. 16. Kirche von 1771, das romanische Kreuzgewölbe wurde um 1220 erbaut. Am Chor vermauert finden sich römische Spolien, ferner gibt es Viergöttersteine und Sarkophage (11. Jh.).

Viele Gemeinden in der westlichen Pfalz pflegen noch das traditionelle Brauchtum der Kerwe (Kirchweih, Kirmes). Dies zeigt sich den Besuchern an dem „Kerwestrauß“ – einer langen, schräg an Gaststätten oder Dorfgemeinschaftshäusern angebrachten farbenprächtigen Fichten- oder Tannenstange. Schon Wochen zuvor wurden sie von der Dorfjugend mit einigen zehntausend bunten Papierbändern geschmückt, um sie an dem Fest nach einem Umzug durch den Ort an der Straußenwirtschaft aufzuhängen, wo sie bis zum nächsten Jahr verbleibt.

Ab dem Bahnhof direkt neben den Schienen bis Rehweiler.

Rehweiler

9 Links in die **Glanstraße** und kurz darauf rechts in die Straße **Am Kuselberg** ~ weiter

im **Eisenbacher Weg** ~ abseits von Bahn und Fluss mit Blick auf die wellige Landschaft bis **Eisenbach** ~ im Ort links in die **Eisenbachstraße** ~ an der Straßengabelung den rechten Weg nehmen ~ ab Ortsende laufen Radweg, Bahnstrecke und Glan fast nebeneinander ~ kurz vor **Godelhausen** passieren Sie noch ein kleines Wehr am Glan.

Godelhausen (Theisbergstegen)

10 Im Ort auf der **Hauptstraße**, die einmal kurz nach rechts verschwenkt und erneut rechts abbiegt ~ auf der **Schulstraße** erreichen Sie Theisbergstegen.

Theisbergstegen

Vorwahl: 06381

- **Peterskirche**, Kirchstr., ✆ 2350. Die ursprünglich romanische Kirche (11./12. Jh.) wurde im 15. Jh. im gotischen Stil umgebaut. Die Kirche hat eine der ältesten Glocken in der Westpfalz (1430). @ swq413

Der kleine Ort Theisbergstegen liegt im Glantal zwischen Potzberg im Osten und dem Remigiusberg im Westen. Letzterer besteht im Wesentlichen aus dem extrem harten und belastbaren Melaphyrgestein (auch als „Kuselit“ bekannt), das im Steinbruch des Ortes seit 1860 abgebaut wurde. Verwendung fand es vor allem als Schotter beim Bau von Bahnstrecken, aber auch im Straßenbau – so wurden z. B. Straßen in Paris und der Stachus in München damit gepflastert.

Von Theisbergstegen nach Lauterecken 24,5 km

Im Ort rechts in die **Kuseler Straße**, gleich links in die **Bahnhofstraße** ~ durch den Steinbruch, jenseits des Glan liegt **Rutsweiler** ~ **11** nach der **Streitmühle** an der Gabelung links halten ~ weiter entlang der Bahnlinie bis zur B 423 ~ auf der **B 423** rechts über die Bahnbrücke, kurz darauf in der Rechtskurve links abzweigen und weiter entlang der Bahn ~ hier beginnt die Strecke der **Draisinenbahn**, die Sie bis ans Ziel immer wieder begleiten wird.

Altenglan

Vorwahl: 06381

- **Verbandsgemeinde Kusel-Altenglan**, Schulstr. 3-7, ✆ 60800, @ tth826
- **Draisinenbahn**, Bahnhof, ✆ 424270 Start- und Zielpunkte: Altenglan, Lauterecken und Staudernheim. Es gibt Fahrrad-, Elektrofahrrad-, Planwagen- und Handhebel-Draisinen. @ cft814
- **Herzdrigger-Brunnen**, Glanstr. 32. Mit dem „Herzdrigger-Männchen“ von Walter Graser. Vier Sandsteinkugeln in einer Schale stellen eine kulinarische Spezialität der westlichen Pfalz dar: gefüllte Kartoffelklöße, hier auch als „Herzdrigger“ bekannt. Das darauf sitzende Männchen drückt ein Herz ganz fest an sich und symbolisiert damit den „Herzdrigger“ auf seine eigene Weise.
- **Sport- und Freizeitbad**, In der Godersbach, ✆ 4250266, @ pgp174

Für die stillgelegte Bahnstrecke zwischen Altenglan und Staudernheim fand man eine unterhaltsame Lösung: auf der 40 bzw. 20 Kilometer langen Strecke kann man anstelle von Drahteseln auf verschiedenen Draisinenmodellen entspannt durch die malerische Landschaft radeln.

An der nächsten querenden Straße links versetzt weiter in die Straße **Im Brühl** ~ am Kreisverkehr geradeaus ~ auf dem Wirtschaftsweg im Wiesental des Glan bis Bedesbach ~ rechts über den Bahnübergang.

Bedesbach

An der Straßengabelung links in die **Austraße**, vorbei an der Alten Dorfschmiede ~ **12** kurz vor dem 180-Grad-Bogen links abbiegen ~ entlang der Draisenbahn bis Erdesbach ~ hier nach links über die Gleise in die Straße **Am Schleidchen**.

Erdesbach

Rechts in den **Mühlweg** ~ zwischen Sportplatz und Vereinsheim hindurch ~ auf die rechte Gleisseite wechseln ~ auf der sehr schmalen Brücke über den Glan ~ alsbald ist Ulmet erreicht ~ in einer Spitzkehre rechts hinunter und das Dorf auf dem Radweg umrunden ~ nach etwa 500 m rechts auf den Glan zu, am Ufer dann links.

Ulmet

Vorwahl: 06387

- **Museumsraum**, Wiesenstr., ✆ 1261 Ⓒ Ausstellung von Plastiken und Reliefarbeiten des Bildhauers Prof. August Drumm, einem Sohn des Ortes. Er schuf die Palatia auf der Prinzregentenbrücke in München, das Friedensdenkmal auf dem Werderberg bei Edenkoben und den Wittelsbacher Brunnen in Zweibrücken. @ mjq668
- **Flurskapelle**, Meisenheimer Str., ✆ 223 Ⓒ Eine der ältesten Kirchen des Glantals. Der Turm stammt aus dem 11. Jh., die Kirchenglocke wird auf 1460 und die Stumm-Orgel auf 1847 datiert. Auf dem zugehörigen Friedhof befinden sich sehenswerte Grabdenkmäler der Familien Drumm und Zink, letztgenannte Angehörige des bekannten Wissenschaftlers und Heimatforschers Theodor Zink.

Bronzeplastik „Alter Germane“, Marktpl., vor der Gallushalle. Werk des Bildhauers Prof. August Drumm.

Auf der alten Steinbrücke rechts und drüben gleich wieder links in einer Schleife mit dem Glan bis zur K 25 – direkt gegenüber erkennen Sie über den Bäumen die Flurskapelle im Friedhofsgelände links in die **K 25**, über die steinerne, 250 Jahre alte Glanbrücke und dahinter rechts auf den Radweg der **B 420** Richtung **Rathsweiler** **13** vor dem ersten Haus rechts auf dem breiten Schotterweg, dann hinter den Schienen links entlang der Draisinenstrecke – neben Wiesen und Pferdekoppeln – bis zum ehemaligen Bahnhof von St. Julian.

Sankt Julian

Historische Ölmühle, Mühlstr., 0171/2639076 Die 1730 erbaute Mühle ist eine der letzten noch betriebsfähigen Ölmühlen Europas. Das einzigartige Verfahren der Ölgewinnung aus Raps, Mohn- und Leinsamen wird heute nur noch zu Vorführzwecken demonstriert. Einmalig in Deutschland ist auch der Schäl- oder Gerbgang mit Rütteleinrichtung und Windhaus. @ hin127

14 Nach der querenden **Mühlstraße** östlich des Ortes weiter eng an der Draisinenbahn bis Glanbrücken.

Glanbrücken

Zunächst noch rechts der Gleise, wechselt der Radweg nach ca. 800 m auf die linke Seite auf gleicher Höhe mit fröhlichen Draisinenfahrern gelangen Sie nach Offenbach-Hundheim linkerhand die hochaufragende **Abteikirche**.

Offenbach-Hundheim

Vorwahl: 06382

Abteikirche, Klosterstr. 12, 532 Die ehemalige Benediktiner Propsteikirche St. Maria (13.-14. Jh., heute ev. Kirche), ist das bedeutsamste kirchliche Baudenkmal der westlichen Pfalz, das den Übergang von der Spätromanik zur Frühgotik dokumentiert. Auffallend sind der achteckige Vierungsturm und die dreischiffige Pfeiler-Basilika mit Querschiff. Beeindruckend ist auch das vierteilige Nordfenster.

St. Peter und Paul, Bergstr., 8188. Die katholische Kirche wurde 1884 im neugotischen Stil erbaut. Über dem Kirchenportal sind lebensgroße Steinfiguren der Kirchenpatrone, im Innenraum eine Kreuzigungsgruppe aus der Barockzeit.

Im Ort fahren Sie ein Stück rechts der Gleise zwischen Straße und Draisinengleisen bis Wiesweiler.

Wiesweiler

15 Nach den Schranken rechts in die **Bahnhofstraße**, dann nach der Glanbrücke leicht aufwärts ~ in einer Spitzkehre links in die **Kirchstraße** und den Ort verlassen ~ auf dem höher gelegenen Hauptwirtschaftsweg dem Verlauf des Glan geradeaus folgen ~ die Ackerflächen reichen in der Ferne bis an den Wald des Westricher Berglands ~ unter der Straßenbrücke hindurch, Schrebergärten künden den nächsten Ort an ~ bei der kleinen Kapelle links halten und nach der Bahnunterquerung links in die **Rheingrafenstraße**.

ANSCHLUSS Hier können Sie nach rechts auf den Lautertal-Radweg (Tour 5) wechseln, der südlich Richtung Kaiserslautern verläuft.

Lauterecken

Vorwahl: 06382

- **Verbandsgemeinde Lauterecken-Wolfstein**, Schulstr. 6a, ✆ 791116, @ wdu853
- **Motorsägenmuseum**, Saarbrücker Str. 10, ✆ 6355 Ⓒ In dem privaten Museum sind fast 200 historische Motorsägen aus aller Welt zu sehen. @ bly121
- **Hl. Franz Xaver**, Hauptstr. 67, ✆ 993286. Die katholische Kirche wurde 1848-1853 errichtet. @ oga436
- **Prot. Kirche**, Kirchg. 6, ✆ 6034. Neugotischer Saalbau (1866).
- **Veldenzschloss**, Veldenzpl. 1, ✆ 1300, ✆ 0151/61529597 od. 0160/7417723 Ⓒ Auf den Resten des ehemals mittelalterlichen Bauwerks wurde im 16. Jh. ein Renaissanceschloss errichtet und über die nächsten Jahrhunderte immer wieder umgestaltet. Sehenswert sind der Veldenzturm, der Keller mit spätgotischem Kreuzrippengewölbe und der Grafensaal. @ hom115
- **Alte Lauterbrücke**, Rheingrafenstr. Die älteste und eine der schönsten Bogenbrücken der Pfalz. Sie führt auf die idyllische Roseninsel, die von zwei Armen der Lauter geschaffen wird.
- **Draisinenbahn**, Am Bahnhof, ✆ 06381/424270, ✆ 0151/41887043 Ⓓ Start- und Zielpunkte: Altenglan, Lauterecken und Staudernheim. Es gibt Fahrrad-, Elektrofahrrad-, Planwagen- und Handhebel-Draisinen. @ isk623

Lauterecken, an der Mündung der Lauter in den Glan gelegen, fand erstmals 1343 Erwähnung. Die spätmittelalterliche Wasserburg wurde in den 1530er Jahren von Pfalzgraf Ruprecht, Stifter der neuen Linie Pfalz-Veldenz, zu einem Renaissanceschloss ausgebaut. Lauterecken wurde Residenzstadt in einem weit verstreuten fürstlichen Territorium. Auf dem historischen Schlosskeller wurde 1750/51 ein kurpfälzisches Oberamtshaus errichtet. Vom um 1600 erbauten „Neuen Bau" blieben noch Teile eines prächtigen Renaissanceportals erhalten. Die Schlossanlage, die sich heute im Eigentum der Stadt befindet, wurde in den letzten Jahren umfangreich restauriert und im August 2018 neu eingeweiht. Sie beherbergt u. a. das Standesamt, die Musikschule und eine Arztpraxis.

Von Lauterecken nach Staudernheim 24,5 km

Am Ende der **Rheingrafenstraße** in spitzem Winkel links über die große Glanbrücke, wo kurz zuvor die Lauter in den Glan mündet, und dem Verlauf der **Hauptstraße** folgen ~ rechts in die **Bahnhofstraße** ~ am Bahnhof vorüber ~ 16 an der T-Kreuzung rechts, dann gleich wieder links ~ an der nächsten T-Kreuzung erneut rechts ~ bei Medard nähern Sie sich wieder der Draisinenstrecke.

Medard (Glan)

Nach einem schönen Rastplatz rechts, auf der **Mühlgasse** über das Wasser und den Ort nach links verlassen ~ im breiten Tal des Glan genießen Sie Landschaft und Ruhe, Abwechslung bringen grasende Glanrinder und Schafe auf den saftigen Wiesen ~ schon bald taucht Odenbach vor Ihnen auf ~ an der T-Kreuzung links in die **Hauptstraße**.

Odenbach

- **Kirche**. Die Kirche aus dem 14. Jh. wurde im 18. Jh. umgebaut.

17 Am Rathaus erneut links folgen, dann vor der Brücke am Spielplatz rechts ~ auf Asphalt nach Meisenheim ~ vorbei am Friedhof und vor der **K 65** links auf den Radweg, dann links über die Brücke ~ kurz nach dem Glan rechts durch das Grün bis zur Straße **Hinter der Hofstadt** und nun auf dieser weiterfahren.

VARIANTE Sie können auch weiter auf dem Radweg entlang der Bahnlinie fahren, verpassen dann jedoch die historische Altstadt von Meisenheim.

Auf der Hauptroute fahren Sie auf der Straße in den Ort und biegen an der Kreuzung rechts in die **Amtsgasse** ab.

Meisenheim

Vorwahl: 06753

- **Tourist-Information**, Unterg. 16, ✆ 06751/811173, @ rub857

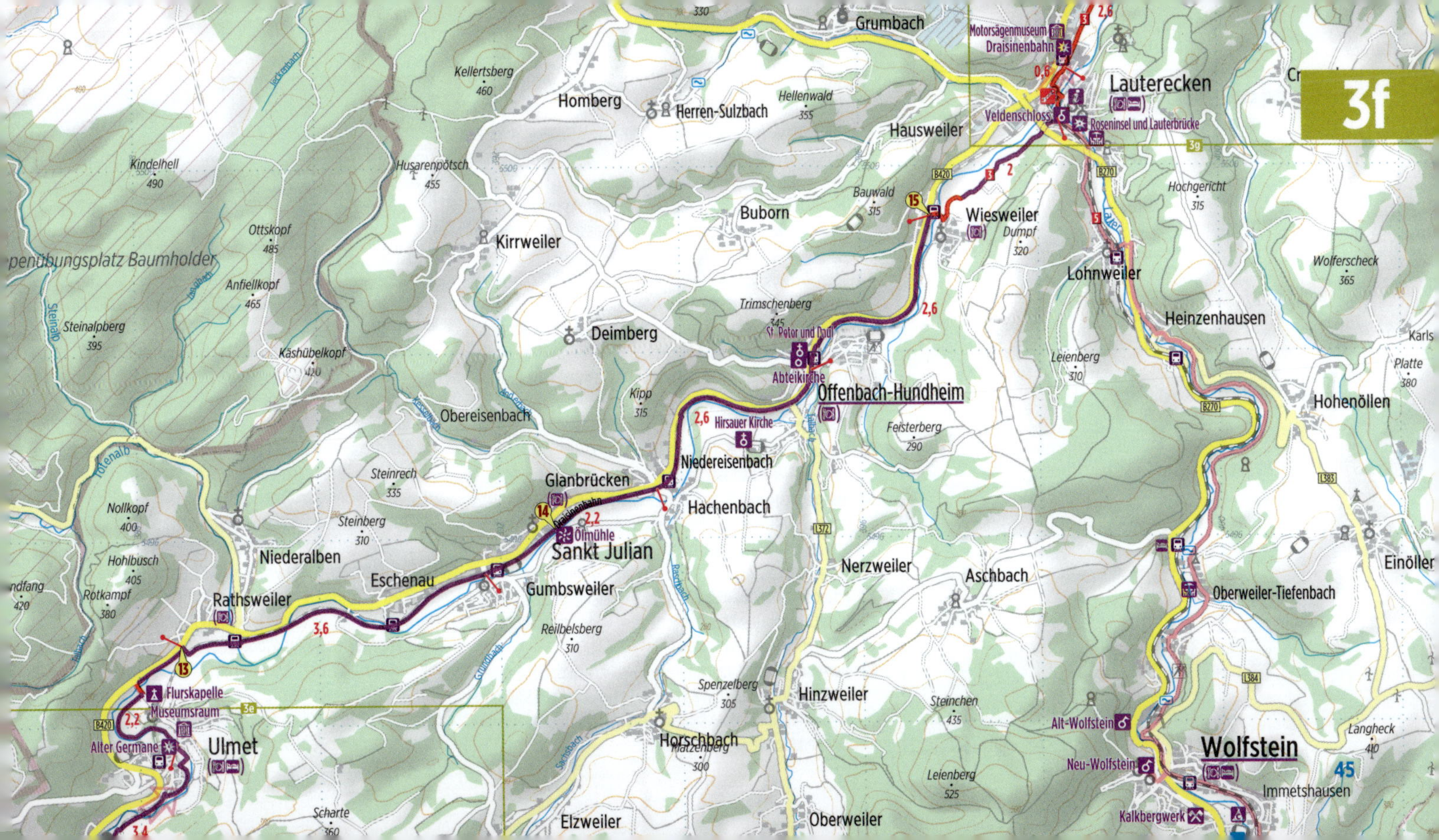

3f
Lauterecken
Motorsägenmuseum
Draisinenbahn
Veldenschloss
Roseninsel und Lauterbrücke
Grumbach
Homberg
Herren-Sulzbach
Hellenwald
355
Kellertsberg
460
Hausweiler
Kindelhell
490
Husarenpötsch
455
Buborn
Bauwald
315
Wiesweiler
Dumpf
320
Hochgericht
315
Kirrweiler
Ottskopf
485
Anfiellkopf
465
Lohnweiler
Wolferscheck
365
Trimschenberg
345
St. Peter und Paul
Abteikirche
Deimberg
Heinzenhausen
Steinalpberg
395
Käshübelkopf
420
Leienberg
310
Offenbach-Hundheim
Hohenöllen
Platte
380
Obereisenbach
Kipp
315
Hirsauer Kirche
Feisterberg
290
Niedereisenbach
Glanbrücken
Steinrech
335
Nollkopf
400
Hachenbach
Steinberg
310
Draisinenbahn
Ölmühle
Sankt Julian
Niederalben
Hohlbusch
405
Nerzweiler
Aschbach
Einöller
Eschenau
Gumbsweiler
Rotkampf
380
Rathsweiler
Oberweiler-Tiefenbach
Reilbelsberg
310
Flurskapelle
Museumsraum
Ulmet
Alter Germane
Spenzelberg
305
Hinzweiler
Steinchen
435
Alt-Wolfstein
Neu-Wolfstein
Wolfstein
Langheck
410
Horschbach
Platzenberg
300
Leienberg
525
Immetshausen
45
Kalkbergwerk
Scharte
360
Elzweiler
Oberweiler
B420
B270
L372
L383
L384
3g
3e
13
14
15
2,6
0,6
2
2,6
2,6
2,2
3,6
2,2
3,4

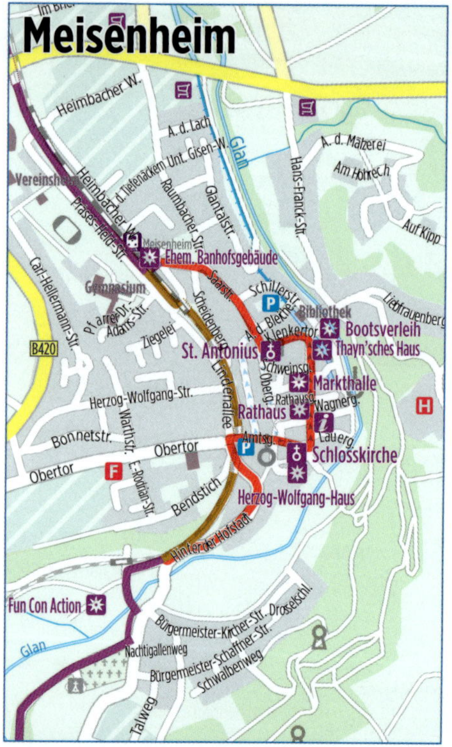

Schlosskirche, Amtsg., ✆ 06751/811171, Führungen: n. V. Die spätgotische Kirche (1479-1504) ist das Wahrzeichen der Stadt und auch über die Grenzen von Meisenheim hinaus bekannt. Besonders sehenswert sind das Stern- und Netzgewölbe, eine Gruftkapelle, eine geschnitzte Kanzel und eine Stumm-Orgel. @ uos573

St. Antonius, Klenkertor 7. Aus 1688, mit einem Kirchturm von 1902. Zu sehen sind ein barocker Hochaltar, Seitenaltäre und eine Kanzel. @ pio232

Altes Rathaus, Unterg. 23. Spätgotisches Gebäude (1508) mit drei hohen Spitzbogen an der Frontseite, eine dreischiffige Säulenhalle findet sich im Inneren des Erdgeschosses. Heute als Sitzungsort und Bücherei genutzt. @ hwq735

Ehem. Bahnhofsgebäude, Bismarkpl. 1. Bahnhof (um 1900) mit interessanten Kombinationen von Stilelementen aus verschiedenen Epochen.

Fun Con Action, ✆ 06783/990697, ✆ 0170/8169464. Kanuverleih an Glan und Nahe. Kanueinstieg: Hinter der Hofstadt. @ lsl877

Herzog-Wolfgang-Haus, Schlosspl. Der Rest des 1614 errichteten Schlosses setzte sich aus dem Stephansstock, dem Steinernen Stock und dem Magdalenenbau zusammen. Letzterer wurde ausgebaut, die anderen beiden Teile wurden zerstört. @ huh676

Historische Altstadt, ✆ 06751/811173. Die Bauten der Stadt erinnern auch heute noch sehr an das Mittelalter. Man kann Adelshöfe und Fachwerkhäuser besichtigen.

Markthalle, Marktpl. Langgestrecktes, zweigeschossiges Gebäude, um 1550/1560 erbaut. Das Parterre zeigt sich als offene Säulenhalle mit zehn toskanischen Säulen, die obere Etage besteht aus einer Fachwerkfassade. @ ihh813

Meisenheim, Altstadt

Mohren-Apotheke, Marktpl. 2. Das Gebäude (um 1550/1560) ist ein typischer Renaissancebau, dessen drei Geschosse durch Simsbänder getrennt sind. Der markante, runde Erker weist an seiner Vorkragung verschiedene Bildnisse in Medaillonform auf.

Stadtführungen, Schlosspl., ✆ 811173. Für Einzelpersonen und Kleingruppen Ostersonntag-Okt., jeden ersten Sa im Monat sowie So/Fei 14.30 Uhr, Treffpunkt: vor der Schlosskirche, Auskunft: Tourist-Information. @ hmb633

Thayn'sches Haus, Unterg. 54. Fachwerkhaus (16. Jh.), das die anderen Bürgerhäuser an Größe und glanzvoller Gestaltung überragt und als schönstes der Meisenheimer Bürgerhäuser angesehen wird. @ cae885

Meisenheim ist eine der wenigen Städte, die vor Zerstörung weitgehend verschont geblieben sind. Die Stadt ist vermutlich von den Franken im 7. Jahrhundert errichtet worden. Als Meisenheim im 14. Jahrhundert die Stadtrechte erhielt, wurde es zum Mittelpunkt des Glangebietes. Die Wittelsbacher machten die Stadt zur zweiten Residenz des

Herzogtums Pfalz-Zweibrücken. Auch aus dieser Zeit gibt es noch einige Häuser zu besichtigen. Meisenheim gilt darüber hinaus als anerkannter Erholungsort.

Nach der Kirche folgen Sie dem Linksbogen in die **Untergasse** ⇝ am **Untertor** dem Linksbogen folgen ⇝ an der T-Kreuzung rechts ⇝ an der Straßengabelung links auf der **Saarstraße** bleiben ⇝ an der Querstraße am ehemaligen Bahnhof geradeaus über die Gleise und dahinter rechts ⇝ bis zur **L 376** bei Raumbach ⇝ auf diesem Abschnitt künden in der Ferne die ersten Rebhänge bereits das Weinbaugebiet Naheland an.

Raumbach

18 Am Ortsrand leicht links versetzt über die L 376 ⇝ auf kerzengerader Strecke unterhalb der Draisinenstrecke bis zum **Gasthaus „Zum Radler"** ⇝ rechts über die holprige Steinbrücke und nahe des Glan nach Rehborn.

Rehborn

Vorwahl: 06753

Kanuverleih Gartenlokal Frau K!, Bahnwärterhaus, ✆ 124205, @ nwk136

Auf der **Mühlstraße** durch den Ort ⇝ noch vor der Hauptstraße links abbiegen, dann über den Fluss ⇝ **19** direkt nach den Gleisen rechts, dann an der Gabelung den rechten unteren Weg wählen ⇝ auf Asphalt immer längs der Bahn ⇝ wo die Bahnbrücke über den Glan führt, radeln Sie weiter links des Flusses bis nach Odernheim ⇝ im Ort über die Gleise.

Odernheim am Glan

Vorwahl: 06755

Ortsgemeinde Odernheim, Hauptstr. 17, ✆ 203, @ aml348

Schloss Pfalz-Zweibrück, Gigertsg. 1. Das Schloss stammt aus dem Jahr 1567 und wurde für die Herzöge von Pfalz-Zweibrücken erbaut. Der Renaissance-Bruchsteinbau erhielt etwa in den 1920er Jahren einen Anbau. Das Schlösschen befindet sich in Privatbesitz.

Bannmühle, Staudernheimer Str. 1, ✆ 1053. In der historischen Wassermühle am Glan ist heute ein Bioland-Hof untergebracht. @ gth258

Hist. Ortskern. Mit Rathaus von 1541.

20 An der **Staudernheimer Straße** links und gleich wieder schräg rechts in den **Kirchweg** ⇝ wieder am Glan radeln Sie unterhalb der Rebhänge des Disibodenberges und an der Nordseite der schön renovierten Niedermühle vorbei ⇝ sogleich an der Gabelung rechts, dann die Schienen queren ⇝ nach einem weiten Bogen erneut die Seite wechseln.

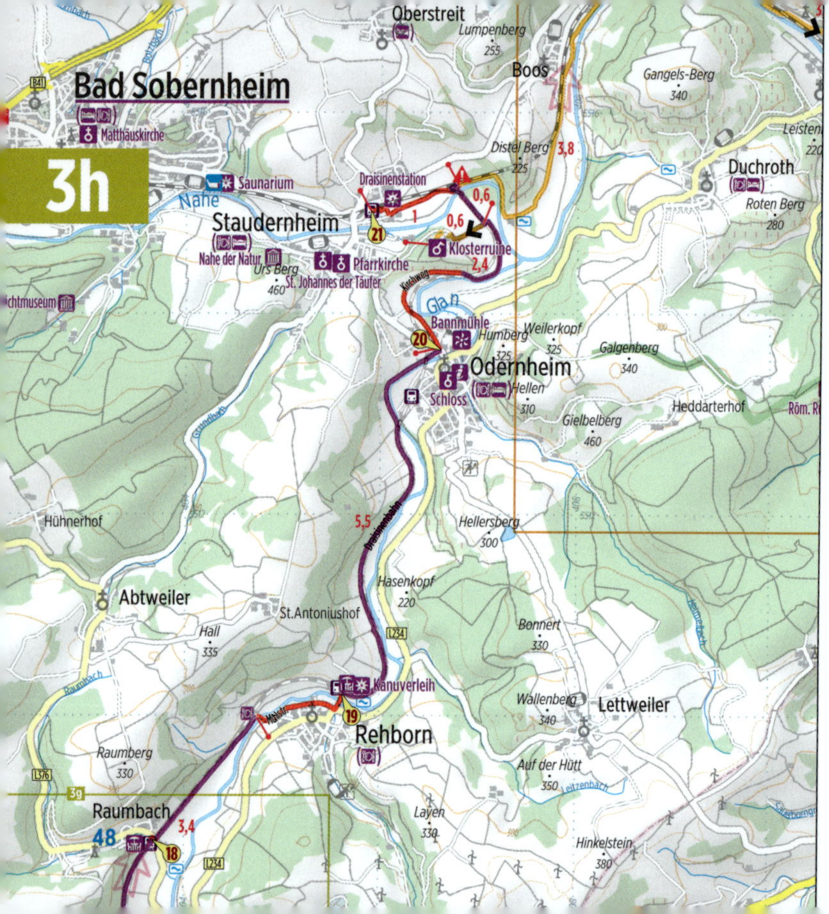

AUSFLUG Für eine Variante zur Klosterruine Disibodenberg fahren Sie geradeaus zum Disibodenbergerhof. Am besten lassen Sie die Räder unten und folgen dem Spazierweg auf den Klosterberg, wahlweise können Sie auch per Rad den teils steilen Wiesenweg nehmen.

Disibodenberg (Odernheim am Glan)

Klosterruine Disibodenberg, Disibodenbergerhof 3, ☎ 06755/9692804, ☎ 0171/9449255 (7d) Das Kloster soll im 7. Jh. vom Heiligen Disibod gegründet worden sein. Berühmteste Bewohnerin war die Heilige Hildegard von Bingen, die hier 40 Jahre lang gelebt haben soll. Im Besucherinformationszentrum mit Museum (geöffnet Sa 12-18 Uhr, So u. Fei 11-17 Uhr) gibt es entsprechende Ausstellungen zur Geschichte. @ nbq863

Unmittelbar nach dem Queren der Bahn in der Spitzkehre rechts und unterhalb des Bahndamms bis zur Nahebrücke ⚠ beim Überqueren der Brücke ist Vorsicht geboten, da die für Radfahrer und Fußgänger vorgesehene Spur schmal ist nach der Nahebrücke rechts abwärts, dann erneut rechts auf den kreuzenden **Nahe-Radweg**.

TIPP Wollen Sie nach Bad Münster bzw. zum Alsenz-Radweg (Tour 6), biegen Sie am querenden Nahe-Radweg links ab und folgen dessen Beschilderung 16 km. Alternativ können Sie die regelmäßig verkehrende Bahn nach Bad Münster nutzen.

Schloßböckelheim

Vorwahl: 06758

Ortsgemeinde Schlossböckelheim, Nahetalstr. 11, ☎ 7135, @ dpl237

Ruine Böckelheim, Schloßstr. Die Burg wurde vermutlich im 9. Jh. errichtet und zählt zu den ältesten Wehrbauten im gesamten Naheraum. Im 17. Jh. wurde die Burganlage während der Pfälzischen Erbfolgekriege zerstört. Heute sind Reste eines Torturms, eines Treppenturms und Teile der Schildmauer erhalten.

Heimbergturm (24) Die 29 m hohe Aussichtsplattform bietet einen Rundumblick vom Soonwald über den Taunus bis hin zum Nordpfälzer Bergland. Vom Wanderparkplatz am Friedhof führt ein Rundwanderweg mit Infostationen über die Tier- und Pflanzenwelt des Heimbergs zum Turm.

Niederhausen (Nahe)

Vorwahl: 06758

Besucherbergwerk Schmittenstollen, ☎ 8404 In dem ehemaligen Quecksilberbergwerk – es wurde 1438 erstmals urkundlich erwähnt und war bis 1942 in Betrieb – wurde von den insgesamt ca. 15 km langen Stollen ein Abschnitt von 700 m für Besucher freigegeben. @ mxj648

Bad Münster am Stein-Ebernburg (Bad Kreuznach) s. S. 70

Nach dem Klärwerk rechts ~ **21** am Bahnhof mit der Draisinen-Verleihstation endet die Tour.

Staudernheim

Vorwahl: 06751

- **Nahe der Natur**, Schulstr. 47, ✆ 8576370, ✆ 0172/9108039 Ⓐ Das Mitmach-Museum für Naturschutz bietet eine lebendige Vielfalt mit Ausstellungen, Wildnis, Naturgarten, Natur-Kunst von Urs Werthmüller und Workshops. @ rwk761
- **Pfarrkirche**, Kirchg. 1, ✆ 94570. Die evangelische Kirche stammt aus dem Jahr 1871.
- **St. Johannes der Täufer**, Schulstr. Die katholische Kirche wurde 1768-1770 im Stil des Barock errichtet.
- **Draisinenbahn**, Bahnhofstr., ✆ 06381/424270, ✆ 0175/4452664 Ⓐ Start- und Zielpunkte: Altenglan, Lauterecken und Staudernheim. Es gibt Fahrrad-, Elektrofahrrad-, Planwagen- und Handhebel-Draisinen. @ opt556

Staudernheim wurde etwa im 6. Jahrhundert gegründet, besiedelt war die Region schon zu vorchristlicher Zeit. Das östlich des Ortes auf dem Disibodenberg befindliche Kloster hat bis zu seiner Aufhebung im Jahre 1559 lange Zeit die Geschicke von Staudernheim bestimmt.

Heute bietet der staatlich anerkannte Erholungsort mit der Draisinenstation eine beliebte Attraktion. Auf der stillgelegten Bahnstrecke der Glantalbahn zwischen Staudernheim und Altenglan kann man auf der 40 Kilometer langen Strecke entspannt durch die Landschaft radeln.

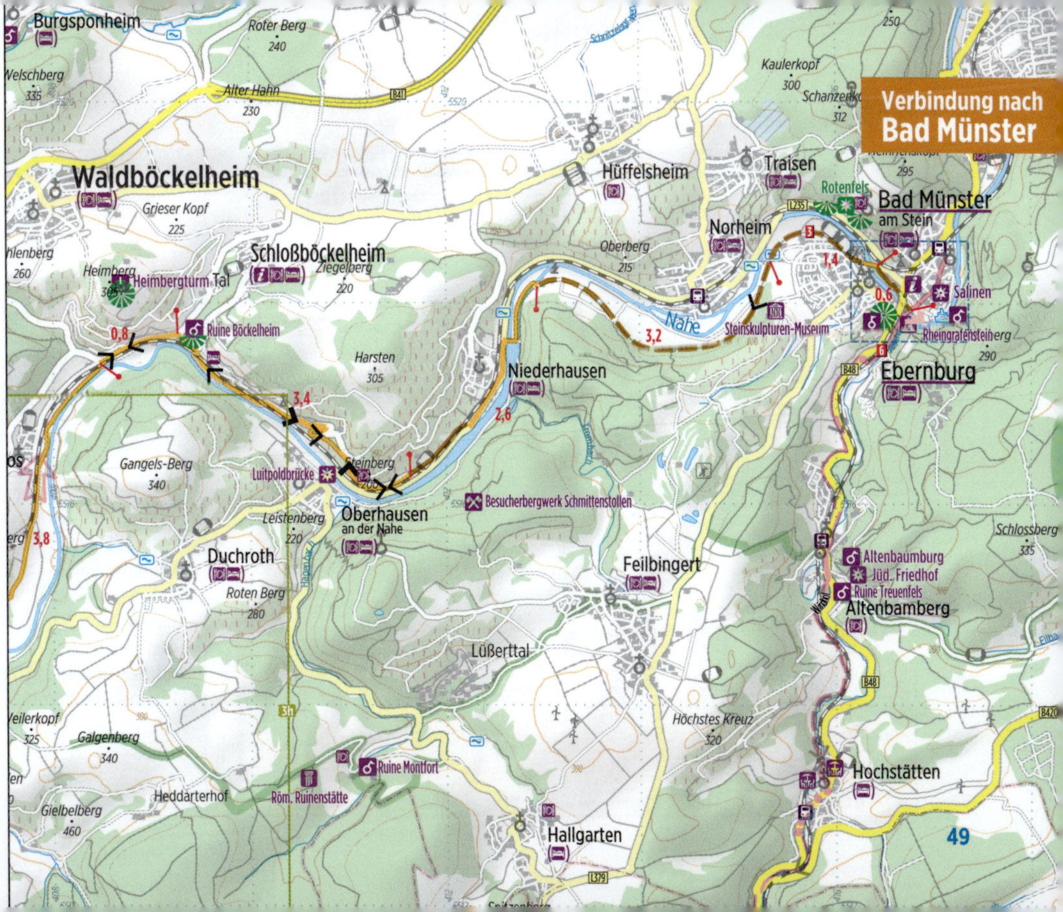

Tour 4 Barbarossa-Radweg 88,9 km

HM/km: ↗ 3,4 (301m) ↘ 4,6 (413m) Radweg: 72 % Unbefestigt: 27 % Verkehr: 5 %

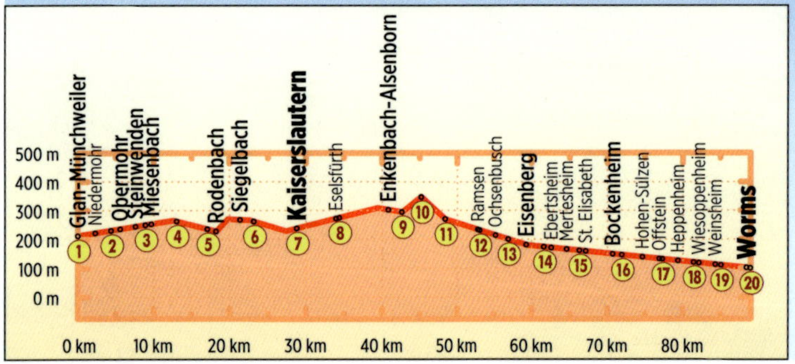

Diese Tour verbindet den Glan im äußersten Westen der Pfalz mit dem Rhein bei Worms. Die Reise geht am Mohrbach entlang und durch den ebenen nördlichen Teil des Pfälzerwaldes. Hat man die liebenswerte Barbarossastadt Kaiserslautern erst einmal ein gutes Stück hinter sich gelassen, heißt es bald ein wenig Muskelkraft einzusetzen, bis man mitten durch den Forst hinunter zum Eisbach rollt. Erhitzte Gemüter finden erfrischende Kühlung in Kneippanlagen unweit der Strecke. Gemächlich legen Sie ab Eisenberg den Rest Ihres Weges über Grünstadt an der Deutschen Weinstraße in die Rheinebene zurück.

Charakteristik

Start: Glan-Münchweiler, Bahnhof
Ziel: Worms, Hauptbahnhof
Wegbeschaffenheit: asphaltierte Wege, festgefahrene Forst- und Wirtschaftswege; zwischen Alsenborn und dem Eiswoog ist nach Regentagen mit aufgeweichtem Boden zu rechnen
Verkehr: meistenteils autofrei, in Orten auf Straßen mit meist mäßigem Verkehr – mit Ausnahme der Städte Kaiserslautern, Enkenbach-Alsenborn und Worms
Steigungen: in der ersten Hälfte gelegentlich leichte Steigungen, die stärkste Steigung hinter Alsenborn auf etwa 1,5 km Länge, danach nur noch leicht wellig und tendenziell abwärts; für kleinere Kinder ungeeignet
Beschilderung: Wegweiser mit dem roten Barbarossa-Logo
Anschlusstouren: 1, 3, 5, 6, 7, 8, 9

Glan-Münchweiler s. S. 41

Von Glan-Münchweiler nach Kaiserslautern *27,5 km*

1 Startpunkt dieser Tour ist der Bahnhof Glan-Münchweiler ↝ vor dem Bahnhofsgebäude rechts, dann bei erster Gelegenheit rechts über die Bahngleise und dahinter rechts auf den **Barbarossa-Radweg**, der hier ein kurzes Stück mit Tour 3 parallel verläuft ↝ weiter zwischen Bahn und Glan ↝ über das Gleis ↝ auf der ehemaligen Bahnbrücke die **A 62** unterqueren und sofort in einer Spitzkehre von der Bahntrasse hinunter ↝ unten rechts halten, erneut die A 62 unterqueren und auf dem Asphaltweg nach Niedermohr ↝ an der Gabelung links in der **Friedhofstraße** weiter.

Niedermohr

An deren Ende rechts in die Straße **Gertweiler** ↝ vor dem Ortsausgang links ↝ auf dem Radweg durchs Mohrbachtal nach **Schrollbach** ↝ im Ort schräg hinunter in die **Katzenbacher Straße** ↝ **2** in der Rechtskurve halblinks in die **Bruchstraße** ↝ in ihrem Verlauf nach links und den kleinen Ort verlassen ↝ auf Höhe von Obermohr geht der bisher breite Weg in einen Fahrweg mit zwei Asphaltstreifen über ↝ auf die nördliche Seite der Bahnlinie wechseln und bis zum Bahnhof von Steinwenden.

Steinwenden

Skulpturenweg, Eisenbahnstr., Bhf. Steinwenden. Der 6 km lange Rundweg führt über Steinwenden, Weltersbach und Obermohr. Zu sehen sind 12 große Steinskukpturen, die 2012 während eines Steinbildhauersymposions entstanden sind. @ mds264

Nach dem Bahnhof wieder auf die rechte Seite der Gleise ↝ vor sich sehen Sie schon Miesenbach ↝ **3** nochmals über die Schienen und direkt rechts in die **Neuwoogstraße**.

INS ZENTRUM **Nach etwa 500 m führt ein Weg nach rechts, auf dem Sie nach Ramstein ins Zentrum der Stadt gelangen können.**

Ramstein (Ramstein-Miesenbach)

Vorwahl: 06371

Info-Center, Miesenbacher Str. 1, ✆ 838186, @ oml228

Museum im Westrich, Miesenbacher Str. 1, ✆ 5920 Das Museum befindet sich im ältesten Haus der Stadt, einem Barockbau aus der Mitte des 18. Jhs. Alltagsgeschichte und Kultur der Region mit Dorfladen, einer Dorfwirtschaft und Kräuterkammer einer alten Apotheke. @ vcn843

St. Nikolaus, Landstuhler Str. Die katholische Kirche wurde 1901-1903 errichtet und ist der romanischen Basilika von Andernach nachempfunden.

Azur, Schernauerstr. 50, ✆ 71500, @ xyl747

Ramstein-Miesenbach ist eine der jüngsten Städte der Pfalz. Ihr Bekanntheitsgrad im In- und Ausland stützt sich vor allem auf die Tatsache, dass sich hier der größte NATO-Flugplatz Europas befindet, der gleichzeitig auch größter amerikanischer Flughafen außerhalb der USA ist. Die Stadt ist Wirtschafts- und Einkaufszentrum der westlichen Pfalz und verfügt zudem über reichlich Freizeit- und Erholungsmöglichkeiten im Grünen.

Mackenbach, Musikantenmuseum

Nach Queren der Ramsteiner Straße in der Straße **Am Altenwoog** weiter ↝ im Rechtsbogen in den **Hangweg**.

Miesenbach (Ramstein-Miesenbach)

Naherholungsgebiet Seewoog. Mit Biotop, naturnahem Spielplatz, Grillplätzen, Seeterrasse mit Kiosk und Kneippbecken (am Südufer).

An der Gabelung links halten ↝ an der T-Kreuzung links ↝ nach 100 m rechts auf den geschotterten Waldweg nördlich des Seewoogs ↝ kurz nach dessen Ende rechts ↝ am querenden Asphaltweg links ↝ weiter entlang der **L 356** ↝ **4** am Ende des Radwegs rechts unter der Brücke hindurch, links befindet sich Mackenbach.

Mackenbach

Vorwahl: 06374

Westpfälzer Musikantenmuseum, Schulstr. 10, ✆ 2613, ✆ 6475, ✆ 0170/4055898 Das Museum dokumentiert mit Musikinstru-

Rodenbach, Keltisches Fürstengrab

menten, Fotos und Schriftstücken das Westpfälzer Musikantentum. Auf 4 mal 4 m fasziniert die Besucher ferner ein originalgetreues Modell des Zirkus Busch mit Musik und bewegten Figuren. @ tep464

Westpfälzer Wandermusikanten

Aus den Dörfern der Westpfalz zogen ab der Mitte des 19. Jahrhunderts viele Musikanten in alle Welt, um den Lebensunterhalt für sich und ihre Familien zu verdienen. Als gern gesehene und vor allem gern gehörte Musiker spielten sie in bedeutenden Orchestern oder leiteten diese als Kapellmeister. Sie unterhielten Gäste in Hotels und Kaffeehäusern mondäner Badeorte; bekannte Zirkusunternehmen bevorzugten die Westpfälzer Wandermusikanten für ihre Orchester. Da Mackenbach der Hauptort der Westpfälzer Musikanten war, verwundert es nicht, dass ihr weltweites Wirken hier im Musikantenmuseum mit einer ungewöhnlich umfangreichen Sammlung von Instrumenten gewürdigt wird.

Hinter dem Kreisverkehr links über die Straße und drüben in den Schotterweg direkt links vom Zaun ~ nach ca. 600 m rechts in den asphaltierten Weg abbiegen ~ an Wohngebäuden und Pferdekoppeln des **Schellenbergerhofs** vorüber bis zum westlichen Ortsrand von Rodenbach.

Rodenbach

Vorwahl: 06374

- **Keltisches Fürstengrab**, südlich des Waldfreibads, ✆ 922131, ✆ 1266 Im Jahr 2000 rekonstruiertes Grab mit Grabkammer und Grabbeigaben (um 400 v. Chr.). Bei den Ausgrabungen fand man eiserne Waffen, bronzene Gefäße und einen goldenen Armreif, die heute im Historischen Museum in Speyer liegen. @ pii655
- **Keltisches Wagengrab**, Am Ramsteiner Weg, westl. des Ortes. Unweit des Originalfundplatzes wurde eine Rekonstruktion des Wagengrabes aus der Hallstatt-Zeit errichtet. In derlei Gräbern wurden nur hochstehende Persönlichkeiten der keltischen Gesellschaft bestattet. @ shr131
- **Heidegericht Rodenbach**, in der Nähe des Fürstengrabs, ✆ 922131 Nachbildung einer 1595 entdeckten uralten Gerichtsstätte.
- **Skulpturenweg**, südlich des Ortes, teils am Barbarossa-Radweg. Verschiedene Skulpturen geschaffen von Schülerinnen und Schülern der Steinbildhauerklasse der Meisterschule des Handwerks Kaiserslautern. @ qno517
- **Waldfreibad**, Sportstr. 6, ✆ 5188, @ vjq175

Am Kreisverkehr die **K 25** überqueren ~ kurz auf dem Radweg, dann rechts in die **Sportstraße** ~ **5** am Waldfreibad links in die **Fuchsstraße** ~ an der Vorfahrtsstraße **Hauptstraße** rechts, kurz darauf nochmals rechts in die **Weiherstraße** ~ deren kurvigem Verlauf folgen, vorbei an einigen Sandsteinskulpturen ~ an der Kreuzung rechts in die Straße **Alte Steige** ~ nach einem Linksbogen in den Wald hinein ~ an der **Waldgaststätte Rodenbach** rechts auf den asphaltierten „Privaten Forstweg" ~ nach dem Forsthaus links ~ auf ansteigendem, sandigem Weg erreichen Sie nach knapp 400 m die Westseite des **Kaiserslauterer Zoos** im Stadtteil Siegelbach, hier rechts abbiegen ~ kurz danach halblinks im Waldstück auf der Straße **Am Sportplatz** weiter zu den Sportplätzen.

Siegelbach (Kaiserslautern)

- **Zoo-Kaiserslautern**, Zum Tierpark 10, ✆ 0631/71690, ✆ 0176/25123658 631 Tiere aus mehr als 110 Tierarten auf einem 7 ha großen Areal, Streichelzoo und Falknerei mit Flugvorführungen. @ cqv854

An der T-Kreuzung rechts in die **Finkenstraße**, dann gleich nach dem Beginn des Waldes links ~ an der T-Kreuzung mit der **Opelstraße/K 11** rechts auf den Radweg ~ kurz vor der **B 270** die Kreisstraße nach rechts verlassen ~ **6** an der ersten Unterführung links und sofort halbrechts auf den Waldweg ~ alsbald unter der **A 6** hindurch zum **Landschaftsweiher Vogelwoog**, einem bekannten Naturschutzgebiet Kaiserslauterns ~ am Ende des Weihers rechts in den breiten Weg und sogleich wieder links zwischen dem Waldspielplatz Fuchsbau und einer Gaststätte hindurch ~ entlang des Hammerwoogs (Blechhammerweiher), an dessen Ende der historische Gasthof Blechhammer steht ~ auf dem Weg **Am Hammerweiher** bis zum **Blech-**

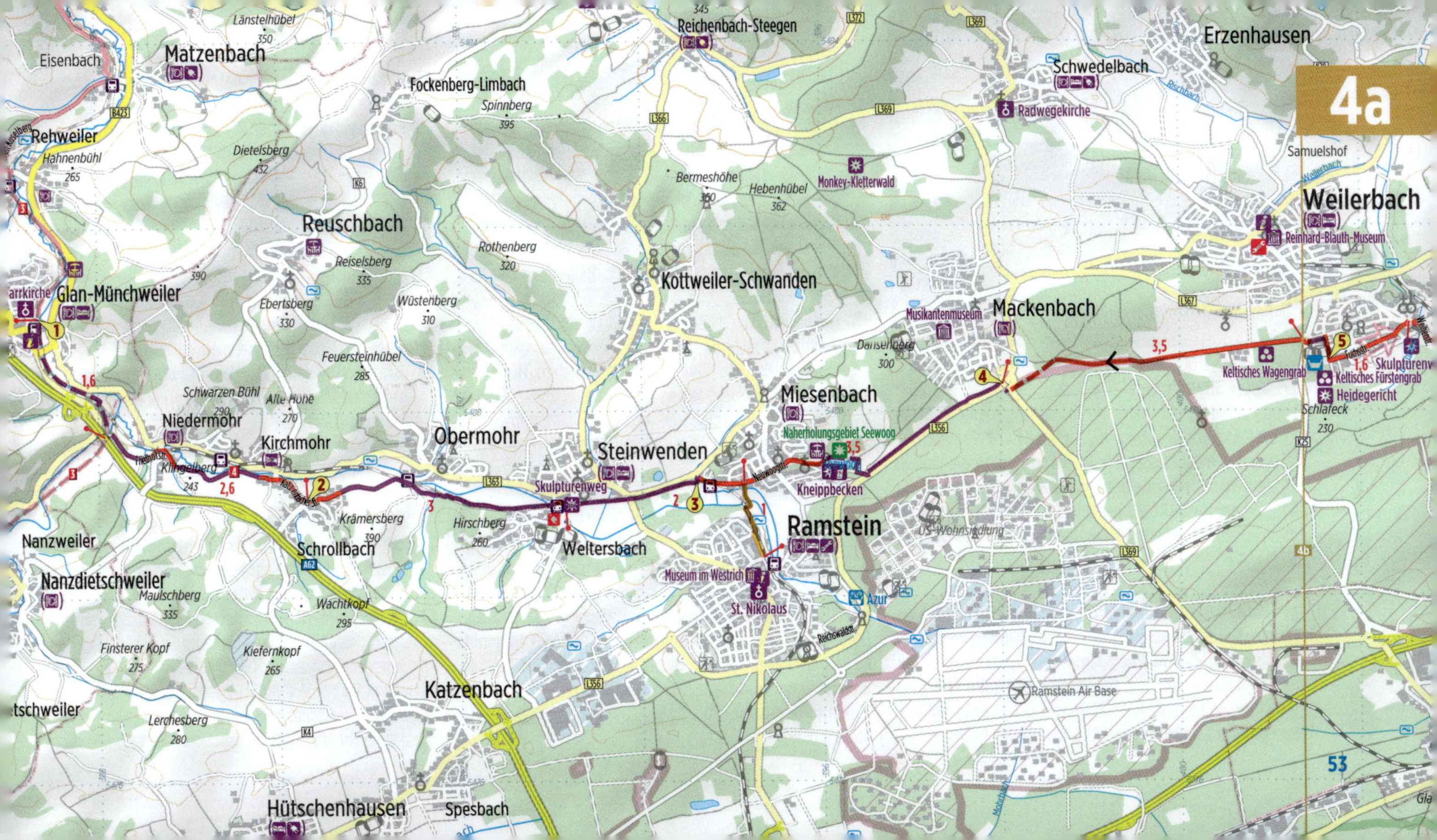
4a
Matzenbach
Eisenbach
Länstelhübel
Fockenberg-Limbach
Spinnberg
Reichenbach-Steegen
Schwedelbach
Radwegekirche
Erzenhausen
Samuelshof
Weilerbach
Reinhard-Blauth-Museum
Rehweiler
Hahnenbühl
Dietelsberg
Reuschbach
Reiselsberg
Rothenberg
Bermeshöhe
Hebenhübel
Monkey-Kletterwald
Kottweiler-Schwanden
Glan-Münchweiler
Ebertsberg
Wüstenberg
Feuersteinhübel
Musikantenmuseum
Mackenbach
Danselberg
Miesenbach
Keltisches Wagengrab
Keltisches Fürstengrab
Heidegericht
Schlafeck
Schwarzen Bühl
Alte Höhe
Niedermohr
Kirchmohr
Obermohr
Steinwenden
Naherholungsgebiet Seewoog
Kneippbecken
Skulpturenweg
Klingelberg
Krämersberg
Hirschberg
Weltersbach
Schrollbach
Ramstein
US-Wohnsiedlung
Nanzweiler
Nanzdietschweiler
Maulschberg
Wachtkopf
Museum im Westrich
St. Nikolaus
Azur
Finsterer Kopf
Kiefernkopf
Katzenbach
Ramstein Air Base
Lerchesberg
Hütschenhausen
Spesbach

Kaiserslautern, Japanischer Garten

hammerweg, dort links unter der A 6 hindurch ⇝ an der **Erzhütter Straße** rechts ⇝ auf dem Geh-/Radweg über Lauter und Bahnübergang, dann unverzüglich rechts in die kleine Parkanlage ⇝ weiter bis zur Straße Am Woogdamm.

AUSFLUG Wenn Sie an dieser Stelle geradeausfahren, haben Sie Gelegenheit zu einem lohnenden Abstecher in die „Barbarossastadt" Kaiserslautern. Gleichzeitig bindet diese Zufahrt zur Innenstadt am Hauptbahnhof die Tour 1 an.

Kaiserslautern s. S. 16

Von Kaiserslautern nach Enkenbach-Alsenborn 13 km

Für die Weiterfahrt auf dem Barbarossa-Radweg biegen Sie links in die Straße **Am Woogdamm** ab ⇝ an der Querstraße leicht links versetzt in die **Galappmühler Straße** ⇝ an der Gabelung rechts halten ⇝ **7** an der T-Kreuzung mit der **Morlauterer Straße** kurz rechts und sogleich links.

Morlautern (Kaiserslautern)

Vorwahl: 0631

Schlachtenturm, Turmstr. Der Aussichtsturm wurde 1893 zum Gedenken der Schlacht bei Morlautern von 1793 zwischen den Preußen und Franzosen errichtet. Den Schlüssel für das Turmtor bekommt man bei einer nahegelegenen Gärtnerei. @ uwt331

Naturwissenspfad Eselsbachtal, hinter dem Freibad „Waschmühle" (24) Mehrere Tafeln und Stationen entlang des Rundweges behandeln den Lebensraum des Eselsbachtals mit seinem naturnahen Bach. @ gig368

Waschmühle, Waschmühle 1, ✆ 3704108, @ ulc582

Am Freibad Waschmühle entlang ⇝ nach ca. 1 km links über den Eselsbach, danach rechts auf dem Waldweg weiter ⇝ die K 9 überqueren ⇝ am **Schallbrunner Weiher** zweimal kurz hintereinander rechts ⇝ nun immer die Geradeausrichtung bis Eselsfürth beibehalten ⇝ unter der A 63 hindurch.

Eselsfürth (Kaiserslautern)

8 Die **L 401** überqueren ⇝ der Radweg führt entlang der **L 395** in leichtem Auf und Ab bis Enkenbach ⇝ auf der leicht abwärts führenden **Hauptstraße** am Rathaus vorüber ⇝ in der Linkskurve vor den Gleisen die Straße verlassen.

ANSCHLUSS Falls Sie zügig auf den Alsenz-Radweg wechseln wollen, können Sie auf der Straße bleiben und am Bahnhof vorbei fahren. Entlang der B 48 erreichen Sie Tour 6. Sie verpassen jedoch die Alsenzquelle.

Enkenbach-Alsenborn

Vorwahl: 06303

Verbandsgemeindeverwaltung Enkenbach-Alsenborn, Hauptstr. 18, im Rathaus, ✆ 913168, @ tva847

Bajasseum, Rosenhofstr. 87, ✆ 913168 (7d) Requisiten und Gegenstände des Zirkuslebens, Zirkusmodell, Bilder der Alsenborner Zirkus- und Artistenfamilien (z. B. Familien Traber und Althoff). @ wpo568

Ev. Kirche, Rosenhofstr. 93, ✆ 2188. Baustile verschiedener Epochen (ab 13. Jh.), Langhaus und Schieferhaube (1733), kunsthistorisch sehr wertvolle Malereien aus dem 13. Jh. @ khp175

Klosterkirche, Klosterstr. 10. Spätromanische, kreuzförmige Basilika (13. Jh.), Erweiterungen bis Anfang des 18. Jhs. Einzig erhaltenes Bauwerk des ehemaligen Prämonstratenserinnenklosters, reicher Steinmetzschmuck am Portal in der Vorhalle. @ fte545

Burg Alsenborn, Badstr. 23 (24) Von der im Volksmund auch Dieburg genannten salisch-staufischen Anlage ist nur eine Rekonstruktion aus neuester Zeit zu sehen.

Der pflügende Elefant, Rosenhofstr. Das Kunstwerk (2006) steht inmitten eines Kreisverkehrs. Es erinnert an die Idee eines Schreiners, der den Elefanten einer befreundeten Zirkusfamilie in den Kriegswirren 1917 statt fehlender Pferde zum Pflügen einsetzte. @ akl567

Lebenspfad, Burgstr. 17 (24) 5,2 km langer meditativer Rundweg mit 12 Stationen, die verschiedene Stationen des menschlichen Lebens in den Blick nehmen. @ dld666

Springbrunnen, Dr.-Konrad-Adenauer-Pl. Sandsteinbecken mit sieben Bronzefiguren, die die Ulknamen der verbandsangehörigen Gemeinden repräsentieren. @ giu676

Freibad, Burgstr. 17, ✆ 807522, @ mbi422

Enkenbach entstand mit der Gründung des Prämonstratenserinnenklosters im 12. Jahrhundert, während Alsenborn,

4b
Sambach
Ziegelhütte
Otterberg
Althütterhof
Hohe Rech
Adelhöhe
Weinbrunnerhof
Mehlingen
NSG Mehlinger Heide
Fröhnerhof
Stockborn
Motorradmuseum
Stellwerk Museum
Kipperhof
Otterbach
Osterberg
Erlenbach
Hundskopf
Rotenberg
Lampertsmühle
Rodenbach
Erfenbach
Maienberg
Schaupfad Lauterau
Großer Hundskopf
Waldhof
Morlautern
Meisenberg
Skulpturenweg
Siegelbach
Zoo Kaiserslautern
Wiesenthalerhof
Schlachtenturm
Schallbrunner Weiher
Kolbenberg
Hinter Rotenberg
Waschmühle
Naturwissenspfad
Vorder Rotenberg
Mühlberg
Engelshof
Erzhütten
Dauenhauerkopf
Reichs Wald
Kaiserslautern
Eselsfürth
Vogelhammerkopf
Gartenschau
Monte Mare
Queitersberg
Vogelwoog
Kaiserbrunnen
Kaiserslautern Army Depot
Daenner Kaserne
Fischerrück
Stiftskirche
Warmfreibad
Kleber Kaserne
Panzer Kaserne
Plapparsch
Opel-Werk
Elf-Freunde-Kreisel
Kreuze
Einsiedlerhof
Siedlung am Belzappel
FCK-Museum
Rummelberg
Albrechtsbrunnen
Betzenberg
Wildpark Betzenberg
Vogelweh
West Heiligenberg
Lämmchesberg
Glasberg
Standortübungsplatz Einsiedlerköpfe
Scheibenkopf
Großer Steinberg
Großer Berg
Kohlkopf
Kleiner Scheibenkopf
Hohenecken
Bärenkopf

dessen Name von der hier entspringenden Alsenz kommt, bereits im 9. Jahrhundert erwähnt wurde. Beide wurden im Laufe der Jahrhunderte mehrfach vereint und wieder getrennt. Als Folge von Verarmung und Hunger entwickelte sich eine besondere Art des Wandergewerbes: die ersten „Bajasse“, so der scherzhafte Beiname der Alsenborner, zogen ab etwa 1830 als Musikanten, Marionettenspieler und Akrobaten umher. In der „Glanzzeit“ gaben viele Artistenfamilien dem örtlichen Leben ein buntgemischtes Kolorit.

Von Enkenbach-Alsenborn nach Eisenberg (Pfalz) 18,5 km

Sie überqueren via Fahrradbrücke die Bahnlinie ~ am Kreisverkehr geradeaus auf dem linksseitigen Radweg ~ später auf die rechte Seite wechseln ~ kurz darauf vorbei am **Bajasseum**, das auf den ersten Blick wie ein Kirchlein aus rotem Sandstein wirkt ~ **9** an der abknickenden Vorfahrt geradeaus in die **Burgstraße**.

Eiswoog

ANSCHLUSS **Wenn Sie an dieser Stelle links abbiegen, können Sie auf die Tour 6 wechseln, den Alsenz-Radweg nach Bad Münster.**

Weiter auf der **Burgstraße** ~ rechts entlang des Friedhofs ~ durch eine Allee (von den Ortsansässigen auch „Fontana-Allee“ genannt), die nach dem Friedhof in Wald übergeht ~ nun beginnt die erste ca. 1,2 km lange Steigung ~ nach dem **Franzosenwasen**, einem Gedenkstein links des Wegs, und einem kleinen Rastplatz beginnt alsbald ein etwas beschwerlicherer Anstieg von ca. 400 m Länge ~ **10** an einer Kreuzung mit mehreren Auswahlmöglichkeiten wählen Sie die zweite links ~ abwärts bis zur nächsten Weggabelung, dort halbrechts halten ~ am kommenden Abzweig in einer Spitzkehre nach rechts ~ an der T-Kreuzung links ~ auf leicht fallendem Gelände schlängelt sich der breite Weg im Wald bis zu einem kleinen Teich und einer Schutzhütte ~ hier links und dem Wegverlauf folgen ~ **11** an der T-Kreuzung mit einer Fahrstraße links ~ am **Badeweiher** Eiswoog entlang.

Eiswoog (Ramsen)

Vorwahl: 06356

- **Deutschlands größtes historisches Puppenhaus**, Eiswoog 1, ✆ 342. Das Puppenhaus wurde 1883-1885 in mehreren Abschnitten für die Töchter der Industriellenfamilie Gienanth angefertigt. Es befindet sich im Landgasthof Forelle.
- **Kneipp-Anlagen**. Im Eiswoog und beim Kleehof. @ adt176
- **Stumpfwaldbahn Ramsen**, Eiswoog 2, Bahnhof Eiswoog, ✆ 8035, Mai-3. Okt., So und Fei (außer Christi Himmelfahrt). Nostalgische Schmalspurbahn mit 17 Lokomotiven. Die Strecke (3 km) führt vom Eiswoog bis nach Ramsen. @ qnk138
- **Badeweiher Eiswoog**. Mit Bootsverleih.

Vorbei am **Gasthof Forelle** bis zu den Schienen der **Stumpfwaldbahn**, deren kleiner Bahnhof sich links dahinter befindet ~ vor den Gleisen rechts Richtung Ramsen ~ im Eisbachtal bis zur Straße zum **Kleehof** ~ kurz danach in einem Rechts-Links-Bogen zweimal die Steinbrücke der Eisenbahnlinie unterqueren ~ bis Ramsen wieder neben der Schmalspurbahn ~ Sie erreichen den Ort auf der **Mühlstraße** ~ bis zur nächsten Kreuzung.

Ramsen

12 Fast geradeaus in die **Bahnhofstraße** ~ schon bald sehen Sie rechts oberhalb die Kirche aus rotem Sandstein ~ dahinter links halten in die Straße **Am Klosteracker** ~ an deren Ende rechts halten in die Straße **Pfaffenhecke** ~ an der T-Kreuzung mit der **K 74** rechts und die Bahnlinie unterqueren ~ nach 300 m links Richtung Ochsenbusch ~ zunächst auf Asphalt, später auf festgefahrenem Sandweg abwärts ~ links unter der Bahnlinie hindurch ~ etwas vor der **L 395** rechts abbiegen ~ hinauf zur nächsten Asphaltstraße, dort rechts ~ **13** nach der Bahnlinie in einer Haarnadelkurve nach links ~ auf festem Untergrund bis zu einem freien Platz (Werbeschild: EKW Eisenberg), hier links über die alte Steinbrücke ~ auf der engen Strecke vorsichtig hinunter ~ danach an einem Zaun auf grasbewachsenem Weg wieder aufwärts ~ am Ende links in die **Bahnhofstraße** und am Bahnhof vorüber ~ dahinter an der T-Kreuzung links abbiegen ~ nach gut

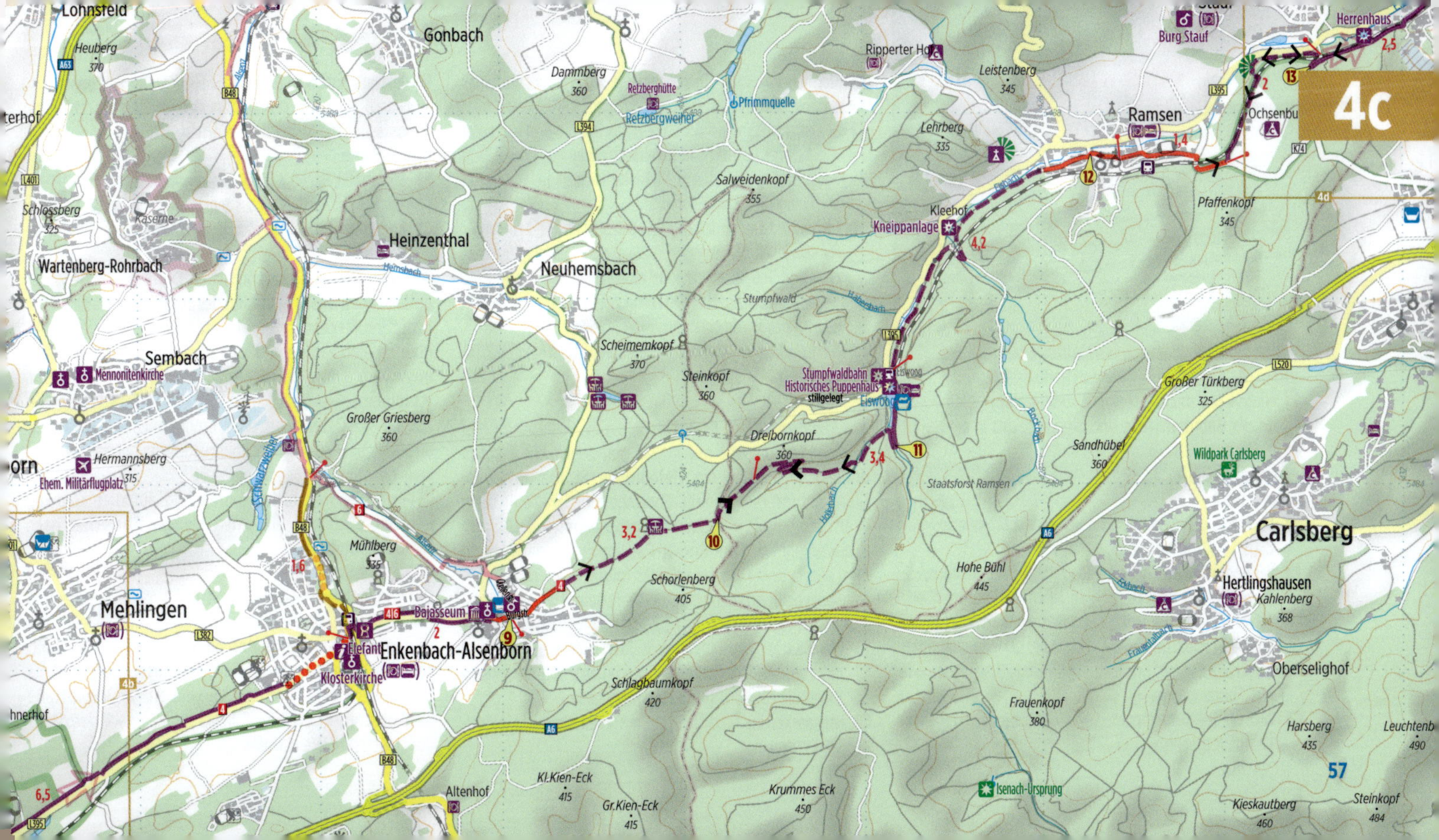

4c
Lohnsfeld
Gonbach
Heuberg 370
Dammberg 360
Retzberghütte
Retzbergweiher
Pfrimmquelle
Ripperter Hof
Leistenberg 345
Burg Stauf
Herrenhaus
Ramsen
Ochsenbu
Lehrberg 335
Salweidenkopf 355
Kleehof
Kneippanlage
Pfaffenkopf 345
Schlossberg 325
Kaserne
Heinzenthal
Neuhemsbach
Wartenberg-Rohrbach
Stumpfwald
Sembach
Mennonitenkirche
Scheimemkopf 370
Steinkopf 360
Stumpfwaldbahn
Historisches Puppenhaus
stillgelegt
Eiswoog
Großer Griesberg 360
Dreibornkopf 360
Großer Türkberg 325
Hermannsberg 315
Ehem. Militärflugplatz
Sandhübel 360
Wildpark Carlsberg
Staatsforst Ramsen
Mühlberg 335
Carlsberg
Hohe Bühl 445
Schorlenberg 405
Hertlingshausen
Kahlenberg 368
Mehlingen
Bajasseum
Enkenbach-Alsenborn
Elefant
Klosterkirche
Oberselighof
Schlagbaumkopf 420
Frauenkopf 380
Harsberg 435
Leuchtenb 490
Altenhof
Kl. Kien-Eck 415
Gr. Kien-Eck 415
Krummes Eck 450
Isenach-Ursprung
Kieskautberg 460
Steinkopf 484
57

Storchenturm in Eisenberg

100 m nach rechts in den kleinen Parkstreifen.

INS ZENTRUM Wollen Sie nach Eisenberg hineinfahren, bleiben Sie auf der Bahnhofstraße und biegen rechts in die Hauptstraße ein.

Eisenberg (Pfalz)

Vorwahl: 06351

- **Donnersberg-Touristik-Verband**, Uhlandstr. 2, Kirchheimbolanden, ✆ 06352/1712, @ bmu766
- **Verbandsgemeinde Eisenberg**, Hauptstr. 86, ✆ 407440, @ qyk622
- **Römermuseum**, Friedrich-Ebert-Str. 28, im Haus Isenburg, ✆ 41871 Keramik-, Glas und Metallfunde. Darstellung der Wohnsituation einer römischen Familie. Abdruck des spätrömischen „Eisenberger Brotstempel", Originalstempel im Historischen Museum der Pfalz Speyer. @ mjw246
- **Vicus von Eisenberg**, An der K 73 (24) Ausgrabungen einer römischen Kleinstadt. @ obb267
- **Storchenturm**, Haupt-/Ebertsheimer Str. Nachbau eines Wartturms, der von Störchen als Nistplatz genutzt wird.
- **Herrenhaus**, Ramsener Str. 1. Die Freiherren von Gienanth ließen 1826-1829 das klassizistische Herrenhaus neben ihrer Eisengießerei errichten. Angeschlossen ist ein Landschaftspark mit Mausoleum und Orangerie. @ sks286
- **Erlebnislandschaft Erdekaut**, an der B 47, ✆ 407440, Führungen Mai-Okt. jeden 1. So im Monat 15 Uhr. Die Bergbaufolgelandschaft der ehem. Tongruben kann auf ausgeschilderten Rundwanderwegen, Aussichtspunkten und Erlebnisspielplätzen erkundet werden. Mit kleinem Grubenmuseum. @ rmc644
- **Waldschwimmbad Eisenberg**, Friedrich-Ebert-Str. 60, ✆ 1230310, @ agb838

Von Eisenberg (Pfalz) nach Worms — *30 km*

Auf der Hauptroute radeln Sie geradeaus am Eisbach entlang ⤳ links in die **Tiefenthaler Straße**, dann am Storchenturm rechts in die **Ebertsheimer Straße** ⤳ beim Kreisverkehr mit der Eisenlore geradeaus ⤳ vorbei am Kreisverkehr mit dem Römer-Pavillon ⤳ **14** nach knapp 1 km rechts und kurz darauf links folgen ⤳ an den ersten Häusern von Ebertsheim links und kurz darauf wieder rechts.

Ebertsheim

- **Evang. Kirche**, Pfarrg. 4. Ehemals St. Stephan, ältestes Baudenkmal des Ortes, Baustile verschiedener Epochen (ab 12. Jh.), spätgotische Sonnenuhr eingeritzt in einen Sandsteinquader.
- **Haus der Vereine**, Hauptstr. 17/19. Eines der ältesten Fachwerkhäuser der Gemeinde.
- **Kneipp-Armbecken**, Dr. Reiner-Straßburg-Weg, am Eisbach

Auf dem Radweg durch den Ort ⤳ danach zwischen Landstraße und Eisbach bis Mertesheim.

Mertesheim

- **St. Valentin**, Hauptstr. 83 (76) Renaissancekirche von 1504 mit eindrucksvoller Ausstattung aus dem 16./18. Jh. @ pdc662
- **Kneipp-Armbecken**, Hauptstr. 85, beim Rathaus. Am Kneippwanderweg.

Auf dem Radweg am nördlichen Dorfrand immer noch entlang der **L 395** ⤳ vorbei an der Zufahrt zur Neumühle ⤳ kurz darauf rechts und gleich wieder links ⤳ **15** geradeaus über die Landstraße und kurz darauf rechts in die Straße **Im Auweg** ⤳ am Ende der Straße rechts in die **Langgasse**.

Asselheim (Grünstadt) s. S. 81

Links in die **Ostergasse**, dann erneut links in die **Kappelstraße** ⤳ am Kreisverkehr links halten, um auf den Radweg links der **Weinstraße** zu gelangen.

AUSFLUG Wenn Sie hier rechts fahren und auf dem Radweg bleiben, können Sie einen kleinen Abstecher nach Grünstadt machen.

Grünstadt s. S. 82

Der Weg entfernt sich von der Straße ⤳ einen kreuzenden Fahrweg queren, der schlecht einsehbar ist ⤳ auf dem Wirtschaftsweg, der später parallel zur **B 271** verläuft, nach Bockenheim ⤳ kurz nach dem Ortseingang auf die Straße wechseln ⤳ wen der Verkehr auf der **Weinstraße** nicht abschreckt, bleibt auf dieser bis kurz nach dem Haus der Deutschen Weinstraße.

VARIANTE Um der äußerst stark befahrenen Weinstraße in Bockenheim auszuweichen, empfehlen wir eine Alternativstrecke. Fahren Sie dazu nach dem Weingut Bengel rechts in die Kellereistraße und biegen vor der Schule an der Pestalozzistraße links ab zurück zur Weinstraße.

Bockenheim a. d. Weinstraße

Vorwahl: 06359

- **Tourist-Information**, Weinstr. Nord 91b, Haus der Deutschen Weinstraße, ✆ 80013002, @ nhr852
- **Martinskirche**, Weinstr. 19. Die Kirche (1196) ist das Wahrzeichen des Ortes mit freistehendem, zinnengekröntem Turm; das heutige Erscheinungsbild stammt aus dem 16. Jh.
- **St. Lambert**, Stiegelg. 10. Neubau von 1936, mit Mitte des 15. Jhs. aus Lindenholz gefertigter Weinrebenmadonna („Traubenmadonna") und einem Taufstein (15.-16. Jh.).
- **Emichsburg**, Schlossweg. Reichverzierte Toreinfahrt vom ehemaligen Schloss Emichsburg (1582).
- **Haus der Deutschen Weinstraße**, Weinstr. 91b. Das markante Gebäude (1995) ist das nördliche Tor zur Deutschen Weinstraße. Einem römischen Kastell nachempfunden überspannt es diese. Im Inneren befindet sich ein Café. @ qts656
- **Weinlehrpfad**. Beginn am Haus der Deutschen Weinstraße. Auf Hinweisschildern werden Rebsorten, Anbautechniken etc. erklärt.

200 m nach dem quer über die Straße gebauten Haus der Deutschen Weinstraße rechts in den **Leininger Ring** ~ links halten in den **Riedweg** ~ **16** nach den Bahngleisen links auf den Wirtschaftsweg ~ schnurgerade durch Weinberge und Getreidefelder nach Hohen-Sülzen ~ links in die **Untere**

Bockenheimer Straße, dann unter dem Blätterdach der mächtigen Dorfeiche rechts in die **Hauptstraße**.

Hohen-Sülzen

- **Rathaus**, Hauptstr. 2. Der Fachwerkbau aus dem 16. Jh. wurde 1906 abgetragen und originalgetreu wiederaufgebaut. Das Obergeschoss des Hauses ist mit reichem Fachwerk verziert.
- **Weinbergshäuschen-Wanderung**. Die jeweils am 1. August-Sonntag stattfindende Wanderung (ca. 4 km) lockt viele Besucher in die Stadt.
- **Alte Dorfeiche**, Bahnhofstr. Wurde nach dem deutsch-französischen Krieg 1870/71 gepflanzt und trägt den Titel „Friedenseiche".

Vorbei am schmucken Rathaus im Fachwerkstil → rechts in die **Offsteiner Straße** → am Ortsausgang auf den Radweg entlang der **L 445** → schräg rechts vor Ihnen blicken Sie auf die Südzucker-Werke Offstein → nach knapp 1 km links nach Offstein → durch die **Jahnstraße** → halblinks in die **Neuoffsteiner Straße**, dann nach der Kirche der Rechtskurve folgen.

Offstein

- **Ehemaliges Tonwerk Offstein**, Bahnhofstr. 12. Frühere Fliesenfabrik, deren Jugendstil- und Art-Deco-Fliesen heute als Raritäten gehandelt werden. Vom Jugendstil-Fabrikgebäude sind nur noch Teile, wie die Bogenfenster und die Fassade, renoviert erhalten. Heute in Privatbesitz.
- **Rathaus**, Bahnhofstr. 2. Für die Region typisches Bauwerk mit Freitreppe; erstmals 1720 in einem Lagerbuch erwähnt. Die Jahreszahl 1819 im Schlussstein des Torbogens deutet vermutlich auf einen Umbau hin.

In der folgenden Linkskurve geradeaus → auf der **Bahnhofstraße** am Rathaus vorbei → **17** an der ersten Möglichkeit links → an der T-Kreuzung links, dann an der

Worms, Kaiserdom

L 395 rechts abbiegen → alsbald ist Heppenheim erreicht → geradeaus bleibend auf der **Pfälzerwald-Straße** auf die Kirche zu.

Heppenheim (Worms)

Dort an der T-Kreuzung links in die **Wormser Landstraße** → nach dem Ortsausgang auf den Radweg → **18** die A 61 unterqueren → vorbei an **Wiesoppenheim** → neben dem Eisbach auf geschottertem Geh-/Radweg durch den Grünstreifen der beiden Wormser Stadtteile **Horchheim** und **Weinsheim** → immer kerzengerade weiter → **19** zunächst die Weinsheimer Straße (L 456), dann die Niedesheimer Straße überqueren → weiter auf dem Sandweg, der in die Straße **Im Winkel/Speyerer Straße** führt → an der T-Kreuzung mit der **Horchheimer Straße** rechts auf die **Speyerer Straße** → ein erster Blick auf den Dom in der Ferne kündigt bereits das Wormser Stadtzentrum an → auf der Radspur in der **Valckenbergstraße** bis zur Andreasstraße.

INS ZENTRUM: Wenn Sie an dieser Stelle weiter geradeaus fahren, gelangen Sie direkt zur Fußgängerzone der besuchenswerten Stadt Worms.

Für die Fahrt zum Hauptbahnhof links in die **Andreasstraße** → am Vorplatz des Domes vorbei → am Kreisverkehr rechts in den **Lutherring** → am nächsten Kreisverkehr links in die **Kriemhildenstraße** → am Kreisverkehr rechts hinab zur **Bahnhofstraße** und dort rechts → **20** am Hauptbahnhof endet die Tour.

Worms

Vorwahl: 06241

- **Tourist-Information**, Neumarkt 14, ✆ 8537306, @ fif756
- **Jüdisches Museum – Raschi-Haus**, Hintere Judeng. 6, ✆ 8534701, ✆ 8534707 Inmitten des ehemaligen jüdischen Viertels gelegen, zeigt das Museum die Ausstellung „SchUM am Rhein – Vom Mittelalter in die Moderne. @ ocq667
- **Museum der Stadt Worms**, Weckerlingpl. 7, im Andreasstift, ✆ 8534105 Stadthistorisches Museum. @ lio882

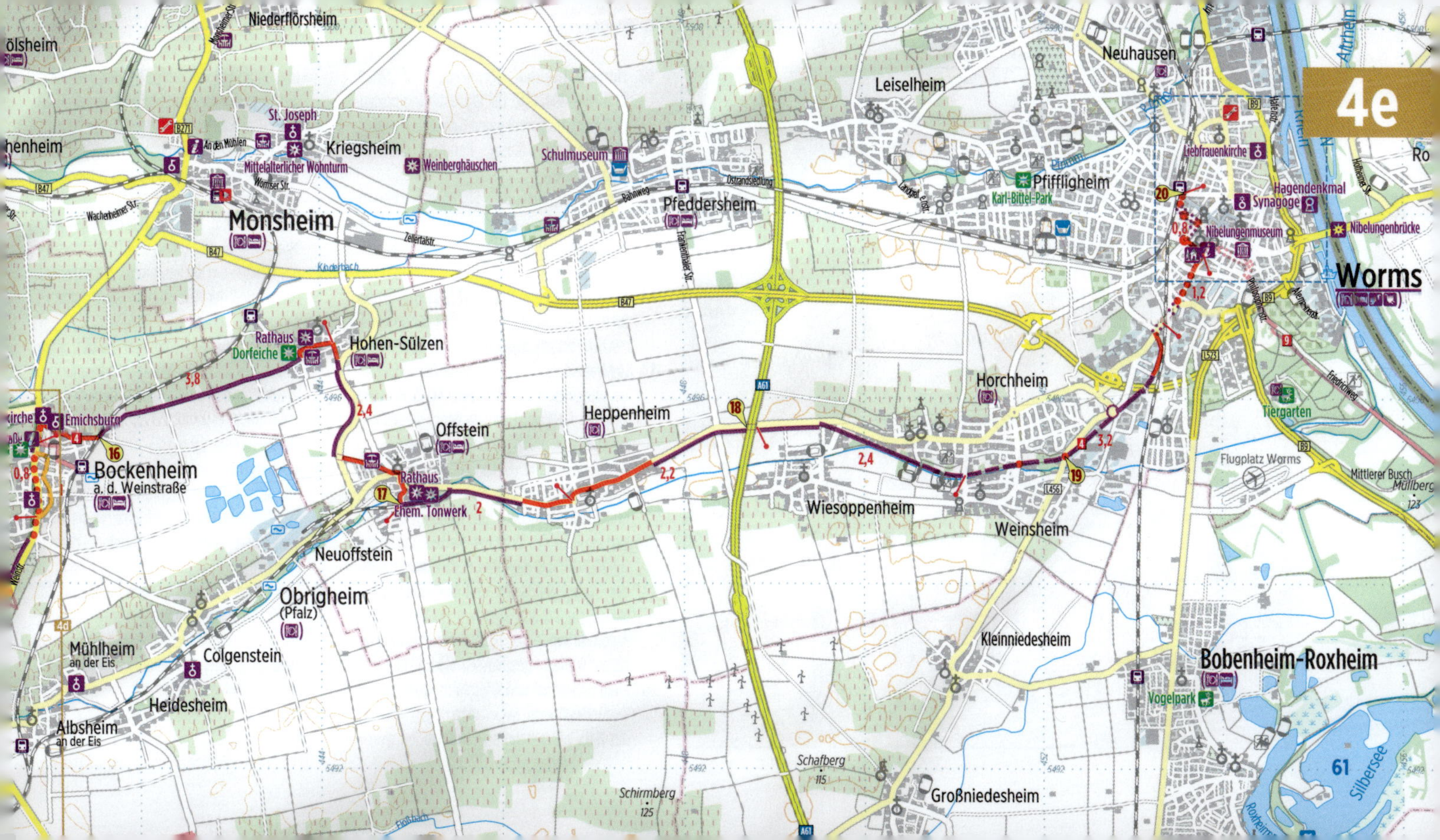

4e
Niederflörsheim
Monsheim
Kriegsheim
St. Joseph
Mittelalterlicher Wohnturm
Weinberghäuschen
Schulmuseum
Pfeddersheim
Leiselheim
Neuhausen
Pfiffligheim
Karl-Bittel-Park
Liebfrauenkirche
Hagendenkmal
Synagoge
Nibelungenmuseum
Nibelungenbrücke
Worms
Rathaus
Dorfeiche
Hohen-Sülzen
Emichsburg
Bockenheim
a. d. Weinstraße
Offstein
Rathaus
Ehem. Tonwerk
Heppenheim
Horchheim
Wiesoppenheim
Weinsheim
Tiergarten
Flugplatz Worms
Mittlerer Busch
Neuoffstein
Obrigheim
(Pfalz)
Mühlheim
an der Eis
Colgenstein
Heidesheim
Albsheim
an der Eis
Kleinniedesheim
Bobenheim-Roxheim
Vogelpark
Großniedesheim
Schafberg
Schirmberg
Silbersee

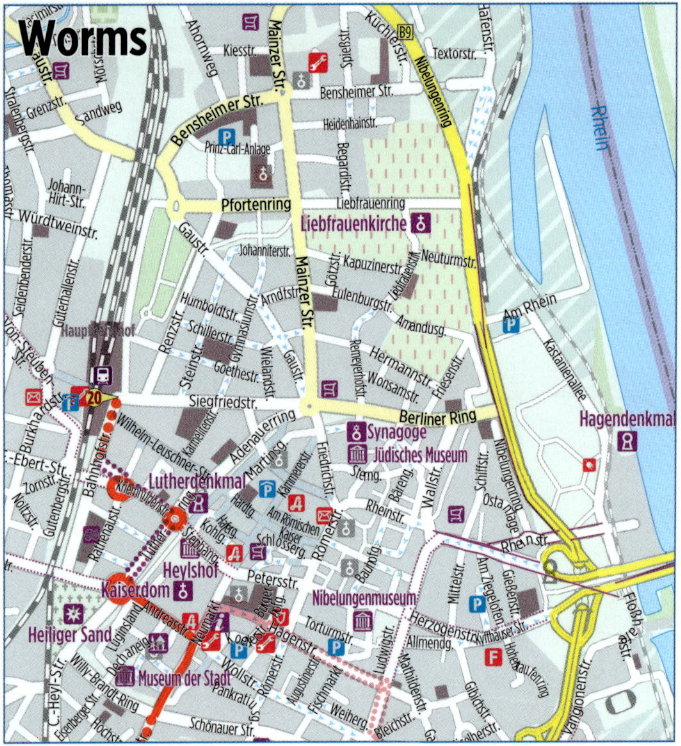

Museum Heylshof, Stephansg. 9, ☎ 22000, ☎ 0179/6939074 Die Privatstiftung präsentiert exquisite Sammlungen: Gemälde, Porzellan, Kleinplastiken, Gläser, Keramik, Grafiken. @ wkd824

Nibelungenmuseum, Fischerpförtchen 10, ☎ 8534120 Die multimediale Ausstellung informiert über den jahrhundertealten Mythos des Nibelungenlieds. @ fxm841

Kaiserdom St. Peter, Dompl., ☎ 596160 Erbaut im 11./12. Jh., gilt er als Hauptwerk der oberrheinischen romanischen Baukunst. @ rqh732

Liebfrauenkirche, Liebfrauenring. Der bedeutende spätgotische Bau aus dem 14./15. Jh. steht inmitten der Weingärten, aus denen die bekannte „Liebfrauenmilch" ursprünglich kam.

Synagoge, Judeng. Das Gebäude wurde seit seiner Stiftung im Jahr 1034 mehrfach zerstört und wieder aufgebaut. Die Synagoge befindet sich inmitten des jüdischen Viertels und ist seit Juli 2021 UNESCO-Welterbe. Südlich davon liegen der Synagogengarten und der Eingang zur Mikwe (Judenbad) aus dem Hochmittelalter. Aufgrund von Sanierungsarbeiten ist die Mikwe bis auf Weiteres geschlossen. @ ibx336

Hagendenkmal und Kriemhilds Rosengarten, Kastanienallee Neben dem Hagendenkmal, das 1905 von Johannes Hirt entworfen wurde und an Hagen von Tronje bei der Versenkung des Nibelungenschatzes erinnert, wurde Kriemhilds Rosengarten erschaffen. Er besteht u. a. aus einem Rosenlabyrinth und wurde als ein erlebbares und sich im Jahreslauf veränderndes Kunstwerk konzipiert. @ hgg133

Lutherdenkmal, Lutherpl. Das Denkmal wurde 1868 errichtet. In Figuren und Emblemen wird das Streben um Kirchenreform, die Reformationszeit und der Reichstag zu Worms von 1521 dargestellt. @ qol147

Jüdischer Friedhof „Heiliger Sand", Willy-Brandt-Ring 21 Der älteste erhaltene jüdische Friedhof in Europa (seit 1058) beherbergt ca. 2.000 Gräber. Er gehört seit Juli 2021 zum UNESCO Weltkulturerbe. @ oyf323

Nibelungenbrücke. Imposant ist vor allem der neuromanische Brückenturm. Neben dessen mächtigem Tor befindet sich ein schmaler Durchgang, hier beginnt die Nibelungenstraße. @ eja485

Tiergarten Worms, Hammelsdamm 101, ☎ 972270 Inmitten des Naherholungsgebietes „Bürgerweide" leben etwa 600 Tiere aus mehr als 80 Arten in weitläufigen und teils begehbaren Anlagen. @ icb253

Heinrich-Völker-Bad, Alzeyer Str. 111, ☎ 97280 , @ brh672

Die Nibelungenstadt Worms gilt als Schauplatz der Nibelungensage, die meisten Szenen des mittelalterlichen Heldenepos spielen in und um Worms, Sehenswürdigkeiten wie der Siegfriedbrunnen erinnern an die Protagonisten. Als eine der wirtschaftlich stärksten Städte des Hochmittelalters besaß die Freie Stadt Worms großes politisches Gewicht. 1122 wurde hier das Wormser Konkordat abgeschlossen, das den Investiturstreit zwischen dem Papst und dem Kaiser beendete. Die Geisteshaltung dieser Zeit drückt sich deutlich in dem spätromanischen Dom aus. Von den zahlreichen Wormser Reichs- und Fürstentagen waren jener von 1495 und der von 1521 am bedeutendsten. Auf dem Reichstag 1521 wurde im Wormser Edikt die Reichsacht über Martin Luther verhängt nachdem er sich weigerte, seine kirchenkritischen Schriften zu widerrufen. Auch von der jüdischen Gemeinde in Worms gingen bereits seit dem 12. Jahrhundert bedeutende geistige und wirtschaftliche Impulse aus. Gemeinsam mit den jüdischen Gemeinden in Speyer und Mainz bildete sie den SchUM Verbund. Seit Juli 2021 sind die SchUM-Stätten Speyer, Worms und Mainz UNESCO Weltkulturerbe. 1689 wurde die Stadt im pfälzischen Erbfolgekrieg durch französische Truppen niedergebrannt. Mit Beginn der Industrialisierung im 19. Jahrhundert entwickelte sich das neue Worms. Heute hat die Stadt etwa 83.000 Einwohner.

Tour 5 Lautertal-Radweg 36,4 km

HM/km: ↗ 1,0 (35m) ↘ 3,5 (126m) **Radweg:** 68 % **Unbefestigt:** 18 % **Verkehr:** 5 %

Mit einem reizvollen Wechsel von städtischem Flair und erholsamer Naturlandschaft lässt sich die leicht zu bewältigende Tour am besten beschreiben. Kurvenreich und gemächlich zieht die Lauter flussabwärts durch das Nordpfälzer Bergland. Die Barbarossastadt Kaiserslautern mit ihrer gemütlichen Altstadt und ein Abstecher in das historisch bedeutsame Otterberg eröffnen die Reise. Immer wieder laden nette Ortschaften im Lautertal mit lauschigen Plätzen zur Pause ein. Im Altstadtkern von Wolfstein finden sich sehenswerte Gebäude verschiedener Jahrhunderte, ebenso in Lauterecken, wo die Lauter mitten in der Stadt in den Glan mündet.

Lautertal-Weg

Charakteristik

Start: Kaiserslautern, Hauptbahnhof
Ziel: Lauterecken, Bahnhof
Wegbeschaffenheit: fast ausschließlich asphaltierte Radwege, gelegentlich wassergebundene Wege
Verkehr: überwiegend abseits von Straßen, in Kaiserslautern kurze, stärker befahrene Streckenteile
Steigungen: familienfreundliche Tour, abfallend von Kaiserslautern bis Lauterecken
Beschilderung: ab Hauptbahnhof Kaiserslautern Wegweiser mit Richtungsangabe „Wolfstein", ab Bahnhof Kaiserslautern-West Logo des Lautertal-Radwegs
Tipp: Erlebnistag Autofreies Lautertal am 1. Sonntag im August
Anschlusstouren: 1, 3, 4

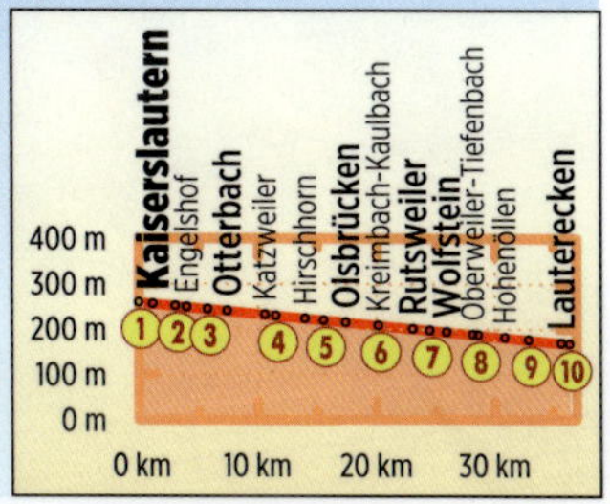

Kaiserslautern s. S. 16

Von Kaiserslautern nach Wolfstein *26 km*

1 Vom Bahnhofsgebäude aus orientieren Sie sich vorerst an der Wegweisung Richtung Wolfstein und fahren geradeaus über den Bahnhofsvorplatz in die **Richard-Wagner-Straße** rechts in die **Fruchthallstraße** und vorbei am Einkaufszentrum hinter dem Platz mit dem Fackelbrunnen links und gleich wieder links in die **Burgstraße** über die Ampelkreuzung geradeaus Richtung Krankenhaus an der **Mühlstraße** rechts, dann gleich wieder links in den linksseitigen Radweg der **Lauterstraße** vorbei am **Bahnhof Kaiserslautern-West**, ab hier ist der Lautertal-Radweg ausgewiesen **2** kurz vor der kreuzenden Straße Lothringer Dell schräg links und diese queren Sie befinden sich nun im Tal der Lauter, die südöstlich von Kaiserslautern entspringt, unter der Stadt hindurchfließt und hier wieder ans Tageslicht kommt auf asphaltiertem Radweg im Grüngürtel bis zum Abzweig der Straße **Am Woogdamm** weiter entlang von Lauter und Bahn, dann links in die **Erzhütter Straße** kurz nach dem Bahnübergang rechts in die **Rütschhofstraße** und unterhalb der Talflanke entlang **3** dem asphaltierten Weg folgend nach rechts auf den **Schaupfad Lauteraue**, über die enge Holzbrücke und links durch die Lauterwiesen vorbei am Tennisplatz und dem Pfalzwerk.

Otterbach

Vorwahl: 06301

ⓘ **Tourist-Information**, Hauptstr. 54, Rathaus, Otterberg, ✆ 607800, @ eun454

Museum **Motorradmuseum**, Otterstr. 4, in der ehem. ev. Kirche, ✆ 2367 „90 Jahre Motorradgeschichte", Ausstellung des Rennfahrers Heinz Luthringshauser, dokumentiert durch mehr als 70 Motorräder in außergewöhnlich gutem Zustand. Gruppenführungen nach Absprache. @ gtl673

Museum **Stellwerk Museum**, Lauterstr., Bahnübergang Lampertsmühle, ✆ 719535, ✆ 01523/7601688 Im Stellwerk (1911) sind Hebelwerke, Seilzüge und Flügelsignale zu sehen, die früher auf rein mechanische Art gesteuert wurden. @ dvk263

Kipper Hof, Hauptstr. 12, ✆ 7965570. Historisches Fachwerkgehöft, heute Restaurant, Mitte des 18. Jhs. @ bcd111

Schaupfad Lauteraue, im Lautertal zwischen Kaiserslautern und Otterbach 24 Der Schaupfad wurde angelegt, nachdem der Rückhalteraum für Hochwasser vergrößert und gleichzeitig das Gewässer naturnah gestaltet wurde. An 10 Stationen greifen Schautafeln die Thematik der Renaturierung auf.

AUSFLUG **Bei den Pfalzwerken können Sie rechts nach Otterbach und von hier aus weiter in das traditionsreiche Städtchen Otterberg mit seiner monumentalen Zisterzienser-Abteikirche fahren. Der unkommentierte Abstecher ist gut 5 km lang und als Odenbachtal-Radweg ausgeschildert.**

Otterberg

Vorwahl: 06301

ⓘ **Tourist-Information**, Hauptstr. 54, Rathaus, ✆ 607800, @ eun454

Museum Otterberg, Hauptstr. 54, ☎ 6070 Das Museum befindet sich im barocken Alten Stadthaus (1753). Darstellung der Klostergeschichte, Stadtgründung. Handwerksberufe und Exponate zur Feuerwehrgeschichte des Ortes. @ iej626

Schmiede Theis, Kirchstr. 16 Als Schmiede von 1612 bis 1980 in Betrieb. Führungen und Schmiedevorführungen: Auskunft Tourist-Information. Dzt. wegen Renovierung geschlossen.

Abteikirche, Klosterstr., Kirchpl., ☎ 9409 Die im spätromanisch-frühgotischen Stil erbaute, ehemalige Zisterzienserabteikirche (1168-1254) ist eine der am besten erhaltenen Klosterkirchen aus der Blütezeit des Ordens. Die mächtige Sandsteinkirche ist nach

Abteikirche in Otterberg

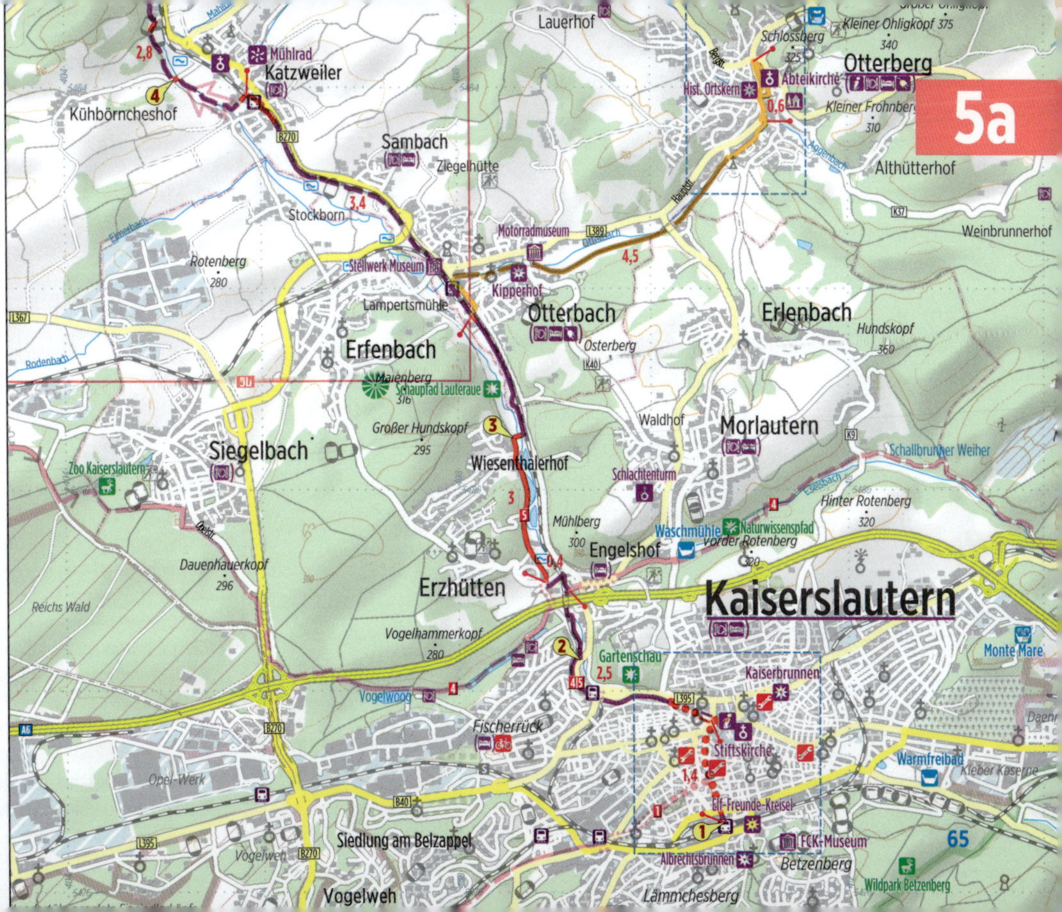

dem Speyerer Dom die zweitgrößte Kirche der Pfalz. Ihre sehenswerte Rosette in der Westfassade kann als Abbild des Kosmos gedeutet werden. @ yjq535

- **Alte Apotheke**, Hauptstr. 61. Wallonisches Fachwerkhaus (1608), bis 1966 als Apotheke genutzt.
- **Historischer Stadtkern**. Historischer Stadtkern mit vielen noch erhaltenen Bauwerken aus der Zeit der Wallonen (16. Jh.) und Bürgerhäusern aus dem 18. Jh.
- **Stadt- und Abteikirchenführungen**, ✆ 607800. Auskunft bei der Tourist-Information.
- **Naturschwimmbad**, Am Schwimmbad 1, ✆ 7185682

In der Mitte des 12. Jahrhunderts errichteten Zisterziensermönche eine Klosteranlage mit Kirche, den Ursprung von Otterberg. Mit der Ansiedelung der calvinistischen Wallonen aus dem heutigen Belgien während der Reformation entwickelte sich der Ort rasch zu einem blühenden Gemeinwesen und erhielt 1581 die Stadtrechte. Aus dieser Zeit stammen die meisten der erhaltenen Fachwerkbauten. Von der Klosteranlage sind hingegen außer der imposanten Abteikirche nur noch Relikte der mittelalterlichen Mauer erhalten.

Für die Weiterfahrt auf dem Lautertal-Radweg bei den Pfalzwerken geradeaus

Mühlrad in Katzweiler

~ vorbei am Museumsstellwerk ~ links der Gleise am Otterbacher Ortsteil **Sambach** vorüber nach Katzweiler ~ kurz nach dem Ortseingang rechts über die Bahngleise und dahinter links in die **Eisenbahnstraße**.

Katzweiler

Vorwahl: 06301

Prot. Kirche, Hauptstr. 51. Große weiße Saalkirche (1822–1826) im spätklassizistischen Stil mit kunstvoll geschnitztem Orgelprospekt im Spätrokoko (1747).

Mühlrad, Bachstr. 22, ✆ 9373. Größtes Mühlenrad der Pfalz in der ehemaligen Stiftsmühle (1756) mit einem Durchmesser von 8,40 m.

Freilichtspiele Katzweiler, In der Eselsdelle, ✆ 9619, Vorstellungen: Mai-Aug. Eine der größten Freilichtbühnen Südwestdeutschlands mit Kinder- und Erwachsenenprogramm. @ ppl578

An der Straße **Alte Brücke** links über die Schienen ~ durch das Gelände eines Reiterhofes bis zur Lauter und dort rechts ~ **4** an der **Kreisstraße** links über die Brücke und gleich wieder rechts ~ zwischen zwei Sportplätzen hindurch und direkt danach links ~ am Abzweig zur **Freilichtbühne Katzweiler** rechts ~ an der **L 356** kurz links, dann wieder rechts abbiegen zur **Hirschhorner Bordenmühle** ~ mitten durch das Anwesen, dabei rechts haltend etwas aufwärts ~ nahe der renaturierten Lauter am Waldsaum entlang ~ rechts über die Bahn ~ kurz vor Sulzbachtal links über die Bahn und rechts in den Ort hinein.

Sulzbachtal

An der abknickenden Vorfahrtsstraße rechts ~ **5** an der T-Kreuzung mit der **B 270** links und auf dem Radweg nach Olsbrücken ~ nach den ersten Häusern über die Straße links in den Radweg.

VARIANTE: Optional können Sie weiter der B 270 durch den Ort folgen, wo es Gastronomie gibt.

Olsbrücken

Ev. Kirche, Hebelstr. 5. Das Gotteshaus wurde 1885 vom bedeutenden jüdischen Architekten Ludwig Levy erbaut.

Auf der Hauptroute vorbei am Sportplatz ~ nach der **Ernst-Mayer-Halle** links, dann links in die **Bahnhofstraße** ~ am Bahnhof vorüber ~ an der T-Kreuzung rechts über die Brücke, dann an der **B 270** links ~ kurz vor Kreimbach-Kaulbach erkennen Sie einen erhöht liegenden Steinbruch.

Wolfstein, Altes Rathaus

Kreimbach-Kaulbach

Heidenburg, Auf dem Kreimberg (24) Ehemals eine keltische Fliehburg, um 260 n. Chr. ein römisches Bergkastell. Aus den Überresten des Kastells wurden ein Lapidarium und ein Aussichtsturm errichtet. @ mbu171

6 Unmittelbar nach dem Bahnübergang rechts → am Bahnhof erneut die Gleise queren, dann an der T-Kreuzung mit der **Hauptstraße** links → nach dem alten Bahnhof mit Eiscafé, Biergarten und dem Bistro im Original-DB-Speisewagen bleiben Sie in der Linkskurve der Straße rechts der Bahn → der Radweg verläuft in leicht welligem Terrain am Rand des Waldes nach **Stahlhausen**, dann auf der **K 48** weiter bis Roßbach.

Roßbach (Wolfstein)

Im Ort auf der Straße rechts der Bahn bleiben → **7** an der Vorfahrtsstraße auf den Radweg links der Gleise wechseln → in einiger Entfernung sehen Sie links in herrlicher Aussichtslage die **Jugendherberge** → kurz danach ist Wolfstein erreicht → noch vor dem Bahnhof rechts über das Gleis und gleich links in die Bahnhofstraße → beim Bahnübergang über die Gleise und gleich darauf rechts in den Radweg.

INS ZENTRUM **Für einen Besuch von Wolfstein fahren Sie nach dem Bahnübergang geradeaus. Kurz darauf kommen Sie in den Ortskern.**

Wolfstein

Vorwahl: 06304

Verbandsgemeinde Lauterecken-Wolfstein, Schulstr. 6a, Lauterecken, ✆ 06382/791116, @ wdu853

Brücke vor Wolfstein

Burgruine Alt-Wolfstein, nördlich von Wolfstein. Erbaut an der engsten Stelle des Lautertals. Erhalten ist nur noch der 22 m hohe, fünfeckige Bergfried und ein Teil der Ringmauern. @ lfe728

Burgruine Neu-Wolfstein, direkt oberhalb der Stadt (24) Kleine Burg mit gut erhaltener Ringmauer. Vermutlich um 1275 einige Zeit nach Gründung der Stadt erbaut, spätestens aber Anfang des 14. Jhs. Unmittelbar unterhalb der Burgmauer liegt der einzige noch erhaltene gebliebene Weinberg des Lautertals, dessen Lage als „Wolfsteiner Erzengel" bezeichnet wird.

Kalkbergwerk am Königsberg, Hauptstr. 48, ✆ 06382/791118 Eine Grubenbahn fährt die Besucher zu einem Rundgang in den unterirdischen Teil des Königsbergs. Im Bergwerk wurde noch bis 1967 Kalkstein abgebaut, daher sind auch alle Einrichtungen noch im Original zu besichtigen. Auskunft bei der Tourist-Information. @ rma666

Historische Altstadt. Mit barockem Rathaus (1753), mit Wohnhäusern vom 17. bis 19. Jh. und dem Stadttor von 1565 sowie Evang. Kirche von 1866/68 und Kath. Kirche von 1774/76. An der Lauter bei der ehem. Stadtmühle finden sich noch mehrere Stadthäuser.

Freibad Königsberg, Am Schwimmbad, ✆ 7808, @ eaq512

Von Wolfstein nach Lauterecken 10,5 km

Auf der Hauptroute radeln Sie auf dem Radweg rechts der Lauter ~ dem Radweg an einem Parkplatz und einem langgestreckten Fabrikgelände vorbei folgen ~ im nächsten Ort an der T-Kreuzung rechts.

Oberweiler-Tiefenbach

Gleich wieder links in die **Hauptstraße** ~ in **Tiefenbach** nach einem Spritzenhaus dem Verlauf der **Hauptstraße** nach links folgen ~ **8** in der Linkskurve die Geradeausrichtung beibehalten ~ leicht aufwärts den Ort verlassen ~ in sanft welligem Terrain neben der stark mäandernden Lauter bis Heinzenhausen ~ dort links auf die **Hohenöller Straße**.

Heinzenhausen

Den Kurven der Vorfahrtsstraße folgen und auf der **Hauptstraße** aus dem Ort hinaus ~ **9** geradeaus auf den Radweg der **B 270** ~ bei Lohnweiler in Schlingen die Bundesstraße unterqueren ~ oben angekommen links und über Lauterbrücke und Bahnlinie in den Ort.

Lohnweiler

Rechts in die Straße **Mühlacker** ~ an deren Ende geradeaus nach Lauterecken ~ unmittelbar nach der hohen Autobrücke rechts über die Schienen und gleich wieder links in die **Rheingrafenstraße** ~ rechts folgen, dann noch vor der historischen Lauterbrücke wieder links in die **Rheingrafenstraße** – rechts vor Ihnen liegt die **Roseninsel**, wo Parkbänke zum Verweilen einladen ~ am Ende der Rheingrafenstraße links über die große Glanbrücke, wo kurz zuvor die Lauter in den Glan mündet ~ nach 100 m rechts in die **Bahnhofstraße** ~ **10** die Tour endet am Bahnhof.

ANSCHLUSS Tour 3, der Glan-Blies-Radweg, führt von hier nach Norden bis Staudernheim an der Nahe.

Lauterecken s. S. 44

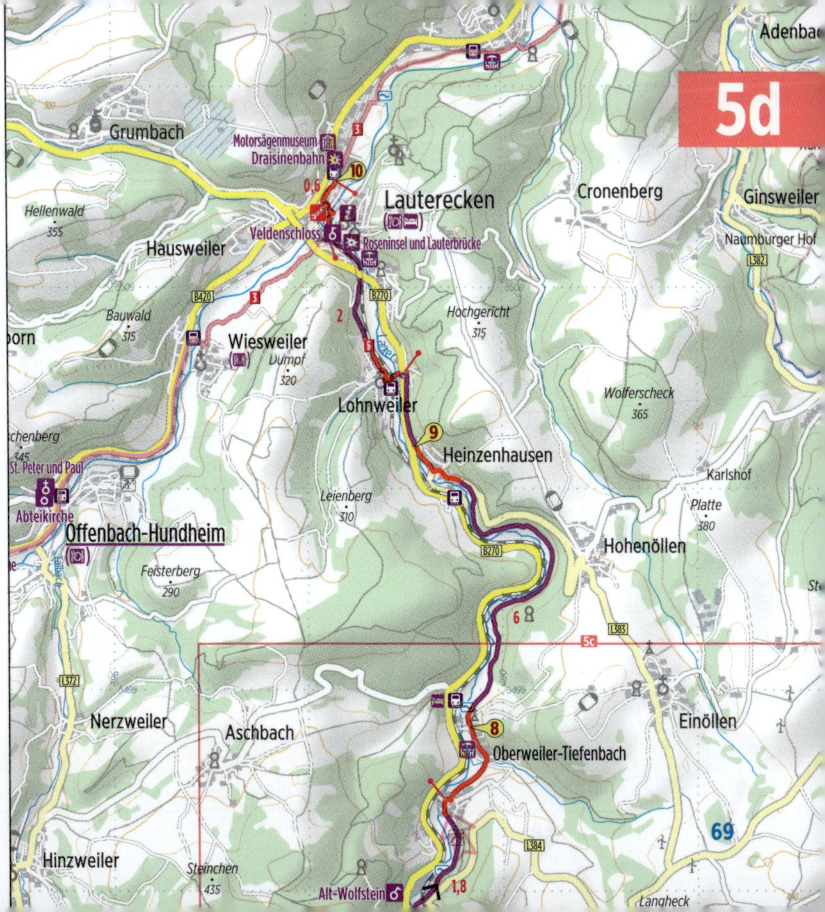

Tour 6 Alsenz-Radweg 52,3 km

HM/km: ↗ 4,6 (239m) ↘ 1,4 (72m) Radweg: 68 % Unbefestigt: 12 % Verkehr: 4 %

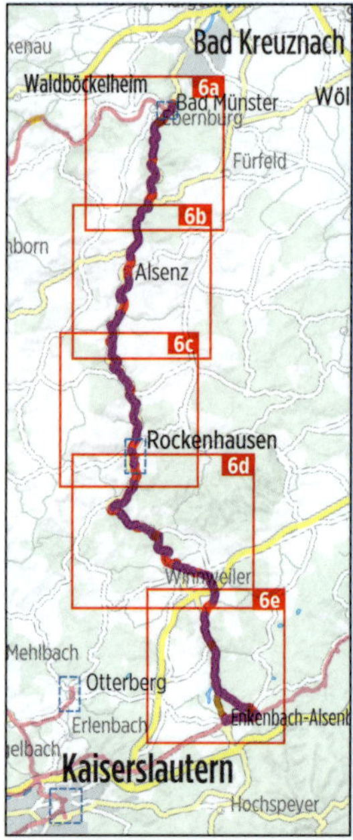

Umgeben von Hügelketten des Nordpfälzer Berglands führt die Alsenz durch das fruchtbare Wiesental von Alsenborn nach Bad Münster am Stein-Ebernburg. Immer wieder schmiegen sich Flecken von Weinbergen in die Hänge, und ab und zu lugen Burgen und Burgruinen über den Wäldern hervor. Die ehemals bedeutenden Sandstein- und Eisenerz-Industrien stellen weitere Merkmale dieser Kulturlandschaft dar, auf deren Spuren man am Alsenz-Radweg immer wieder trifft. Historische Blickfänge bieten beispielsweise die gelungen restaurierten Ortskerne von Alsenz, Rockenhausen und Winnweiler, deren kleine, aber feine Museen einen Besuch wert sind.

Charakteristik

Start: Bad Münster a. Stein-Ebernburg, Bahnhof

Ziel: Enkenbach-Alsenborn, Bahnhof

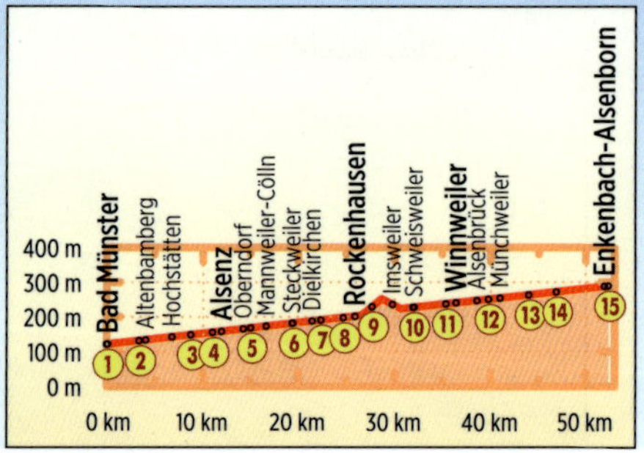

Wegbeschaffenheit: fast durchgehend Asphaltwege, gelegentlich gut befestigte Waldwege

Verkehr: meist autofrei

Steigungen: tendenziell leicht steigend; stärkere, aber kurze Steigungen nach Alsenz und Rockenhausen

Beschilderung: Wegweisung mit dem Logo des Alsenz-Radwegs

Anschlusstouren: 4

Bad Münster am Stein-Ebernburg (Bad Kreuznach)

Vorwahl: 06708

Tourist-Information, Berliner Str. 60, ✆ 641780, @ wte272

Fähre zum Huttental, Nahepromenade, Kurpark, ✆ 0160/3572212. Handgezogene Personenfähre, die von April-Okt. in Betrieb ist. @ wix183

Naturstation Lebendige Nahe, Salinenhof 4, im Kurmittelhaus, ✆ 641424 Es wird über die Flora und Fauna des Nahetals informiert. @ jyt534

Steinskulpturen-Museum, Heilquelle 1, ✆ 2385 Grundstock der Skulpturensammlung sind Arbeiten der Bildhauer Anna Kubach-Wilmsen und Wolfgang Kubach. Sehenswert ist auch das Museumsgebäude selbst, ein Entwurf des Architekten Tadao Ando aus Osaka, Japan. @ ycd643

Evang. Martinskirche, Berliner Str. 21. Bekannt geworden ist die Kirche (1908) durch Nobelpreisträger und Urwaldarzt Albert Schweitzer, der bei der Einweihung die Orgel spielte.

Johanneskirche, Schlossgartenstr., ✆ 2253. Das 1212 erstmals erwähnte Gotteshaus wurde als Wehrkirche gebaut und stand mit der Ebernburg in Verbindung. Heute ist der Turm der evang. Kirche das Wahrzeichen der Stadt.

Kath. Kirche Maria Himmelfahrt, Rotenfelser Str. 10. Neugotischer Saalbau (um 1900).

Ebernburg, ✆ 6176611, Besichtigung nur von außen möglich. Der Reichsritter Franz von Sickingen (1481-1532)

Blick auf Bad Münster am Stein-Ebernburg

bezeichnete die Burg als „Herberge der Gerechtigkeit". Er gewährte einigen Humanisten Schutz, darunter auch Ulrich von Hutten. Heute dient die Burg als Bildungs- und Ferienstätte. @ rel471

Ruine Rheingrafenstein, ✆ 641780. Man erzählt sich, dass der Teufel die Burg erbaut haben soll. Auf alle Fälle wurde die Burg von französischen Truppen unter König Ludwig XIV. gesprengt. @ bak827

Altes Fischerhaus, Kapitän-Lorenz-Ufer 2. Im 16. Jh. wurde dieses Steinhäuschen erbaut. Über Jahrhunderte lebten hier Familien von Nahefischern. @ dot114

Hahnenhof, Nahestr. 28, im Zentrum Bad Münsters. Das Gebäude war früher als „Zehntscheuer" bekannt, was nichts anderes war als das heutige Finanzamt. Der Hahnenhof wurde bereits 1560 erstmals urkundlich erwähnt.

Historisches Kurhaus, Kurhausstr. 25. Das Kurhaus gehört zu den baulichen Attraktionen der Stadt und wurde 1911 errichtet. @ rdx165

Künstlerbahnhof, Berliner Str. 77, ✆ 2762 In dem spätklassizistischen Sandsteinbau (um 1880) arbeiten verschiedene Künstler, die Arbeitsstipendien erhalten haben und deren Werke anschließend in der Galerie präsentiert werden. @ vyk521

Salinen im Kurpark, Kurhausstr. Früher wurden die Salinen als Gradierwerke zur Salzgewinnung verwendet. Heute dienen Sie als riesiges Freiluftinhalatorium.

Rotenfels. Felsmassiv mit 200 m hoher Steilwand. @ kjy758

Mineral Thermal Freibad, Kurhausstr. 43, ✆ 0176/82727484, @ gfb758

Bad Münster, ein Stadtteil von Bad Kreuznach, und Ebernburg waren früher selbstständige Orte. Ebernburg hat einen historisch bedeutenden Stadtkern. Im Gegensatz zu Ebernburg war Bad Münster eher klein. Auf der dazugehörigen Burg herrschten die Rheingrafen. Dieser Name wurde deswegen für sie ausgewählt, weil sie den gesamten Rheingau regierten. Mit dem Bau der Eisenbahnlinie im Jahre 1859 strömten Menschen aus aller Welt in den Kur- und Badeort. 1905 wurde aus Münster „Bad Münster". Auf dem nordwestlichen Nahe-Ufer überragt der Rotenfels, mit

einer Höhe von 327 Metern die höchste Steilwand nördlich der Alpen, die Stadt.

Von Bad Münster a. Stein-Ebernburg nach Rockenhausen 25,5 km

1 Startpunkt ist der Bahnhof Bad Münster am Stein ~ an der **Berliner Straße** rechts ~ halblinks in die verkehrsberuhigte **Kurhausstraße** mit Fußgängerzone, wo Radfahren erlaubt ist ~ vorbei am **Wasserschaukelbrunnen** ~ linkerhand sehen Sie ein **Gradierwerk** ~ geradewegs auf die **Pouilly-Brücke** zu, Sie orientieren sich am Wegweiser nach Alsenz ~ über die Brücke schieben, dann am Ende über einige Stufen hinunter und links halten ~ nach dem Campingplatz haben Sie rechts freie Sicht auf die Ebernburg

~ 300 m nach dem Supermarkt rechts über die Bahngleise, dann links auf den Radweg an der **B 48** ~ nach Altenbamberg hinein.

Altenbamberg

Vorwahl: 06708

Ruine Altenbaumburg, auf Bergrücken oberhalb Altenbambergs, ✆ 3551 (24) Die Burg wurde 1112 erstmals urkundlich erwähnt. Im 14. Jh. teilte man die Burganlage an drei verschiedene Besitzer auf. In den folgenden Jahrhunderten kam es immer wieder zu Zerstörungen, und erst 1981/82 wurde der Palas der Unterburg wieder vollständig aufgebaut. In ihm befindet sich heute ein Restaurant. @ ilg268

Ruine Treuenfels, Am Treuenfels. Von der im 14. Jh. errichteten Burg sind heute nur noch Reste der Ringmauer erhalten.

Alter Jüdischer Friedhof, östl. des Ortes. Geschütztes Kulturdenkmal mit 10 Grabsteinen aus dem 18. Jh.

2 Im Ort wechselt der Radweg auf die linke Straßenseite ~ links oben sehen Sie immer wieder die Ruine Altenbaumburg ~ der Radweg endet an einer Fußgängerampel ~ vorbei an der Kirche ~ nach 200 m rechts in die Straße **Windhof** und den Ort verlassen ~ unter den Bahnbrücken hindurch und dahinter links auf den Wirtschaftsweg ~ weiter parallel zur Bahnlinie und kurz vor Hochstätten die Gleise kreuzen ~ nach dem Friedhof links über die Alsenz-Brücke ~ rechts in die **Hauptstraße**.

Hochstätten

Dem Straßenverlauf folgen ~ am Bahnhof vorüber ~ am Ortsausgang auf den Radweg auf der linken Straßenseite ~ an der Einmündung der B 420 in die B 48 weiter geradeaus ~ **3** der Radweg wechselt wieder auf die linke Seite ~ **4** an der Straße nach Alsenz verlassen Sie die Bundesstraße nach links und biegen gleich wieder rechts ab in den **Uferweg** ~ vorbei am **Deutschen Sandsteinpark** und dem Schulzentrum ~ am Brunnen aus Sandstein rechts halten.

Alsenz

Vorwahl: 06362

Verbandsgemeinde Nordpfälzer Land, Bezirksamtsstr. 7, Rockenhausen, ✆ 06361/4510, @ nqq815

Museum für Heimatgeschichte, Rathauspl. 3, Altes Rathaus, ✆ 2464 Der Fachwerkbau (1578) im Renaissancestil weist an seiner Längsseite Arkaden auf – auch als offene Gerichtslaube bezeichnet; diese und ein Scherenpranger stehen für die Gerichtsbarkeit des Ortes. Im Rathaus sind auch das Museum für Heimatgeschichte und die Nordpfalzgalerie untergebracht. @ fkc628

Pfälzisches Steinhauermuseum, Marktpl. 4, ☎ 2464 In dem alten Fachwerkbau (16./17. Jh.) wird die Geschichte der Steinhauerei u. a. in einer Werkstatt mit Sandsteinwerkstücken und anhand zahlreicher Gerätschaften der Steinhauer dargestellt, ebenso der Alltag der Steinhauer. In der Galerie im Dachgeschoss werden wechselnde Ausstellungen gezeigt. @ cjh325

Bürgerhäuser, Bahnhof-, Industrie- und Hauptstr. Repräsentative Wohnhäuser und Villen aus dem 19./20. Jh., die überwiegend Inhaber ortsansässiger Betriebe errichten ließen. Sie spiegeln die Kunst des Steinmetzhandwerks und den wirtschaftlichen Aufschwung des Ortes wider.

Deutscher Sandsteinpark und Steinhauerrundweg, Uferweg, direkt am Alsenztal-Radweg. In einem Grünstreifen stehen entlang der Alsenz wuchtige Sandsteine aus verschiedenen Regionen Deutschlands, die diversen geologischen Zeiträumen entstammen. Ihr Alter liegt zwischen 98 und 390 Mio. Jahren. Der Rundweg beginnt am Steinhauermuseum und führt über 2,5 km an markanten Gebäuden vorbei und durch den Sandsteinpark. @ qxa448

Alsenz, Steinhauermuseum

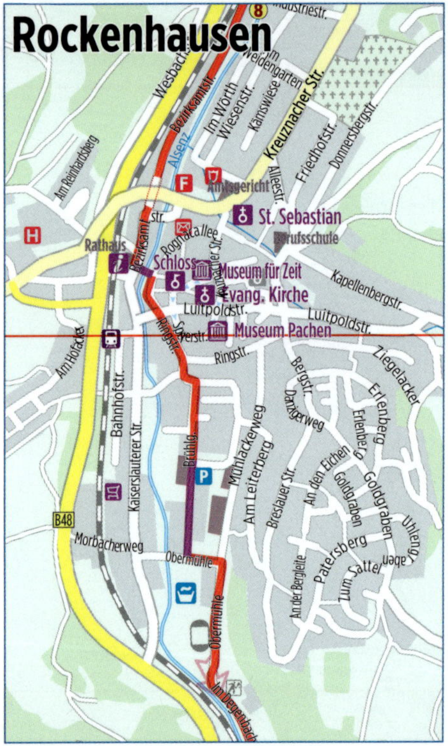

Zwischen den Flüssen Alsenz und Lauter im Nordpfälzer Bergland hat die Gewinnung von Bodenschätzen eine über Jahrhunderte dauernde Tradition. So wird Buntsandstein in der Gegend um Alsenz bereits seit dem 16. Jahrhundert abgebaut. In der Blütezeit der Steinindustrie zum Ende des 19. Jahrhunderts war der Ort Mittelpunkt der Werksteingewinnung. Die Bedeutung dieses Wirtschaftszweiges lässt sich daran ablesen, dass von mehr als 50 Betrieben in der Region allein 10 Firmen mit bis zu 1.500 Beschäftigten in den Alsenzer Steinbrüchen beheimatet waren.

Sie radeln geradeaus über den **Marktplatz**, dahinter links halten in die **Mühlstraße** → an der Gabelung links in die **Gartenstraße** und Ort verlassen → nach einem Rastplatz folgt eine Steigung, die nach 600 m am nächsten Rastplatz endet → bei diesem in einem Linksbogen abwärts zum Bahnübergang.

TIPP **Die Öffnung der Schranke erfolgt nach einem Anruf mittels der Rufsäule.** Bitte nutzen Sie diesen „persönlichen" Service und schlüpfen sie nicht unter den Schranken hindurch.

Oberndorf

An der **Hauptstraße** rechts → bis zum Ortsausgang → **5** kurz nach dem Abzweig nach Gaugrehweiler die Landstraße nach rechts verlassen, den Rastplatz passieren und nach der Holzbrücke die **B 48** unterqueren → auf dem Radweg bis Mannweiler-Cölln → rechts in die **Böhlstraße**, vorsichtig hinunter.

Mannweiler-Cölln

Randeck Museum, Böhlstr. 3, ✆ 06362/8283 © Leben, Handwerk und Landwirtschaft in vergangenen Zeiten.

Burgruine Randeck. Die Ruine (vermutlich 12. Jh.) liegt auf dem 263 m hohen Schlossberg westlich von Mannweiler. Es sind noch wenige Teile der Ringmauer, eines Eckvorwerks, der Flankierungstürme und die Grundmauern eines Bergfrieds zu sehen.

Auf der **Burgstraße** über den Fluss und die Bahn, dann links auf den Wirtschaftsweg parallel zu den Gleisen → im Ortsteil Cölln auf der **Brunnenstraße** bis zur **B 48** und dort links abbiegen → gleich hinter der Brücke rechts → unterhalb einzelner Weinberge bis Bayerfeld-Steckweiler → noch vor dem Ort erneut eine **Anruf-Schrankenöffnung** nutzen.

Bayerfeld-Steckweiler

An der Vorfahrtsstraße rechts, dann nach der Brücke links in die **Wiesenstraße** → **6** nach 100 m links auf den Wirtschaftsweg, umgeben von Wiesen und leicht erhöht liegenden Waldflecken → in welligem Terrain bis Dielkirchen → links über die Gleise, dann an der **Hauptstraße** rechts.

Dielkirchen

Ev. Pfarrkirche, Hauptstr. Im bereits 1728 erbauten Turm der Kirche (1738) hängt die wahrscheinlich älteste Glocke der Pfalz (1250), die aus dem Kloster Disibodenberg bei Staudernheim stammt. Bei der Kirchenorgel handelt es sich um eine Schmidt-Orgel von 1793, auf der die überregional bekannten Dielkirchener Orgelkonzerte gespielt werden.

Kurz darauf rechts in die **Mühlstraße** und nach 100 m links in den landwirtschaftlichen Weg und an einigen Schrebergärten vorüber ~ **7** an der T-Kreuzung rechts über die Alsenz-Brücke, dann die Schienen queren ~ weiter entlang der Bahn ~ bei Katzenbach die K 13 überqueren ~ alsbald nach links in einem Röhrentunnel unter der **B 48** hindurch, dahinter rechts und unterhalb der Bundesstraße weiter ~ **8** leicht nach links über die Bahngleise und am Kreisverkehr die erste Ausfahrt nehmen ~ auf der **Bezirksamtsstraße** nach Rockenhausen ~ unter der Straßenbrücke hindurch ~ kurz darauf am **Rathaus** links über den Parkplatz, rechts haltend über eine enge Brücke und unmittelbar danach rechts in den **Mühlweg** ~ fast kerzengerade am Parkplatz vorbei zur Luitpoldstraße , das historische Ortszentrum mit dem Markt liegt links.

Rockenhausen

Vorwahl: 06361

Verbandsgemeinde Nordpfälzer Land, Bezirksamtsstr. 7, ☎ 4510, @ nqq815

Museum für Zeit - Pfälzisches Turmuhrenmuseum, Schlossstr. 10, ☎ 3430 Bereits im male-

Rockenhausen, Museum für Zeit

Rockenhausen, Alter Steinbruch

rischen Hof macht die astronomische Uhr Lust auf „mehr Zeit“. Uhren aus fünf Jahrhunderten, darunter die 3 m breite Turmuhr (um 1800) aus dem Georgsturm in Speyer, eine Dielenstanduhr (um 1750) aus Amsterdam mit Tages-, Monats- und Gezeitenangaben sowie eine Glockenspieluhr (Carillon) aus Frankreich von Anfang des 20. Jhs. Auch seltene Sand-, Wasser- und Sonnenuhren aus dem Altertum. @ upw181

Museum Pachen, Speyerstr. 3, ✆ 4510, ✆ 22136 Deutsche Kunst des 20. Jahrhunderts. Kern der ständigen Ausstellung sind Werke aus der Sammlung der Stadt Rockenhausen und der Arbeitsgemeinschaft Pfälzer Künstler. Präsentiert wird zudem der Nachlass des Ehrenbürgers Daniel-Henry Kahnweiler, Freund und Förderer Picassos, samt zweier original Picasso-Lithographien. Beachtenswert sind die regelmäßigen Sonderausstellungen zeitgenössischer Künstler. @ ejv314

St. Sebastian, Kreuznacher Str. 32. Die kath. Pfarrkirche (1915-1917) mit dem wuchtigen Rundturm birgt im Inneren der Romanik und dem Barock nachempfundene Stilelemente.

Schloss, Schlossstr. 8. Auf den Fundamenten eines Römerkastells erbaut, war es ursprünglich ein Wasserschloss (13. Jh.). Mitte des 18. Jhs. entstand auf dessen Grundmauern das heutige Schlossgebäude. Seit 2001 befindet sich in dem stilvoll renovierten Bauwerk das Schlosshotel.

Marktplatz. Mit Fachwerkhäusern, evang. Kirche (1784), Napoleonsbank (2002) und einem Biedermeierpaar aus Bronze, beides geschaffen vom pfälzischen Bildhauerehepaar Gernot und Barbara Rumpf, sowie einem modern gestalteten Brunnen des Schweisweiler Künstlers Stefan Engel.

Naturerlebnisbad, Obermühle, ✆ 993435, @ iqn851

Die 897 zum ersten Mal erwähnte Siedlung gehörte im Mittelalter den Raugrafen von Altenbaumburg, die hier 1242 eine Burg bauen ließen. Unter ihnen nahm der Ort eine positive Entwicklung – nicht zuletzt wegen seiner exponierten Lage zwischen den Kaiserpfalzen Lautern und Kreuznach, 1332 erhielt er Stadtrechte. In den folgenden Jahrhunderten litt die Stadt unter Hungersnöten durch kriegerische Auseinandersetzungen.

Vermutlich Mitte des 18. Jahrhunderts entstand das Schloss, das während der Französischen Revolution in private Hände kam. Eine friedliche Zeit brach nach dem Wiener Kongress an, als die Pfalz und somit auch Rockenhausen im Jahre 1816 Bayern zugesprochen wurde. Neue Bauern siedelten sich an und machten das Land urbar, die 1860/71 erbaute Alsenztalbahn und ein verbessertes Straßennetz förderten die wirtschaftliche Entwicklung.

Gegen Ende des 20. Jahrhunderts wurde die überwiegend erhalten gebliebene, barocke Innenstadt um den Marktplatz und das Schloss grundlegend restauriert. Auch kulturell wird einiges geboten, wie allein vier Museen und eine Vielzahl von Veranstaltungen aller Art zeigen.

Von Rockenhausen nach Winnweiler 11 km

Über die Luitpoldstraße geradeaus in die **Ringstraße** ~ an der **Damian-Kreichgauer-Straße** kurz links und gleich wieder rechts in die **Brühlgasse** ~ das Schulzentrum durchqueren ~ an dessen Ende leicht links hoch ~ vor dem **Freibad** links, dann an der T-Kreuzung rechts ~ nach den Sportplätzen Rockenhausen verlassen ~ **9** im Linksbogen der verkehrsarmen Straße nach rechts, wo Sie ein kurzer Anstieg erwartet ~ auf festgefahrenem Waldboden in spürbarem Auf und Ab bis oberhalb des Imsweiler Tunnels ~ nochmals etwas hinauf- und hinabfahrend ist **Imsweiler** erreicht ~ von der **Mühlwaldstraße** leicht links in den **Mühlweg** ~ an der T-Kreuzung mit der **Alsenzstraße** links ~ am Ortsende beginnt ein Radweg, der großteils hinter einer Schutzwand verläuft.

Schweisweiler

Vorwahl: 06302

Kath. Kirche St. Ägidius, Kirchstr., ✆ 3507, Schlüssel zur Besichtigung der Kirche bei Frau Weber, Kirchstr. 5. Das im Rokokostil erbaute Dorfkirchlein (1750) gilt als eines der schönsten der nördlichen Pfalz. Der Hochaltar mit seinen vier Säulen stammt im Wesentlichen aus der Bauzeit der Kirche, hervorzuheben sind außerdem 10 Deckengemälde.

10 An der ersten Gelegenheit rechts über die Brücke mit der Statue des Brückenheiligen Nepomuk in die **Ortsstraße** ~ nach dem Dorfmuseum Leo's Tenne links in die **Hinnergass** ~ erneut links in die Straße **Am Zeilgraben** ~ auf Schotter verlassen Sie den Ort ~ Sie radeln immer in Reichweite der Alsenz ~ ein Klärwerk umrunden ~ an der **B 48** kurz links, gleich wieder rechts auf die **L 392** nach Imsbach und unmittelbar danach rechts in das Gelände des ehemaligen **Gienanthwerks Eisenschmelz** ~ vor einer Mauer, in der sich ein historischer Eiskeller befindet, rechts, bis die Route in einen Radweg neben der **B 48** übergeht ~ **11** vor einer großen Trauerweide rechts die Bundesstraße unterqueren und leicht aufwärts ~ geradeaus gelangen Sie – vorbei an Schaukästen und Gussprodukten der hier bis 2004 ansässigen Gienanth-Werke – zur **Alsenzstraße**.

Hochstein (Winnweiler)

Frühindustriepark Gienanth, Eisenschmelz. Ein Lehrpfad informiert über die Denkmäler des 1742 von der Industriellenfamilie Gienanth gegründeten Eisenhüttenwerks.

Links abbiegen und auf der Straße nach Winnweiler ~ im Ort weiter auf der **Schlossstraße** bis zur großen Kreuzung.

INS ZENTRUM **Für einen Besuch des netten Örtchens Winnweiler biegen Sie mit der Schlossstraße nach rechts ab.**

Winnweiler, ehem. Gienanth-Werke Schaukästen

Winnweiler

Vorwahl: 06302

- **Tourismusbüro**, Jakobstr. 29, ✆ 6020, ✆ 60261, @ mgc138
- **Jüdisches Museum der Nordpfalz**, Schlossstr. 37, ✆ 1256, ✆ 609585 Das Gebäude war im 17. Jh. ursprünglich Amtsschreiberei des Winnweiler Schlosses. Schwerpunktthema des Museums ist die Geschichte der Juden im 19. und frühen 20. Jh. in der Nordpfalz; damals lebten hier überdurchschnittlich viele jüdische Bürger. Darüber hinaus wird die Geschichte Winnweilers und seiner Umgebung präsentiert; zusätzlich immer wieder Sonderausstellungen und museumspädagogische Projekte. @ fss683
- **Museum für Fotografie und Fotografenhandwerk**, Falkensteiner Weg 2, ✆ 2032 In dem ehem. Fotohaus Boertzel, das von 1900-1997 betrieben wurde, sind Fotolabor, Atelier, eine Sammlung von Kameras u. v. m. zu besichtigen. @ xrr632
- **Marktplatz.** Mit Sandstein- und Fachwerkhäusern aus dem 18. Jh. und Jakobstraße und Umgebung, wo noch Amtsgebäude aus königl.-bayr. Zeit (19. Jh.) zu finden sind: so z. B. das Kantonsgefängnis, das Rathaus und das Amtsgericht.
- **Privatbrauerei Bischoff**, An den Hopfengärten 6, ✆ 912144, Besichtigung für Gruppen n. t. V. möglich. Seit 1866 als Familienunternehmen in Betrieb. @ bbs327
- **Freibad**, Am Schwimmbad 1, ✆ 6090272, @ tqp313

Für die Industrialisierung Deutschlands im 18. und 19. Jahrhundert waren die Gewinnung von Eisenerzen und die Produktion von Eisen in der Region um den Donnersberg eine wichtige Voraussetzung. Das regionale Eisenimperium der adeligen Familie Gienanth umfasste das Werk Eisenschmelz, den Herrenhof mit Arbeiterwohnungen, zudem die Gießerei in Hochstein. Das Museum in Winnweiler widmet einen seiner Themenschwerpunkte der Geschichte und Bedeutung der Industriellenfamilie von Gienanth und zeigt u. a. Handformerwerkzeuge, Kunstgussobjekte und persönliche Erinnerungsstücke.

Von Winnweiler nach Enkenbach-Alsenborn 16 km

Die Hauptroute führt an der großen Kreuzung hinauf zur Brücke ⤳ an deren Ende rechts in die Straße **An den Hopfengärten** ⤳ noch vor dem Firmengelände der mehr als 150 Jahre alten **Privatbrauerei Bischoff** rechts ab ⤳ zwischen deren Gebäuden erst rechts, danach links und anschließend dem Verlauf des Wegs nach Alsenbrück folgen ⤳ rechts in die **Mühlstraße** und über die Bahn, dann links in die **Alsenztalstraße** ⤳ vorbei am Friedhof.

Alsenbrück-Langmeil (Winnweiler)

Vorwahl: 06302

- **Museumsschmiede**, Kaiserstr. 11, ✆ 1256 Die Einrichtung der Mühle stammt überwiegend aus der Zeit vor dem Zweiten Weltkrieg. @ wsd413

Geradeaus über den Kreisverkehr und auf der **K 10** weiter ⤳ **12** links in die **Raiffeisenstraße** ⤳ vorbei am ehemaligen **Bahnhof Langmeil**, dann unter der Autobahnbrücke

Bajasseum in Alsenborn

hindurch nach Münchweiler ~ am Bahnhof vorbei ~ rechts in die **Gonbacher Straße**.

Münchweiler an der Alsenz

Nach der Brücke gleich wieder links in die **Mühlstraße** ~ die **Klostermühle** passieren ~ bald nach dem Umspannwerk auf den linksseitigen Radweg ~ etwas unterhalb der **B 48** bis zum Straßenabzweig nach Sembach ~ **13** hier wechselt der Radweg auf die rechte Seite ~ dem Radweg unweit der **B 48** bis zum Pflegeheim folgen ~ vor den **Fischweihern** rechts, dann nach dem ersten Weiher links ~ durch die kleine Grünanlage vorbei am Pflegeheim ~ parallel zu diesem leicht aufwärts ~ **14** nach der Zufahrt rechts auf den Radweg, dann auf die linke Straßenseite wechseln.

ZUM BAHNHOF **Falls Sie abkürzen möchten, können Sie auch geradeaus entlang der B 48 direkt zum Bahnhof von Enkenbach-Alsenborn fahren.**

Auf der Hauptroute radeln Sie nach der Straßenquerung links über die Brücke ~ ein kleines Waldstück durchqueren, dann weiter entlang der Kreisstraße ~ kurz vor dem Ortseingang von Alsenborn die Straße nach links überqueren ~ über die kleine Brücke, dann am Waldrand rechts ~ dem Verlauf der Straße **Sonnenhof** nach rechts folgen ~ über die L 395 halblinks in die Straße **Kinderlehre** ~ halbrechts in die **Quellenstraße** ~ am Wendebereich auf den schmalen Weg zwischen den Gärten, danach rechts leicht abwärts in den für Autos gesperrten Bereich hinein ~ kurz nach dem Spielplatz haben Sie beim Freibad die **Alsenzquelle** und das ende des Alsenz-Radwegs erreicht ~ leicht links zur **Burgstraße** und dort rechts abbiegen, Sie folgen nun den Schildern des Barbarossa-Radwegs ~ geradeaus auf dem Radweg an der **Rosenhofstraße** weiter und vorbei am **Bajasseum**, das auf den ersten Blick wie ein Kirchlein aus rotem Sandstein wirkt ~ am **Kreisverkehr** mit dem pflügenden Elefanten vorbei und auf dem Radweg via der Brücke über die Gleise ~ an der Bahnhofstraße rechts zum Bahnhof ~ **15** am Bahnhof endet die Tour.

Enkenbach-Alsenborn s. S. 54

Tour 7 Radweg Deutsche Weinstraße 93,2 km

HM/km: ⇗ 7,6 (711m) ⇘ 7,0 (648m) Radweg: 55 % Unbefestigt: 1 % Verkehr: 11 %

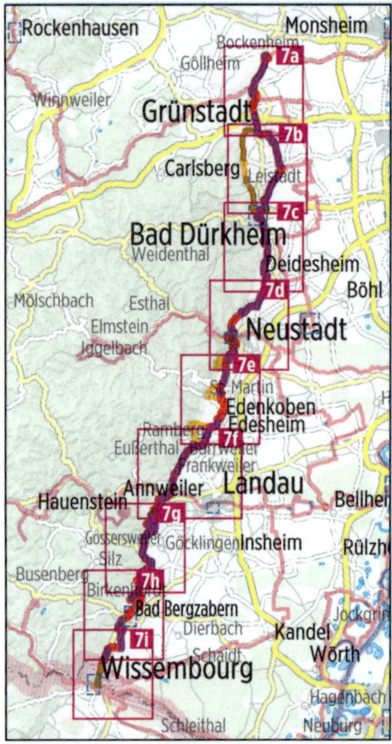

Die Lage zu Füßen des Pfälzerwaldes und am Rande der oberrheinischen Tiefebene schafft die Voraussetzungen für das milde Klima der Region Deutsche Weinstraße an der ältesten und bekanntesten deutschen Touristik-Route. Von den wärmsten Durchschnittstemperaturen Deutschlands profitiert schon seit Jahrhunderten der Weinbau. Traditionsreiche Winzerbetriebe und noble Weingüter mit berühmten Weinlagen bringen alljährlich Spitzenweine hervor; auf unzähligen, originellen Weinfesten wird von März bis Oktober nicht nur von den lebenslustigen Pfälzern kräftig gefeiert. Malerische Fachwerkdörfer mit verwinkelten Gassen und Winzerhäusern aus Pfälzer Sandstein mit hohen Torbögen schmiegen sich in die sonnenverwöhnten Rebhänge der Haardt. Kulturelle Spuren von den Römern über das Zeitalter der Ritter- und Reichsburgen und die politischen Reformen des 19. Jahrhunderts bis in die heutige Zeit entdecken Sie in Dörfern und Städten, wie z. B. in der Villa Rustica in Wachenheim, der Villa Ludwigshöhe oberhalb Edenkobens und auf dem Hambacher Schloss bei Neustadt an der Weinstraße.

Charakteristik

Start: Bockenheim a. d. Weinstraße, Bahnhof

Ziel: Schweigen-Rechtenbach bzw. Wissembourg, Bahnhof

Wegbeschaffenheit: fast durchgängig Asphaltwege und -straßen

Verkehr: überwiegend auf Wirtschafts- oder Radwegen, innerörtlich stärker befahrene Straßen

Steigungen: auf der gesamten Strecke immer wieder Steigungen von leicht bis schwer; anspruchsvollere Steigungen auf den drei Panoramarouten

Beschilderung: Wegweiser mit Trauben-Logo, bei den Panoramarouten ergänzt um „Panorama“

Tipp: Bitte beachten Sie, dass auf den Wirtschaftswegen Winzer, Land- und Forstwirte stets Vorrang haben. Es wird um ein rücksichtsvolles und freundliches Miteinander gebeten. Vielleicht wundern Sie sich im Spätsommer gelegentlich über einen Empfang mit „Böllerschüssen“. Diese sollen jedoch nicht Ihre radsportliche Leistung honorieren - andererseits werden Sie auch nicht aufs Korn genommen. Vielmehr dient dieser Lärm dazu, Stare und andere Vögel daran zu hindern, die Trauben vorzeitig „zu ernten“.

Der „Erlebnistag Deutsche Weinstraße“ am letzten Sonntag im August, bei dem die gesamte Autostraße Deutsche Weinstraße autofrei ist, findet 2022 nicht statt. Auch die generelle Fortführung ist unklar. Aktuelle Infos gibt es unter: www.erlebnistag-deutsche-weinstrasse.de

Anschlusstouren: 4, 8, 10, 11, 12

Von Bockenheim nach Bad Dürkheim 21,5 km

Bockenheim a. d. Weinstraße s. S. 59

1 Vom Bahnhof in Bockenheim fahren Sie geradeaus in den **Weiherweg** ⇝ rechts in die **Jakob-Boeshenz-Straße** ⇝ nach dem Sportplatz links ⇝ bis zum markanten Haus der Deutschen Weinstraße, wo die Route offiziell startet ⇝ hier links auf den Radweg neben der **Weinstraße** bis zum Zebrastreifen nach der Tankstelle.

VARIANTE Um der äußerst stark befahrenen Weinstraße auszuweichen, können Sie nach der Tankstelle links in die Pestalozzistraße abbiegen. Nach 150 m zweigen Sie rechts in die Jakob-Kautz-Straße ab und erreichen über den Unteren Graben und die Kellereistraße wieder die Weinstraße.

Wen der Verkehr auf der **Weinstraße** nicht abschreckt, fährt einfach geradeaus durch **Bockenheim** ⇝ am Ortsausgang auf den Radweg neben der Straße ⇝ nach Asselheim hinein und im Kreisverkehr geradeaus.

Asselheim (Grünstadt)

St. Elisabeth, Osterg. Um 1300 als Kapelle erbaut wurde sie 1496 zur Kirche erhoben, damals wurde der Wartturm zum Kirchturm umgebaut. Nach der Zerstörung im Zweiten Weltkrieg, erfolgte 1949/50 der Wiederaufbau. Der gotische Kirchenschlüssel aus der Erbauungszeit befindet sich im Museum Grünstadt.

Wehrmauer. Teile der Wehrmauer mit Rundturm und „Rotem Turm" (13./14. Jh.).

Vor der Ampel kurz ohne Radweg auf der **Weinstraße**, danach weiter auf dem

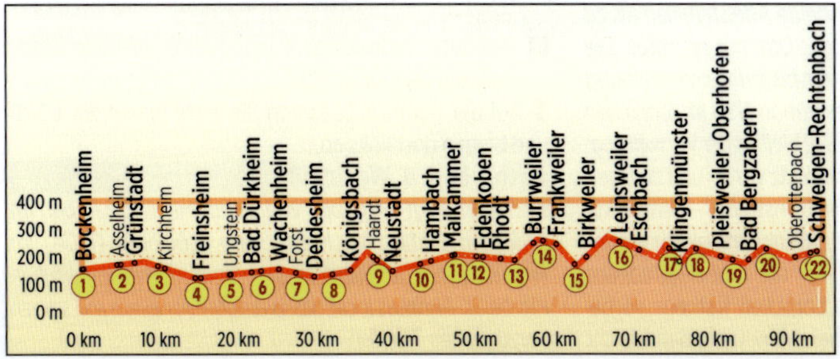

Landschaft bei Grünstadt

linksseitigen Radweg und unter der Eisenbahnbrücke hindurch ~ weiter auf dem Radweg der **Asselheimer Straße** nach Grünstadt ~ **2** links in die **Uhlandstraße** und deren Verlauf folgen ~ dicht entlang der Gleise, dann auf Höhe des Bahnübergangs rechts halten und gleich wieder links in den **Albsheimer Weg** ~ an deren Ende links und gleich wieder rechts in die **Friedrich-Ebert-Straße** ~ kurz vor dem Bahnhof dem leichten Rechtsbogen folgen, kurz rechts und gleich wieder links in die **Poststraße** ~ vor der Rechtskurve links am Parkplatz vorbei.

Grünstadt

Vorwahl: 06359

- **Touristinformation**, Hauptstr. 84, im Alten Rathaus, ✆ 9297234, @ syd746
- **Heimatmuseum**, Hauptstr. 84, im Alten Rathaus, ✆ 960019, ✆ 1556 Das Museum zeigt eine Ausstellung zur Frühgeschichte des Leiningerlandes, sowie zur Historie Grünstadts und seiner Umgebung. @ bgm244
- **Martinskirche**, Kirchheimer Str. 2. Turm von 1618, neu erbaut 1727/36, unter der Kirche befindet sich die Gruft der beiden Familien der Leininger Grafen.
- **St. Peter**, Obersülzer Str. 1. Ehemaliges Kapuzinerkloster (1700-1717). Die Kirche wurde 1840 erneuert, im Innern gibt es einen barocken Hochaltar sowie eine Orgel aus der Werkstatt des berühmten Orgelbauers Stumm (Ende des 18. Jhs.). @ bys787
- **Leininger Unterhof**, Oberg. 7. Der noch erhaltene Teil des Schlossbaus (1698) wurde im barocken Stil wieder hergerichtet.
- **Barockes Rathaus**, Kreuzerweg 2. Das Rathaus wurde in den Jahren 1750-1755 errichtet.
- **CabaLela**, Bückelhaube 11, ✆ 9163900, @ msv636

Die Stadt wurde zu Beginn des 14. Jahrhunderts vom Weißenburger Kloster den Grafen von Leiningen als Lehen übertragen. Nachdem im pfälzischen Erbfolgekrieg die Burgen Alt- und Neuleiningen zerstört worden war, verlegten die Adeligen ihre Residenz nach Grünstadt. Als sich der Leininger Unterhof für beide Adelsfamilien als zu klein erwies, wurde der Leininger Oberhof errichtet. Die Stadt wurde von den beiden Grafen bis zu ihrer Vertreibung während der Französischen Revolution 1793 im jährlichen Wechsel regiert – und das bei gleich bleibender Verwaltung.

Sie radeln geradeaus am **Luitpoldplatz** vorbei und zweigen an der T-Kreuzung rechts ab in die **Turnstraße** ~ dem Linksbogen folgen ~ an der T-Kreuzung links und gleich wieder rechts in die Straße **Vorstadt** ~ an der Ampel geradeaus und auf dem **Kreuzerweg** am barocken Rathaus vorbei ~ unter der Brücke der Autobahn hindurch, dann leicht hinauf in die Weinberge ~ alsbald wieder abwärts ~ den Eckbach überqueren und bis zu einem querenden Weg.

VARIANTE **Am Radweg Deutsche Weinstraße liegen drei gut beschilderte Panoramarouten, die alternativ zur Hauptroute genutzt werden können. Diese sind meist mit längeren Anstiegen verbunden und richten sich eher an sportlich Ambitionierte. Die unkommentierten Touren finden Sie auf den Karten 7b, 7e und 7f.**
Die knapp 12 km lange Panoramaroute 1 führt über Weisenheim am Berg und überwindet ca. 80 Höhenmeter.

Weisenheim am Berg

Vorwahl: 06353

- **i-Punkt Kallstadt**, Weinstr. 111, Kallstadt, ✆ 06322/667838, @ dfw122
- **Evang. Kirche**, Kirchg. 9, ✆ 7482. Mittelalterliche Fresken (14. Jh.) im gotischen Chor, Wehrturm von 1726.
- **Ehemalige Weisenheimer Synagoge**, Hauptstr. 28a, ✆ 8453. Das Gebäude (1832-1909) im spätbarocken Stil wurde 1988 restauriert. Heute als Kulturzentrum genutzt. @ pdi355
- **Historischer Dorfrundgang**, ✆ 06322/667838. Treffpunkt: Dorfpl., Auskunft: Tourist-Information.

3 Auf der Hauptroute fahren Sie leicht hinauf zur **L 520** und biegen dort links ab.

Kirchheim a. d. Weinstraße

Kirchheim liegt umgeben von einem Meer von Reben im südlichen Eckbachtal. Neben dem Schulhaus (1904) im Renaissancestil und der Hartung-Orgel in der evangelischen Kirche St. Andreas lockt das Weindorf vor allem mit seinen vorzüglichen Tropfen.

Auf der **Kleinkarlbacher** und der **Bissersheimer Straße** durch das Städtchen ⤳ direkt am Ortsende rechts in die Weinberge ⤳ ca. 600 m an der Bahnlinie entlang, dann links und bald wieder rechts ⤳ überwiegend abwärts rollen Sie durch die Weinberge ⤳ **4** im Kreisverkehr die dritte Ausfahrt nehmen ⤳ auf der **Dackenheimer Straße** nach Freinsheim hinein.

Freinsheim s. S. 104

Halbrechts in die **Haydnstraße**, dann an der Kreuzung rechts in die **Bahnhofstraße** ⤳ auf dieser den Ort verlassen ⤳ parallel zur **L 455** radeln Sie bis Ungstein.

Ungstein (Bad Dürkheim)

Im heutigen Stadtteil von Bad Dürkheim entdeckte man 1981 Reste zweier römischer Landhäuser. Ein für die Pfalz bis zu diesem Zeitpunkt einmaliger Fund war die erste römische Kelteranlage (Tretkelter) nördlich der Alpen. Das frei zugängliche Kulturdenkmal Römervilla Weilberg etwas nördlich von Ungstein ist jederzeit zu besichtigen. Auch der schöne Rundblick über die weitläufige Rebenlandschaft ist einen Besuch wert.

5 Im Kreisverkehr die dritte Ausfahrt in die **Altenbacher Straße** nehmen ⤳ den Ort verlassen ⤳ an der Ampelkreuzung die **B 37** überqueren und dahinter rechts ⤳ etwa 600 m auf dem Radweg entlang der Straße, dann links nach Bad Dürkheim ⤳ auf der **Dr.-Kaufmann-Straße** bis zur **Salinenstraße** und dort rechts abbiegen ⤳ am Ende der Salinenstraße weiter auf dem Radweg und leicht hinauf zur **Mannheimer Straße.**

INS ZENTRUM **Wollen Sie in die Innenstadt von Bad Dürkheim, bleiben Sie einfach geradeaus auf dem Radweg.**

Bad Dürkheim

Vorwahl: 06322

- **Tourist-Information Bad Dürkheim**, Kurbrunnenstr. 14, ✆ 9354500, @ vqn651
- **Pfalzmuseum für Naturkunde - POLLICHIA-Museum**, Kaiserslauterer Str. 111, ✆ 94130 Sammlungen aus den Bereichen Geologie, Mineralogie, Paläontologie, Zoologie, Botanik, Landespflege, Natur- und Artenschutz mit Zielrichtung Kinder und Jugendliche, Sonderausstellungen. @ mpa873
- **Stadtmuseum**, Römerstr. 20/22, im Kulturzentrum Haus Catoir, ✆ 9354300 In dem Barockbau von 1781 befinden sich Exponate zu Weinbau und -kultur, Volkskunde, Stadtgeschichte und archäologische Funde. @ cgq865
- **Schlosskirche**, Kirchg. Das Gotteshaus wurde Anfang des 14. Jhs. errichtet und ist eines der

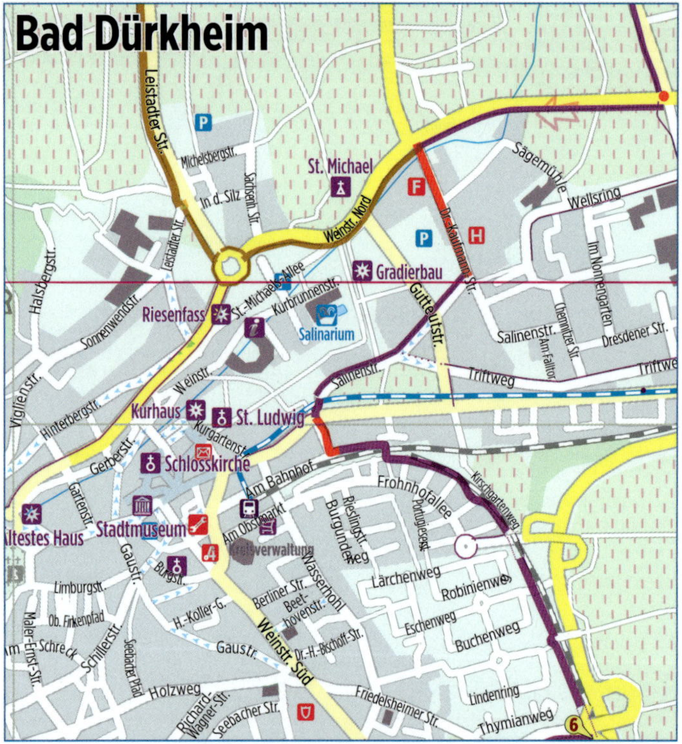

Bad Dürkheim, Gradierbau

bedeutendsten frühgotischen Sakralbauwerke der Pfalz. Mit Grablege der Grafen von Leiningen-Hardenburg. @ bht485

St. Ludwig, Kurgartenstr. 20. Die Kirche wurde 1828-1829 im klassizistischen Weinbrennerstil erbaut. Sehenswert ist das Freskengemälde (1938/39) des Künstlers und Hitler-Gegners Paul Thalheimer im Innern – es zeigt den ans Kreuz genagelten Reichskanzler.

Klosterruine Limburg, Luitpoldweg 1, ✆ 935400 Die Benediktinerabtei Limburg zählt zu den bedeutendsten Bauwerken des frühromanischen Stils nördlich der Alpen. Erbaut 1025-30 durch König Konrad II., von 1035-1065 Aufbewahrungsort der Reichsinsignien. Erhalten sind große Teile des Sommerrefektoriums und die Krypta, die als eine der schönsten dieser Epoche gilt. Im Sommer Konzerte und Theateraufführungen, Auskünfte bei der Tourist-Information. Mit Gastronomie. @ gox856

Ältestes Haus, Kaiserslauterer Str. 30. 1559 erbaut, überstehendes Fachwerk auf steinernem Untergeschoss.

Dürkheimer Riesenfass, St.-Michaels-Allee 1, am Wurstmarktpl., ✆ 2143, Restaurant: tägl. ab 11.30 Uhr. Meisterwerk der Küferkunst, Fass mit 1,7 Mio l Fassungsvermögen (dient als uriges Restaurant für über 400 Gäste). @ sek345

Gradierbau, Gutleutstr. Mit 333 Metern das längste berieselte Gradierwerk Deutschlands. @ dqy352

Kurhaus, Schlosspl. 6-7. 1822-1826 als Rathaus im klassizistischen Stil erbaut. Seit 1936 als Kurhaus genutzt. Angrenzender Kurpark mit Brunnenhalle, exotischen Bäumen und Ostertagbrunnen.

- **Stadtführungen**, ✆ 9354500. Termine und Treffpunkt bei der Tourist-Information.
- **Wurstmarkt**. 2. und 3. Sept.-Wochenende, größtes Weinfest der Welt. @ rwx816
- **Wurstmarktbrunnen**, Bahnhofspl. 1, am Bahnhof. Die Figuren und Figurengruppen des Brunnens (1988) stellen Geschichte und Geschichten des Marktes dar.
- **Salinarium**, Kurbrunnenstr. 28, ✆ 9358650. Mit Sauna. @ src517

Die ältesten Kulturdenkmäler der Kurstadt stammen aus der Zeit um 500-400 v. Chr.; hiervon zeugt die 2 Kilometer lange Keltische Heidenmauer auf dem Kästerberg am nördlichen Stadtrand. In deren Nähe wurde mit dem Krimhildenstuhl, einem Steinbruch mit römischen Inschriften und Symbolen, ein in Deutschland einzigartiges Kulturdenkmal der in Mainz stationierten Römerlegionen freigelegt. Die spätere Entwicklung des heutigen Staatsbades basiert vor allem auf den hiesigen Salzquellen, die bereits die Kelten nutzten. 1736 wurde das erste von mehreren Gradierwerken errichtet, 1847 das Solebad eröffnet. 1860 entstand das heutige Gradierwerk, das in jüngerer Zeit niederbrannte. Nach seinem Wiederaufbau ist es mit 333 Metern wieder das längste Freiluft-Inhalatorium Deutschlands.

Von Bad Dürkheim nach Neustadt a. d. Weinstraße — *18,5 km*

Auf der Hauptroute gleich die Straßenbahngleise sowie die Straße überqueren und links versetzt in die Straße **Am Rathaus** ~ direkt vor den Schienen den Radweg nach links einschlagen, über die Brücke und danach links entlang des Wohngebiets ~ halblinks unter der Straßenbrücke hindurch und weiter entlang der Bahnlinie ~ **6** direkt nach der zweifachen Brücke rechts, dann kurz auf festgefahrenem Sandweg und hinter den Gebäuden links ~ auf dem Wirtschaftsweg geradeaus nach Wachenheim ~ auf der Straße **Im Neustück** bis zur Vorfahrtsstraße, dort links in den **Römerweg** ~ an der Kreuzung nach rechts auf den Radweg der **Friedelsheimer Straße** ~ nach der Edith-Stein-Kirche links, durch die Grünanlage bis zur Stadtmauer und dort links in die Straße **Hinterm Graben**.

Wachenheim a. d. Weinstraße

Vorwahl: 06322

- **Tourist-Information Wachenheim**, Weinstr. 15, im Wachhaisel, ✆ 9580801, @ boy748
- **Kellereimuseum**, Kommerzienrat-Wagner-Str. 1, ✆ 9427380 7d Im historischen Gewölbekeller des ca. 1730 erbauten Schlosses wird bei Füh-

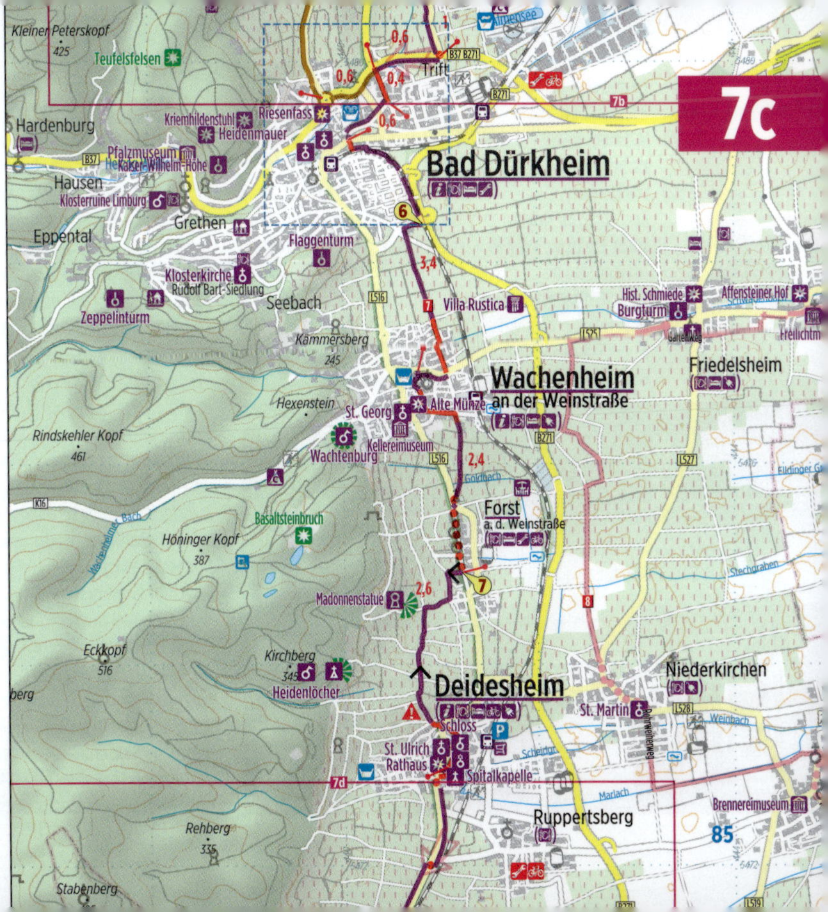

rungen über die Sektherstellung der dort ansässigen Sektkellerei informiert. @ jnc336

- **St. Georg**, Weinstr. 28. Seit 1705 wird das Gotteshaus als Simultankirche genutzt.
- **Wachtenburg**, ✆ 64656 Von deutschen Kaisern im 11./12. Jh. als Reichsburg im Rahmen eines Burgensystems angelegt. Im Pfälzischen Erbfolgekrieg 1689 wurde die Burg größtenteils zerstört. Erhalten sind der 22 m hohe Bergfried und Teile der Ringmauer, die auch die Stadt umschloss. Mit Burgschänke. @ wms447
- **Villa rustica**, nordöstlich von Wachenheim, Zufahrt über die B 271, ✆ 9580801 Ausgrabungsstätte eines römischen Landguts mit Gebäudeteilen aus dem 1.-5. Jh. n. Chr. @ yea128

Deidesheim, Rathaus

- **Alte Münze**, Langg. 2a. Münzprägestelle in der Zeit von 1436 bis 1471.
- **Stadtführungen**, ✆ 9580801. Auskunft: Tourist-Info. @ ltn146
- **Wachhaisel**, Weinstr. 15. Ehemaliges Wach- und Spritzenhaus, 1829/30 im klassizistischen Stil erbaut.
- **Freibad Wachenheim**, Friedelsheimer Str. 13, ✆ 7525, @ ysf816

Ausgrabungen in der Weinbaugemeinde belegen zweifelsfrei, dass die Römer den Weinbau bereits vor fast 2.000 Jahren in die Pfalz brachten. Bei einer Flurbereinigung 1980 stieß man auf eine ausgedehnte Hofgutanlage – die sogenannte Villa Rustica. Dabei fanden sich u. a. neben den steinernen Spuren eines Herrenhauses, eines Badetrakts und Wirtschaftsgebäuden auch Überreste von Maischebecken, in denen Trauben mit den Füßen gestampft wurden. Die Bedeutung des Weinbaus für Wachenheim hat sich über Jahrhunderte gehalten, wie die heute noch vorhandenen, von Parks umgebenen stattlichen Adelshöfe (16.-19. Jahrhundert) mit teils schlossartigen Wohngebäuden belegen.

An der **Bahnhofstraße** links ⤳ rechts in den Weg **Am Speyerer Weg** ⤳ durch die Weinberge radeln Sie bis zum Friedhof von Forst ⤳ den Friedhof rechts umfahren, dann die L 516 überqueren und geradeaus in die **Weinstraße**.

Forst a. d. Weinstraße

Weinreben und Blumen schmücken die Winzerhäuser aus Fachwerk und Sandstein im lang gezogenen Straßendorf. Ausgezeichnete Rieslingweine gedeihen in Weinlagen mit wohl klingenden Namen wie Musenhang, Kirchenstück und Jesuitengarten; selbst der Weinbergsname Ungeheuer ist eher mit „ungeheuer" wohlschmeckend zu übersetzen.

Auf glattem Pflaster durch den Ort ⤳ **7** am **Freundstückweg** rechts abbiegen, dann wenig später links auf den Wirtschaftsweg ⤳ alsbald rechts, wenig später wieder links ⤳ durch Weinberge radeln Sie bergauf und bergab nach Deidesheim ⤳ ⚠ kurz vor Deidesheim führt eine steile und enge Abfahrt zwischen hohen Steinmauern hinab ⤳ halblinks in die Straße **Kaisergarten**, geradeaus über die Weinstraße und nach ein paar Metern rechts halten in die **Prinz-Rupprecht-Straße** ⤳ rechts in die **Schlossstraße**.

Deidesheim

Vorwahl: 06326

- **Tourist Service GmbH Deidesheim**, Bahnhofstr. 5, ✆ 96770, @ cgx722
- **3F Deutsches Museum für Foto-, Film- und Fernsehtechnik**, Weinstr. 33, ✆ 6568 Mit über 3.000 Exponaten eine der reichhaltigsten Sammlungen film-, foto- und fernsehtechnischer Geräte in Deutschland. @ fig341
- **Museum für Weinkultur**, Marktpl. 9, im Historischen Rathaus, ✆ 96770, @ swu564
- **St. Ulrich**, Marktpl. Die kath. Pfarrkirche (1440-1480) ist eine der schönsten gotischen Kirchen der Pfalz mit reichhaltiger Innenausstattung. @ ort583
- **Spitalkapelle**, Weisntr. 37-39. Die 1494-1496 errichtete spätgotische Kapelle befindet sich im Innenhof des Deidesheimer Spitals.
- **Ehemalige Synagoge**, Bahnhofstr. 19. Das neuromanische Gebäude (1853) gilt als eine der besterhaltenen Synagogen in Rheinland-Pfalz. @ qri714
- **Schloss**, Schlossstr. 2-6, ✆ 96690. An der Stelle einer ehem. Wasserburg aus dem 13./14. Jh. wurde 1729-1746 ein prachtvolles

fürstbischöfliches Schloss erbaut. Bereits 1794 fiel es den Revolutionskriegen zum Opfer. Das Anfang des 19. Jhs. errichtete Gutshaus gehörte zu einem Weingut. Heute ist Schloss Deidesheim zum Restaurant ausgebaut. @ ict738

alla hopp!-Anlage, Bgm.-Oberhettinger-Str. 1, ✆ 96770. Fantasievoll gestaltete und einladende Bewegungs- und Begegnungsanlage für Jung und Alt. @ xem811

Erlebnisgarten, Prinz-Rupprecht-Str., im Schlosspark. Erholungs- und Erlebnisbereich für alle Generationen. Mit 9-Loch-Erlebnisgolf-Anlage, Kletter- und Klangbereich, Wasserspielbereich und Sinnesparcours.

Geißbockversteigerung. Traditionsreiches Fest (seit 1404) vor der Rathaustreppe am Pfingstdienstag.

Historisches Rathaus, Marktpl. 9. Eines der schönsten und bekanntesten Bauwerke (16. Jh.) der Deutschen Weinstraße. Um 1720 als Barockbau mit Krüppelwalmdach erneuert, auffallend die große, zweiseitige Freitreppe unter einem Baldachin (1724).

Stadtführungen, ✆ 96770. Auskunft: Tourist Service. Vielfältige Angebote, u. a. Führung im hist. Kostüm. @ yam735

Andreasbrunnen, Marktpl. Angelehnt an das Vorbild der italienischen Renaissance gehört der Brunnen (1851) zu den bemerkenswertesten Arbeiten des Pfälzischen Eisengusses.

Freibad Oase im Paradiesgarten, Schwimmbadstr. 29, ✆ 981105, @ kaj231

Zu den berühmtesten und meistbesuchten Weinstädten der Pfalz zählt zweifelsohne Deidesheim. Im reizvollen Stadtbild dominieren herrschaftliche Anwesen weltbekannter, traditionsreicher Weingüter, welche die mit dem Wein erworbene Wohlhabenheit dokumentieren. Schlagzeilen in der Weltpolitik machte der Ort durch Besuche von zahlreichen Staatsoberhäuptern, die sich in Deutschland zu Staatsbesuchen aufhielten.

Vor dem Marktplatz links in die **Bahnhofstraße**, dann rechts in die **Spitalgasse** ~ nach dem Rechtsbogen links in die **Weinstraße** ~ auf der belebten Straße vorbei am Geschichts- und Brauchtumsbrunnen Richtung Ortsausgang ~ ein gelbes Richtungsschild fordert auf, die Straßenseite zu wechseln ~ in der stilvollen Villa rechtsseits „gaben sich Karl May und Johannes Brahms ein Stelldichein" (laut Gedenktafel-Zitat) ~ der Radweg wechselt wieder auf die rechte Straßenseite ~ Sie radeln entlang der Landstraße, später entlang der Bahnlinie

Blick auf Neustadt an der Weinstraße

⤳ 8 an der T-Kreuzung links durch die Bahnunterführung und kurz darauf rechts auf den Radweg der **L 516** ⤳ nach ca. 1 km rechts in die **K 21** ⤳ unter der Bahn hindurch ⤳ kurz darauf links und gleich wieder rechts ⤳ auf dem Weg durch die Weinberge lässt sich rechts oben der schmucke **König-Ludwig-Pavillon** entdecken ⤳ folgen Sie dem Bogen des Wirtschaftswegs bis Gimmeldingen ⤳ an den ersten Häusern rechts in den Ort.

Gimmeldingen (Neustadt a. d. Weinstraße)

- **König-Ludwig-Pavillon**, Neubergstr. König Ludwig I. von Bayern genoss in dem achteckigen Häuschen gerne den herrlichen Blick in die Rheinebene. Auf einem Sandstein mit der Inschrift „Der Garten Deutschlands – Die Blühende Pfalz!" ist ein Zitat des Königs überliefert. @ uhn672
- **Mandelblütenfest**. Termin abhängig von der Mandelblüte (März/April), eines der ersten Blütenfeste Deutschlands.

An der Meerspinnstraße geradeaus, dann links in die **Peter-Koch-Straße** und gleich wieder rechts ⤳ dem Bogen der Straße bis zur großen Kreuzung mit der rechts abgehenden **Hainstraße** folgen, hier kurz rechts und gleich wieder rechts in die **Heidenburgstraße** ⤳ der Straße folgend radeln Sie nach Haardt, wo Sie sich links halten in die Straße **Eichkehle**.

Haardt an der Weinstraße (Neustadt a. d. Weinstraße)

Beim Übergang in den **Mandelring** geradeaus halten, hoch oben thront das Haardter Schloss ⤳ 9 in der Linkskurve rechts in den **Haardter Treppenweg** ⤳ gleich nach dem Parkplatz scharf links halten ⤳ durch die Weinlagen im Siedlungsgebiet ⤳ an der T-Kreuzung rechts in die **Villenstraße** ⤳ immer geradeaus und hinter der Feuerwehr links in die **Lindenstraße** ⤳ die B 38 queren und hinter dem **Kohlplatz** links in die **Klausengasse** ⤳ am kleinen Platz mit dem **Elwetritschenbrunnen** links in die **Laustergasse**.

Neustadt a. d. Weinstraße

Vorwahl: 06321

- **Tourist-Information**, Hetzelpl. 1, ✆ 926892, @ xsg861
- **Eisenbahnmuseum**, Schillerstr. 3, direkt beim Bahnhof, ✆ 30390 Eine Sammlung bedeutsamer Dampflokomotiven aus dem süddeutschen Raum, daneben Triebwagen und Signalanlagen. @ qxg134
- **Otto-Dill-Museum**, Manfred-Vetter-Str. 8, Ecke Rathausstr., ✆ 398321 Die Ausstellung zeigt die künstlerische Entwicklung des Pfälzer Spätimpressionisten von seinen Anfängen bis zu seinem Spätwerk. @ atj371
- **Stadtmuseum Villa Böhm**, Maximilianstr. 25, und Villenstr. 16b, ✆ 8551540 Prachtvolle Gründerzeitvilla von 1886 mit großflächigen Malereien an Stuckdecken und Wänden, die 1994-2004 grundlegend renoviert wurde. Die Geschichte der Stadt wird nach einem modernen, museumspädagogischen Konzept vermittelt; wechselnde Ausstellungen des Kunstvereins. @ ajc474
- **Stiftskirche**, Marktpl., ✆ 398931 Grundsteinlegung 1368. Größte und eindrucksvollste gotische Kirche der Pfalz mit zwei ungleichen Türmen. Die Kaiser-Ruprecht-Glocke ist mit 14 t die schwerste schwingend geläutete Gussstahlglocke weltweit und die zweitgrößte Glocke Deutschlands nach der St. Petersglocke im Kölner Dom. Es werden Turm- und Kirchenführungen u. a. angeboten. @ hoi361
- **Altstadt**. Mit Marktplatz und den historischen Gebäuden: Rathaus, Scheffelhaus u. a., ungewöhnlich viele und gut erhaltene Fachwerkbauten.
- **Casimirianum**, Ludwigstr. 1. Ehem. Klostergebäude und im 16. Jh. für einige Zeit Ausweichuniversität für calvinistische Professoren und Studenten aus Heidelberg, Renaissancestil.
- **Deutsches Weinlesefest mit w.i.n.e.FESTival**, ✆ 92680. Ende Sept.-Mitte Okt., Winzerfestumzug sowie der Wahl und Krönung der Deutschen und Pfälzischen Weinkönigin. @ pwi428
- **Elwedritschebrunnen**, Marstall. Einfallsreicher Brunnen (1978) des Neustädter Bildhauers Gernot Rumpf über das pfälzische Fabelwesen, die Elwedritsche.
- **Kuckucksbähnel**, ✆ 30390. Mit dem historischen Dampfzug, der aus dem Fahrzeugbestand des Eisenbahnmuseums zusammengestellt wird, kann man von Mai bis Oktober alle 14 Tage sonntags (zusätzliche Fahrten nach Sonderfahrplan) von Neustadt nach Elmstein und zurück fahren. An normalen Sonntagen gibt es einen Fahrradwagen, größere Gruppen vorher anmelden. @ sup684

Saalbau, Bahnhofstr. 1, ✆ 926812. Das Gebäude (1871-1873) wurde nach einem Brand 1980 wieder im alten Stil, aber mit modernster Technik aufgebaut und dient heute als Kongress-, Theater- und Konzerthaus. @ ade732

Stadt- und Dorfführungen verschiedenster Art, ✆ 926892. April-Okt., Auskunft: Tourist-Information. In Neustadt Führungen in franz., engl., span. und niederländisch. @ rfk416

Stadionbad, Talstr. 110, ✆ 402530, @ bub611

Die Geschichte der Stadt lässt sich auf das Jahr 774 zurückverfolgen. Aus dem ehemaligen Dorf Winzingen entstand um 1200 durch eine planmäßige Gründung die „Neue Stadt", die 1275 von König Rudolf von Habsburg die Stadtrechte verliehen bekam. Die Kriege vom Mittelalter bis in die Neuzeit verschonten die Stadt vor großen Zerstörungen, so dass die historische Bausubstanz weitgehend erhalten blieb. Den absoluten Glanzpunkt bildet deswegen die Fachwerkidylle in den malerischen Gassen der Altstadt mit typischen Winzerhöfen des 18. Jahrhunderts.

Neustadt an der Weinstraße, Altstadt

Historisch besonders bedeutsam ist das südlich von Neustadt gelegene und weithin sichtbare Hambacher Schloss, in dem bereits 1832 – lange vor der Berliner Märzrevolution von 1848 – die Forderung nach Freiheit, Gleichheit und Brüderlichkeit laut wurde. Da öffentliche Kundgebungen verboten waren, luden die Initiatoren Philipp Jakob Siebenpfeiffer und Johann Georg August Wirth zu einem Volksfest auf den Hambacher Schlossberg ein, das als Hambacher Fest in die Geschichte Deutschlands einging. Fast 30.000 Menschen, nicht nur aus dem Inland, waren zugegen, als die Redner die demokratischen Rechte, die Pressefreiheit und die nationale Einheit Deutschlands mit Nachdruck begehrten. Die auf dem Zug zum Schloss mitgeführten schwarz-rot-goldenen Fahnen sollten später die Nationalfarben Deutschlands werden.

Neustadt war auch immer schon Banken- und Behördenstadt. Eine Orientierung in die Zukunft der wirtschaftlichen Entwicklung ist der Solarpark Flugplatz Lilienthal, wo eines der größten Solarkraftwerke Deutschlands errichtet wurde. Die knapp 7.000 Module liefern ca. 2 Megawatt.

Von Neustadt a. d. Weinstraße nach Edenkoben 10,5 km

An der Vorfahrtsstraße biegen Sie rechts in die **Karl-Helfferich-Straße** ab ⤳ geradeaus durch die **Externstraße**

⤳ an der Ampelkreuzung rechts und nach der Linkskurve links in die **Schillerstraße** ⤳ auf der Brücke über die Bahn.

VARIANTE Wenn Sie die folgende Strecke abkürzen möchten, können Sie dies von der Schillerstraße nach rechts über die steil ansteigende Straße Alter Viehberg tun.

Auf der Hauptroute bleiben Sie auf der ansteigenden **Schillerstraße** und folgen deren Rechtsbogen in die **Pfalzgrafenstraße** ⤳ an der **Hans-Geiger-Straße** links Richtung **Jugendherberge** ⤳ an dieser leicht rechts versetzt weiter ⤳ links in den **Haltweg** und nach 100 m rechts, weiter im Haltweg bleibend ⤳ an der T-Kreuzung rechts in den **Grundwiesenweg** und gleich wieder links, dann nach 50 m wieder rechts abbiegen Richtung Hambach und kurz darauf den asphaltierten Wirtschaftsweg halblinks wählen

Hambach an der Weinstraße, Hambacher Schloss

10 nach 300 m rechts wenig später an der T-Kreuzung links, dann am Abzweig geradeaus halten am Friedhof vom **Diedesfelder Weg** nach rechts in den **Horstweg** die Dammstraße überqueren, dann an der T-Kreuzung mit der **Weinstraße** links.

VARIANTE: Nach rechts lohnt ein Abstecher auf der unkommentierten Route zum Hambacher Schloss. Die spektakuläre Aussicht auf die Rheinebene entschädigt für den anstrengenden Anstieg.

Hambach an der Weinstraße (Neustadt a. d. Weinstraße)

Vorwahl: 06321

- **Tourist-Information**, Hetzelpl. 1, Neustadt a. d. Weinstraße, ✆ 926892, @ xsg861
- **Ortsverwaltung Hambach**, Weinstr. 264, ✆ 2831, @ kds153
- **Hambacher Schloss**, ✆ 926290 Zu Beginn des 11. Jhs. als Reichsfeste von den Salierkönigen erbaut, gilt das Schloss seit dem Hambacher Fest (1832) als „Wiege der deutschen Demokratie". In einer multimedialen Dauerausstellung wird die Geschichte der Freiheitsbewegung in Deutschland von 1832 bis 1848 dokumentiert. @ wcw452
- **Freibad Hambach**, Diedesfelder Weg 88, ✆ 80253, @ obw481

Auf der Hauptroute radeln Sie geradeaus über den **Eichplatz** und biegen nach dem historischen Gasthaus Engel rechts in die **Schlossstraße**, dann nach wenigen Metern links in die Straße **Am Kirschgarten** und weiter nach Diedesfeld.

Diedesfeld (Neustadt a. d. Weinstraße)

Vorwahl: 06321

- **Tourist-Information**, Hetzelpl. 1, Neustadt a. d. Weinstraße, ✆ 926892, @ xsg861
- **Pfarrkirche St. Remigius**, Remigiusstr. Pfarrkirche (1752/54) mit barockem Hochaltar mit klassizistischen Seitenaltären und Rokokokanzel.

Sie radeln geradeaus durch den Ort und folgen dem Weg in leichten Kurven gen Süden durch die Weinberge nach Maikammer an der T-Kreuzung am Ortsrand rechts abbiegen und gleich wieder links in die **Kredenburgstraße** und kurz darauf halblinks halten an der Vorfahrtsstraße fahren Sie nach links, auf der gegenüberliegenden Straßenseite steht die sehenswerte Alsterweiler Kapelle.

Maikammer

Vorwahl: 06321

- **Büro für Tourismus**, Weinstr. Süd 40, ✆ 952768. Mitte 2023 wird das Büro für Tourismus an einen neuen Standort umziehen. @ ynp328
- **Alsterweiler Kapelle**, Alsterweiler Hauptstr. Spätgotischer Flügelalter (Tryptichon) um 1445, bedeutsames Werk oberrheinischer Tafelmalerei.
- **Orts- und Weinbergsführungen**, ✆ 952768. Auskunft: Tourist-Information. @ cpu862
- **Winzerhöfe und Patrizierhäuser**. Höfe aus dem 16.-19. Jh. mit prachtvollen Fassaden aus der Renaissance- und Barockzeit.
- **Kalmitbad**, Wiesenstr. 18, ✆ 5585, @ ayx652

Wer sein Leben lang auf der Suche nach dem Maß aller Dinge war, findet es in Maikammer gleich auf zweierlei Art: Im Jahr 1886 erfanden die Brüder Franz und Anton Ullrich den Gelenkmaßstab mit Federsperre – besser bekannt als Zollstock. Das Modell wurde erstmals 1889 auf der Pariser Weltausstellung vorgestellt und war so perfekt entwickelt, dass es bis zum heutigen Tage keiner Weiterentwicklung bedurfte. Ein für die Pfalz besonders bedeutsames Maß aller Dinge ist das Schoppenglas. Als es in der Gastronomie Bestrebungen gab, das Schoppenmaß von 0,5 auf 0,4 Liter zu verkleinern, führte dies in der Weinbaugemeinde Maikammer zu heftigem Widerstand. Der Protest war erfolgreich und der „Pfälzer Schoppen" blieb bei einem halben Liter; das Schoppendenkmal (1984) im Bürgerhausgarten ist sichtbarer Ausdruck dieser „Maß"nahme

VARIANTE: Es besteht die Möglichkeit zu einem kleinen Extrabogen nach St. Martin auf der Panoramaroute 2, zweigen Sie dafür bei der Kapelle rechts ab. Die Strecke ist 3,6 km lang ist und es sind knapp 50 Höhenmeter zu überwinden.

St. Martin

Vorwahl: 06323

- **Tourist-Information**, Kellereistr. 1, ✆ 5300, @ wty851
- **Kath. Kirche St. Martin**, Am Pfarrgarten 10, ✆ 5100. Kirche (11./12. Jh.) mit 6 m hohem, spätgotischen Sakramentshaus und Doppelgrabmal (1514) des Ritters Hanns von Dalberg samt Frau.
- **Kropsburg**, südwestlich des Ortes, ✆ 1858. Die Anlage (Anfang 13. Jh.) ist seit 1439 Eigentum der Herren von Dalberg. 1920 neu errichtet und seitdem in Privatbesitz. In der Vorburg befindet sich eine Burgschänke. @ oaa248
- **Sakrale Denkmäler**. Vom 15.-18. Jh., so z. B. die lebensgroße Madonna auf der Weltkugel am Burgweg.
- **Ortsführungen**, ✆ 5300. April-Okt., jeden Do, Auskunft: Tourist-Information. @ ohv171

Der unter Denkmalschutz stehende Ortskern mit seinen historischen Winzer- und Fachwerkhäusern und engen Gassen verbreitet eine romantische Atmosphäre; deshalb gehört St. Martin wohl zu den sehenswertesten Dörfern am Haardtrand.

11 Auf der Hauptroute fahren Sie an der Alsterweiler Kapelle vorbei und biegen gleich wieder rechts ab in die **Mühlstraße** am Ortsausgang weiter geradeaus auf dem Wirtschaftsweg die Kreisstraße kreuzen und nach ca. 650 m links abbiegen und auf das Feldkreuz zu, dort rechts links breitet sich die Rheinebene aus, rechts begleiten Sie die Berge der Haardt weiter nach Edenkoben am Friedhof weiter auf der **Friedhofstraße** **12** an der Kreuzung halblinks in die **St.-Martiner-Straße** geradeaus auf die **Weinstraße** und nach gut 100 m links in die **Nonnenstraße** dem Linksbogen in die **Remigiusstraße** folgen.

Edenkoben

Vorwahl: 06323

- **Büro für Tourismus**, Poststr. 23, ✆ 959222, @ mri666
- **Tourist-Information i-Punkt**, Weinstr. 81, ✆ 9897858, @ tpw838
- **Galerie Neumühle**, Klosterstr. 173, in der Galerie Neumühle, ✆ 2891 In der Galerie stellen bildende Künstler aus, zudem gibt es ein kleines Mühlenmuseum. @ arq337
- **Museum für Weinbau und Stadtgeschichte**, Weinstr. 107, ✆ 81514 Im Jahr 1716 als barockes Palais des Schultheißen erbaut – mit Wandmalereien, die noch im Original erhalten sind. Die verschiedenen Themenbereiche der Stadtge-

Villa Ludwigshöhe in Edenkoben

schichte sind in Form von Inszenierungen dargestellt. Über das Thema Weinbau, Kellereiwirtschaft und Weinkultur wird im großen Sandsteingewölbekeller ausführlich informiert. @ ncv227

- **Protestantische Kirche**, Ludwigspl., ✆ 4571. Im Schiff der Kirche (1739/40) schlichter Barockstil – besonders schöne, mit biblischen Bildern geschmückte, umlaufende Empore aus der Zeit vor 1756 und beeindruckende Orgelanlage.
- **Kloster Heilsbruck**, Klosterstr. 170. Die ehemalige Zisterzienserinnenabtei wurde im 19. Jh. zu einem Weingut umgewandelt und bestand bis 2019 als solches.
- **Schloss Villa Ludwigshöhe**, Villastr. 64, ✆ 93016. Sommerresidenz des bayer. Königs Ludwig I. Die Räume sind mit Intarsienfußböden und Mobiliar des Klassizismus sowie Erinnerungsstücken der Wittelsbacher ausgestattet. Im Obergeschoss befindet sich die Max-Slevogt-Galerie mit bedeutenden Gemälden vor allem aus der frühen Schaffensphase des in Bayern geborenen Malers (1868-1932). Wegen Sanierungsarbeiten bleibt das Schloss bis voraussichtlich Pfingsten 2023 geschlossen. @ lpd467
- **Kammerkonzerte der Villa Musica**, Villastr. 64, in der Villa Ludwigshöhe, ✆ 959222. Auskunft: Tourist-Information. @ lei372
- **Großes Weinfest der Südlichen Weinstrasse**. 4. Wochenende im Sept., eines der größten und ältesten Weinfeste Deutschlands. @ jlc435
- **Rietburgbahn**, Talstation bei der Villa Ludwigshöhe, ✆ 1800 Erste pfälzische Sesselbahn, hinauf auf die Burgruine Rietburg (550 m ü. M.), grandioser Panoramablick über die Rheinebene bis ins Badische. @ jiq588
- **Stadtführungen mit verschiedenen Themen**, ✆ 9897858, ✆ 3811. Auskunft: Tourist-Information. @ wpj741
- **Lederstrumpfbrunnen**, Weinstr. 94a. Der Brunnen (1990) wurde vom Bildhauer Gernot Rumpf gestaltet.

In der „schönsten Quadratmeile seines Reiches" verwirklichte König Ludwig I. von Bayern, Großvater des „Märchenkönigs" Ludwig II., seinen Traum von einem Sommersitz im italienischem Stil – die Villa Ludwigshöhe. Das von Weinbergen und Kastanienwald umrahmte Ensemble besteht aus dem Königsbau (der eigentlichen „Villa") und dem Kavaliersbau. Erwähnenswertes Kuriosum: das Schloss, dessen zweigeschossiger Hauptbau 62 Zimmer aufwies, verfügte über keine eigene Einrichtung; vielmehr ließ der König zu seinen Besuchen das Mobiliar immer wieder vorausschicken. Von der majestätischen, spätklassizistischen Säulenveranda genoss der König – wie auch heute die Touristen – den weiten Blick auf die Rebenlandschaft.

Von Edenkoben nach Klingenmünster — *25 km*

An der Vorfahrtsstraße radeln Sie geradeaus in die **Radeburger Straße** ⇝ an der T-Kreuzung rechts in die **Weinstraße** ⇝ immer geradeaus zum Kreisverkehr, dort die letzte Ausfahrt nehmen ⇝ am Ortsausgang auf den Radweg ⇝ bis zum Ortseingang von Rhodt ⇝ im Ort auf der **Weinstraße** bis zur Linkskurve der Vorfahrtsstraße.

Rhodt unter Rietburg

Vorwahl: 06323

- **Gäste- und Bürgerinfo Rhodt**, Weinstr. 44, im historischen Durlacher Hof, ✆ 980079, @ tau436
- **Historische Gebäude**. Ca. 80 % der Gebäude des Ortes (17.-18. Jh.) stehen unter Denkmalschutz.
- **Theresienstraße**. Die Straße steht als Gesamtes unter Denkmalschutz. Ihr Name geht zurück auf die Zeit unter bayer. Regentschaft; sie wurde nach Königin Theresia benannt, die – da sie evangelisch war – in der Rhodter St. Georgskirche zur Kirche ging.

Rhodt unter Rietburg nimmt in der Reihe der schönsten Weindörfer an der Deutschen Weinstraße ohne Zweifel einen der vorderen Plätze ein. Bestes Beispiel für die gelungenen Bemühungen der Gemeinde und ihrer Bürger, Altes zu bewahren und zu erhalten, ist die malerische Theresienstraße mit ihrer Kastanienbaumallee. Flankiert von Winzeranwesen, deren Fassaden mit Reben und Blumen überreich geschmückt sind, lädt sie zu gemütlichem Bummeln ein.

VARIANTE: Die gut 5 km lange Panoramaroute 3 schlägt einen Bogen durch die Weinberge über Weyher und steigt dabei 100 Höhenmeter hinauf.

Zur Weiterfahrt von Rhodt bleiben Sie im Ort auf der **Weinstraße** ⤳ nach dem Ort entlang der Straße nach Hainfeld ⤳ am Ortsrand rechts in die **Friedhofstraße**, dann links in die Straße **Am Schlossberg** ⤳ im Rechtsbogen am ehemaligen Hainfelder Schloss vorbei.

Hainfeld

Stattliche Häuser aus dem 18. Jahrhundert und steinerne Torbögen aus dem 16. Jahrhundert prägen das Ortsbild. Auffallend ist die Vielzahl der Heiligen- und Madonnenfiguren in Nischen an den Hausfronten der Winzerhäuser.

13 Über die Weinstraße leicht rechts versetzt in die **Karl-Stein-Straße** ⤳ links über die Brücke ⤳ oben an der **L 507** rechts auf den Radweg ⤳ entlang der Straße bis Burrweiler ⤳ am Ortseingang rechts abbiegen in die **Gaisbergstraße** und sofort links in die **Raiffeisenstraße** ⤳ an der T-Kreuzung mit der **Hauptstraße** links.

Burrweiler

Vorwahl: 06345

Tourist-Information i-Punkt, Weinstr. 81, Edenkoben, ✆ 06323/9897858, @ tpw838

Wallfahrtskapelle St. Anna, ✆ 5365. Urspr. Bau von 1715, oberhalb des Ortes, in den Jahren 1895-1897 im neugotischen Stil neu errichtet. Während einer Fleckfieberepedemie in Burrweiler und dem Nachbarort Flemlingen gelobten die Bewohner, eine jährliche Bittprozession abzuhalten, wenn die Krankheit zum Stillstand käme. Die Bitte wurde erhört, und am 1. Mai 1749 fand die erste Wallfahrt auf den Annaberg statt - eine Tradition, die sich bis heute gehalten hat. @ xrh261

Ehemaliges Schloss, Weinstr. 18. Das Schloss (16. Jh.) wurde als Amtshaus der Grafen von der Leyen 1754 neu errichtet für die gräflichen Beamten mit reichlich verziertem doppelten Torbogen.

Nach 300 m links in die Straße **Im Staufert** ⤳ am nächsten Wirtschaftsweg rechts ⤳ vorbei am Friedhof von Gleisweiler ⤳ am Picknick- und Spielplatz rechts.

Gleisweiler

Vorwahl: 06345

Verkehrsverein Gleisweiler e. V., Hainbachtalstr. 3, ✆ 3000, @ mty528

Papiermuseum, Zum Sonnenberg 1, ✆ 2964, ✆ 8484, ✆ 0151/10347553 Das Museum befindet sich im Kurpfälzischen Zehnthof (1753). Darstellung des Papiermachens bis zur Industrialisierung im 19. Jh. An jedem ersten Sonntag im Monat können Gäste selbst auf traditionelle Art Papier schöpfen. @ mpp355

Sonnentempel, Badstr. 28, im Exotischen Garten der Privatklinik Bad Gleisweiler. Ein in Süddeutschland einzigartiger Säulenpavillon, erbaut 1770 in Landau nach Plänen des französischen Festungsbaumeisters Vauban; in späteren Jahren wurde er von Landau hierher versetzt. Im Parkbereich befinden sich neben Affenbrot- und Mammutbäumen auch Bambus und andere exotische Gewächse. Die Klinik war die erste Kaltwasserheilanstalt Deutschlands und befindet sich seit ihrer Gründung (1844) in Familienbesitz.

Historische Walddusche, Lindenallee. Die Anlage (1849) ist die älteste deutsche Kaltwasserdusche, die im Hainbachtal errichtet wurde, lange bevor Pfarrer Sebastian Kneipp die Heilwirkung des Wassers propagierte. Im Jahr 1990 wieder entdeckt, danach restauriert und seit 1996 wieder nutzbar.

Rhodt unter Rietburg, Theresienstraße

Gleisweiler gilt erwiesenermaßen als der Ort mit den höchsten Durchschnittstemperaturen Deutschlands. In dem fast schon als subtropisch zu bezeichnenden Klima gedeihen Zitronen, Feigen, Mandeln, Bananen sowie Edelkastanien, darunter eine 500 Jahre alte Edelkastanie mit einem Umfang von 8 Metern.

14 An der querenden **Weinstraße** links ⤳ in der Linkskurve der Vorfahrtsstraße geradeaus auf den Wirtschaftsweg ⤳ dessen Verlauf folgen bis zur Straße **Hainbachtal**, dort links über die **L 507** und nach einigen Metern scharf rechts auf den Radweg ⤳ entlang der Deutschen Weinstraße bis Frankweiler ⤳ hinter der Friedhofskapelle die **K 53** überqueren und dahinter rechts in den unscheinbaren Weg ⤳ an der **Königsgasse** rechts versetzt auf die **Weinstraße** und deren Verlauf durch Frankweiler folgen.

Weinberge bei Birkweiler

Frankweiler

Vorwahl: 06345

- **Südliche Weinstraße Landau-Land e. V.**, Hauptstr. 4, Leinsweiler, ☎ 3531, @ ffd177

Ab dem Ortsausgang etwa 500 m auf der **L 508** ⁓ vor einer Rechtskurve links auf den Wirtschaftsweg abbiegen ⁓ geradeaus bis Siebeldingen ⁓ am Ortseingang rechts in die **Pfarrgasse**, dann links in die **Weinstraße**.

Siebeldingen

Vorwahl: 06345

- **Südliche Weinstraße Landau-Land e. V.**, Hauptstr. 4, Leinsweiler, ☎ 3531, @ ffd177
- **Simultankirche St. Quintinus**, Weinstr. 63. Der Chorturm der Kirche (1689) erhielt 1817 seinen heutigen Turmhelm.
- **Kulinarische Weinbergswanderung**. In den Siebeldinger Weinbergslagen, 3. So. im Sept.

Ein regelrechtes Rebenmeer umgibt einen der ältesten Weinbauorte an der Deutschen Weinstraße. Bei der Kulinarischen Weinbergwanderung genießen Sie auf 6 Kilometern Kulturelles und kulinarische Leckereien der heimischen Gastronomie und verkosten prämierte Weine der ansässigen Winzer.

15 An der T-Kreuzung rechts über die Queich ⁓ links in die **Heerstraße**, die Bahnlinie überqueren und direkt danach rechts ⁓ an der Weinstraße links, dann unter der **B 10** hindurch nach Birkweiler ⁓ an der ersten Straße rechts und gleich wieder links in die **Trifelsstraße** ⁓ an der **Kirchstraße** links.

Birkweiler

Vorwahl: 06345

- **Südliche Weinstraße Landau-Land e. V.**, Hauptstr. 4, Leinsweiler, ☎ 3531, @ ffd177

Nach 100 m rechts und an der nächsten T-Kreuzung mit dem Brunnen links in die **Hauptstraße** ⁓ in etwa geradeaus in der **Alten Kirchstraße** weiter ⁓ am Ortsausgang auf dem linken Wirtschaftsweg durch Rebhänge ⁓ von hier oben haben Sie einen herrlichen Blick auf Birkweiler, Albersweiler, Siebeldingen, Frankweiler und Godramstein ⁓ bis zur **L 508**, diese überqueren und rechts auf dem leicht ansteigenden Wirtschaftsweg nach Ranschbach.

Ranschbach

Vorwahl: 06345

- **Südliche Weinstraße Landau-Land e. V.**, Hauptstr. 4, Leinsweiler, ☎ 3531, @ ffd177

Der **Weinstraße** durch den Ort folgen ⁓ am Ortsende auf den rechts verlaufenden Radweg ⁓ entlang der **L 508** bis nach Leinsweiler ⁓ bevor Sie in den Ort hineinfahren, erblicken Sie rechts oben den **Slevogthof** ⁓ auf der relativ engen **Weinstraße** in einem Bogen bis zur Kreuzung, an der sich das schmucke **Rathaus** mit einem über 400 Jahre alten Sandsteinbrunnen befindet.

Leinsweiler

Vorwahl: 06345

- **Südliche Weinstraße Landau-Land e. V.**, Hauptstr. 4, ☎ 3531, @ ffd177
- **Korkenziehermuseum**, Sonnenbergstr. 9, ☎ 8518, ☎ 0175/1075899 © Korkenzieher aus verschiedenen Epochen sowie alte Verkorkungsgeräte und Weinflaschen. @ xod731
- **Historisches Rathaus**, Weinstr. 4. Am Rathaus (1619) gibt es die Arkadenhalle und den Drei-Röhrenbrunnen (1581).

Landschaft der Südpfalz

✲ **Slevogthof**, oberhalb des Ortes. Früherer Wirtschaftshof der Burg Neukastel, Sommersitz des Malers Max Slevogt bis zu seinem Tode 1932. Originalmöbel sowie Wand- und Deckenmalereien sind noch vorhanden. Der Hof wird derzeit umfassend restauriert und ist nicht zu besichtigen. Am Hof startet auch der 9 km lange Slevogt-Wanderweg, dessen Ausstattung Einblick in das Leben des Künstlers gibt.

Der 1868 in Landshut geborene Maler Max Slevogt gilt als einer der bedeutendsten deutschen Impressionisten. 1912 erwarb er das Hofgut Neukastel, den heutigen Slevogthof, wo er Musikzimmer und Bibliothek mit Wand- und Deckengemälden gestaltete. Während seiner Schaffenszeit in der Pfalz schuf er eine Vielzahl an Gemälden von der Rheinebene und der Landschaft des Haardtrandes.

16 Links in die **Hauptstraße** ⤳ an der ersten Möglichkeit rechts und den Ort verlassen ⤳ nach 600 m am querenden Wirtschaftsweg rechts ⤳ mitten durch die Weinberge ⤳ auf abfallender Strecke haben Sie einen schönen Blick auf die lang gestreckte **Madenburg** oberhalb von Eschbach ⤳ am Feldkreuz nach rechts auf Eschbach zu ⤳ am Ortseingang links in die **Weinstraße** ⤳ nach ca. 200 m links in den engen und leicht zu übersehenden Weg **Im Gässel** (Verkehrsschild: Durchfahrt verboten – Anlieger frei).

Eschbach

Vorwahl: 06345

ℹ **Südliche Weinstraße Landau-Land e. V.**, Hauptstr. 4, Leinsweiler, ✆ 3531, @ ffd177

♁ **Madenburg**, oberhalb des Ortes gelegen, ✆ 7110 Ⓔ Die Burg wurde im 11. Jh. als Reichsburg gegründet und zählt zu den größten

Madenburg über Eschbach

und schönsten der Pfalz. Trotz mehrfacher Zerstörung im Mittelalter vermitteln die vorhandenen Reste einen Eindruck ihrer früheren Größe als Burganlage. Ihre 12 m hohe Schildmauer hat eine Stärke von 5 bis 7 m. Von der 459 m hoch gelegenen Burgruine – häufig auch als „Balkon der Pfalz" bezeichnet – genießt man eine hervorragende Aussicht auf die sich zu ihren Füßen ausbreitende Rheinebene, den Wasgau und die Vogesen. @ dip486

- **Eschbacher Eselei.** 38 im Dorf verteilte, witzige und kunterbunte Esel, gestaltet von Künstlern aus der Region. „Esel" ist dabei die Abkürzung für die sog. Eselsritter, die im 15. Jh. auf der Madenburg lebten, da sie den Esel auf ihrer auffälligen Kleidung und an silbernen Halsketten trugen.
- **Lebensgroße Rokokofiguren – Maria Immaculata und Hl. Nepomuk**, Weinstr., vor der Kath. Kirche St. Ludwig. Aus dem Jahre 1766.

Die **Landauer Straße** rechts versetzt queren in die **Windhorststraße** ⤳ über die **L 509** und dahinter rechts auf den Radweg Richtung Bad Bergzabern ⤳ ein längeres Stück fahren Sie neben der Straße ⤳ an der Fußgängerbrücke zum **Pfalzklinikum** links auf den Wirtschaftsweg, von dem Sie einen freien Blick auf Klingenmünster haben ⤳ **17** nach 700 m an der Wegekreuzung rechts und weiterhin abwärts ⤳ an der T-Kreuzung rechts ⤳ in der **Lettgasse** erreichen Sie Klingenmünster ⤳ an der **Weinstraße** links.

Klingenmünster

Vorwahl: 06349

- **August-Becker-Museum**, Steinstr. 2, ☎ 5617 Ⓒ Geburtshaus des bedeutenden pfälz. Schriftstellers August Becker (1828-1891). In seinem Hauptwerk „Die Pfalz und die Pfälzer" beschrieb er die Menschen, das Handwerk und die Landschaft und wurde damit zum Vater der pfälzischen Volkskunde.
- **St. Michael**, Im Stift. Aus dem Jahre 1738.
- **Nikolauskapelle**, Alte Str. Ⓒ Die Kapelle (13. Jh.), vermutlich die Hauskapelle der Burg Landeck, steht zwischen Pfalzklinikum und Klingenmünster. Sie steht als Kulturgut unter dem Schutz der UNESCO.
- **Burg Landeck**, Schlossbergweg, ☎ 8744, Ⓒ Burgschänke: 11-22 Uhr. Nach Zerstörungen im Bauernkrieg und im Pfälzischen Erbfolgekrieg sind von der Burganlage (Ende des 12. Jh.) die doppelte Ringmauer, die Schildmauer und der 23 m hohe Bergfried noch vorhanden. Anstelle der ehemaligen Zugbrücke, von der noch die Pfeiler erhalten sind, gelangt man heute über eine Holzbrücke in die Burg. Die Ruine wurde im 20. Jh. umfassend instand gesetzt. Sie zählt zu den stattlichsten Anlagen der Region und bietet einen herrlichen Rundblick. @ mdp151
- **Kultur auf der Burg**, Schlossbergweg. Verschiedenartige Veranstaltungen auf Burg Landeck in unregelmäßigen Abständen von April-Aug.
- **Landeckfest**. Jeweils am letzten Wochenende im Juni.

Um die ehemalige Benediktinerabtei „Clinga Monasterium", deren Gründung nachweislich um 780 erfolgte, entwickelte sich das heutige Klingenmünster. Obwohl 1737 ein barocker Neubau (Kirche St. Michael) erfolgte, sind von der um 1100 errichteten Klosterkirche noch Reste erhalten: der eindrucksvolle Westbau mit seiner Emporenkapelle sowie Teile des südlichen Querhauses.

Von Klingenmünster nach Schweigen-Rechtenbach 17,5 km

Nach dem Museum rechts in die **Steinstraße**, diese nach 100 m nach links verlassen und schräg durch den Park ⤳ an dessen Ende rechts in die **Mühlgasse** ⤳ im Kreisverkehr

Weinberge bei Bad Bergzabern

die letzte Ausfahrt nehmen ~ oben an der **Weinstraße** rechts und sofort auf den Radweg ~ stetig aufwärts ~ an der T-Kreuzung rechts, dann an der abknickenden Vorfahrt links und steigungsfrei nach Gleiszellen ~ im Ort nach dem Hotel halbrechts in die **Winzergasse** mit dem sehenswerten Fachwerkensemble und ihrem Linksbogen folgen.

Gleiszellen-Gleishorbach

18 Geradeaus in die **Schulstraße** ~ hinab zur **B 48** und dort weiter auf deren Radweg ~ kurz bevor der Weg in die Autostraße einmündet, zweigt die Route nach rechts ab ~ auf dem Wirtschaftsweg inmitten von Rebflächen nach Pleisweiler ~ hinein in den Ort und unten scharf links in die **Schlossstraße** ~ an der nächsten Kreuzung rechts, dann links in die **Wappenschmiedstraße**.

Pleisweiler-Oberhofen

Vorwahl: 06343

- ℹ **Tourist-Information Bad Bergzaberner Land**, Kurtalstr. 27, Bad Bergzabern, ✆ 989660, @ xit582
- ✲ **Wappenschmiede**, Wappenschmiedstr. 14. Die Einrichtung des Hammerwerks aus dem 18./19. Jh. ist vollständig erhalten und gilt als technisches Kulturdenkmal.

Links versetzt über die **Weinstraße** in die **Schäfergasse**, dann an der Straßengabelung links und aus dem Ort ~ an der Gabelung mit dem Rastplatz rechts ~ über eine Anhöhe nach Bad Bergzabern ~ **19** im Gewerbegebiet rechts in die **Kurfürstenstraße** ~ nach dem Westwallmuseum links in den **Maxburgring**, dann rechts in die **Madenburgstraße** ~ an deren Ende rechts in den **Maxburgring** ~ links versetzt über die **Weinstraße** in die **Blumenstraße** und sofort links in die **Danziger Straße** ~ deren Rechtsbogen in die **Trillerstraße** folgen ~ an der **Herzog-Wolfgang-Straße** rechts.

Bad Bergzabern

Vorwahl: 06343

- ℹ **Tourist-Information Bad Bergzaberner Land**, Kurtalstr. 27, ✆ 989660, @ xit582
- 🏛 **Stadtmuseum**, Königstr. 45, im Renaissancehaus „Zum Engel", ✆ 989660. Themenbereiche: Stadtgeschichte, Brauchtum, Handwerk und Kunst; außerdem Dauerausstellung über Künstler und andere Persönlichkeiten der Stadt und der Region. Wegen Sanierungsarbeiten derzeit geschlossen. @ fqr866
- 🏛 **Westwallmuseum**, Kurfürstenstr. 21, ✆ 01525/9659063 ◷ Das Museum befindet sich

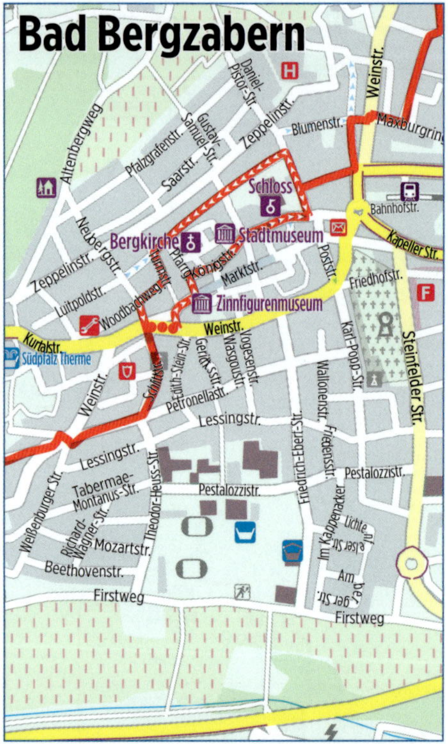

in einer unterirdischen Anlage des im Zweiten Weltkrieg errichteten Bunkersystems. @ oje464

Zinnfigurenmuseum, Marktstr. 14, im Haus Wilms, ✆ 939172 Anhand von 20.000 Zinnfiguren wird die Geschichte der Menschheit en miniature dargestellt. @ how868

Ev. Bergkirche, Obere Bergg. Das Portal der Kirche (1720-1730) ist eine Kombination von Barock und Renaissance, barocker Kirchenraum mit Anleihen aus dem Rokoko sowie eine Baumann-Orgel von 1782.

Schloss Bad Bergzabern, Königsstr. 61. Sitz der Stadt- und Verbandsgemeindeverwaltung, nur der Innenhof ist für jedermann zugänglich. Im 16. Jh. als Schloss der Herzöge von Zweibrücken erbaut. Renaissanceportal und -treppenturm noch im Original vorhanden. Nach einer Brandschatzung Ende des 17. Jhs. wurde es 1720-1725 als vierflügelige Anlage wieder aufgebaut, mit zwei barocken Rundtürmen an beiden Seiten der großen Freitreppe. @ nsp562

Renaissance-Gebäude, Königstr. 45, ✆ 1234. Der Bau von 1579 mit seiner kunstvoll verzierten Fassade, den Drachenköpfen und dem markanten doppelstöckigen Erker gilt als das beeindruckendste Renaissancegebäude der Pfalz. Nach seiner Zeit als Amtshaus des Oberamtmanns und später als Adelssitz wurde es seit 1802 als Gasthaus geführt. Heute ist es Sitz des Stadtmuseums.

Stadtführungen, ✆ 989660. Auskunft: Tourist-Information. @ dra211

Kurpark, Kurtalstr. Weitläufige Parkanlage mit See; Ausgangspunkt des 5,5 km langen Kneipp-Lehrpfads über die Lehre der fünf Gesundheitssäulen nach Sebastian Kneipp.

Südpfalz-Therme, Kurtalstr. 27, ✆ 934010. Thermalbad mit Außen- und Hallenbecken. @ vnk427

Rebmeerbad, Friedrich-Ebert-Str. 40, ✆ 7120, @ jlj873

Die liebenswerte Kurstadt wurde erstmals Anfang des 9. Jahrhunderts als „Zaberna“ geschichtlich erwähnt - 1286 erhielt sie Stadtrechte. Erste Kuranwendungen in der Kaltwasserheilanstalt Bergzabern datieren auf 1892; vier Jahre danach besuchte Pfarrer Sebastian Kneipp den Ort auf einer Vortragsreise und stellte fest: „Hätte ich nicht in Wörishofen begonnen, hier müsste ich es tun“. Er meinte damit das Kneippen nach seiner eigenen Lehre. Im Jahr 1929 wurde im Kurpark die Petronellaquelle erschlossen, welche heute das Thermalbad mit ihrem Heilwasser speist. Der historische Altstadtkern mit verwinkelten Gassen beiderseits der Fußgängerzone (das Viertel um die Bergkirche

Bad Bergzabern, Schloss

und die idyllische Neugasse im Bereich des Plätzel) und herrliche Patrizierhäuser mit schmucken Giebeln und Erkern bieten dem Besucher viel Abwechslung. Von der ursprünglichen Stadtbefestigung aus dem 13. und 14. Jahrhundert sind nur noch der „Dicke" (Turm) und der Storchenturm erhalten. Abschalten können Sie in netten Lokalen, Weinstuben und Cafés.

Kurz darauf biegen Sie links ab in die **Luitpoldstraße** ~ die dritte links in die **Turmstraße**, gleich rechts und wieder links ~ über den **Ludwigsplatz** in die **Schlittstraße** ~ rechts in die **Petronellastraße** ~ die Weinstraße überqueren und unverzüglich links in die **Wiesenstraße** ~ an deren Ende geradeaus den Wirtschaftsweg hinauf ~ an der T-Kreuzung links ~ nach 350 m halbrechts ~ dem Verlauf des asphaltierten Wegs folgen ~ **20** links auf die **K 22**, kurz darauf erneut links ~ rechts auf die Brücke über die **B 38**, dann an der zweiten Möglichkeit rechts auf den Wirtschaftsweg ~ nach etwa 300 m der Links-Rechts-Kombination folgen ~ ab hier länger abwärts ~ an der T-Kreuzung rechts auf die **K 25** nach Oberotterbach ~ in der **Unterdorfstraße** an der Kirche vorbei bis zur **Weinstraße**.

Oberotterbach

Pfarrkirche, Unterdorfstr. 8. Mit Chorturm (um 1300) und gotischem Saal (1537). Die prot. Kirche wurde im 18. Jh. teilweise umgebaut.

Über die Vorfahrtsstraße in die **Oberdorfstraße** ~ links in die **Hummelgasse** ~ **21** nach 600 m am Wirtschaftsweg rechts, dann bald wieder links ~ vor Ihnen liegt bereits Schweigen-Rechtenbach mit dem pultartigen Turm der Katholischen Kirche, links davon erkennt man das Deutsche Weintor ~ an der nächsten T-Kreuzung rechts ~ links um die Kirche herum und auf der **Kirchstraße** bis zum Kreisverkehr ~ leicht rechts halten ~ **22** am **Deutschen Weintor** endet die Tour.

Schweigen-Rechtenbach

Vorwahl: 06342

Tourist-Information Schweigen-Rechtenbach, Weinstr. 5, in der Vinothek, ✆ 6321, @ fee813

Deutsches Weintor, Weinstr., ✆ 922780. 18 m hohes, 1936 aus Bruchsandsteinen errichtetes Tor mit Galerie aus Eichenbalken und Nebengebäuden. @ slk288

Erster deutscher Weinlehrpfad, auf dem Sonnenberg. Der ganzjährig begehbare Pfad wurde 1969 angelegt und 2021 neu gestaltet. @ odp177

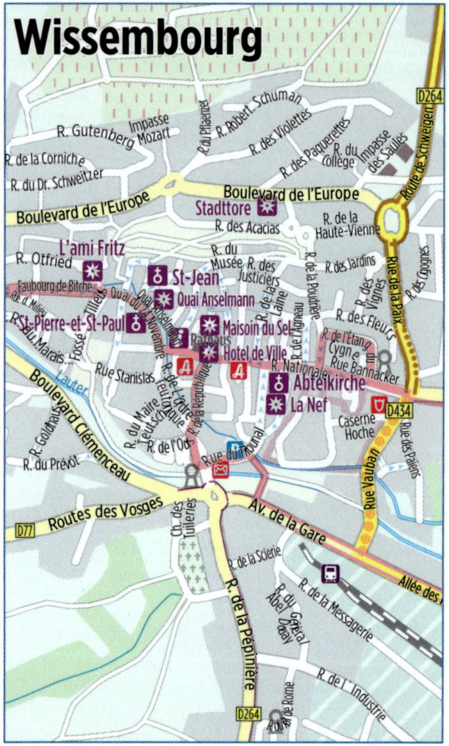

Das Deutsche Weintor ist die Eingangspforte zur im Jahr 1935 eröffneten Ferienstraße Deutsche Weinstraße und Wahrzeichen des Ortes. Zusammen sollten sie als Ausflugsziele den darniederliegenden Weinabsatz und den Fremdenverkehr der Weinbaugemeinden entlang des Haardtrands beleben. Zwei kupferne Mohnkapseln auf dem Dachfirst des Bauwerks symbolisieren den erhofften dauernden Wohlstand für die Winzer. Von der Galerie erschließt sich ein allumfassender Blick auf die Rheinebene, den Schwarzwald, die Hügel des Wasgaus sowie die nur 1 Kilometer entfernte französische Stadt Wissembourg und das Elsass, in dem auch ein erheblicher Teil der „deutschen" Weinberge liegt. Der einen Kilometer lange, älteste deutsche Weinlehrpfad beginnt am Deutschen Weintor und führt durch die bekannte Weinlage Sonnenberg. Anhand von Schaukästen und Arbeitsgeräten wird die Geschichte des Weinbaus, der Rebsorten und der Anbautechniken erklärt, wobei auch der Pfälzer Humor und Witz zum Zuge kommt. Mit ihren französischen Nachbarn verbindet die Doppelgemeinde eine nicht immer friedfertige Geschichte, die im vereinten Europa jedoch keine Rolle mehr spielt. Die gutnachbarschaftlichen Beziehungen manifestieren sich heute im gemeinsam durchgeführten Bauernmarkt und beim Feiern von Winzer- und anderen Festen.

ANSCHLUSS Wollen Sie von hier zurück nach Bockenheim radeln, folgen Sie südlich des Weintors Tour 8 in umgekehrter Richtung. Um zu Tour 12 bzw. zum nächsten Bahnhof zu gelangen, wenden Sie sich vom Weintor aus südwärts in Richtung Wissembourg.

Wissembourg (Weißenburg) Ⓕ

- **Office de Tourisme**, 11 Place de la République, ✆ 033388941011, @ wew686
- **Abbatiale St-Pierre-et-St-Paul (Abteikirche St. Peter und Paul)**, Avenue de la Sous-Préfecture, ⏲ saisonal bedingt. Der zweitgrößte Sakralbau im Elsass ist romanischen Ursprungs (11. Jh.), wovon der quadratische Westturm noch erhalten ist. Herzstück der mittelalterlichen Anlage war die heute noch erhaltene gotische Klosterkirche (13. Jh.) mit Kreuzgang, monumentalem Fresko und Buntglasfenstern.
- **Église Saint-Jean-l'Évangéliste (St-Jean-Kirche)**, Place Martin Bucer. Kirche (16. Jh.) mit romanischem Turm (13. Jh.), Chorgestühl von 1514.
- **Hôtel de Ville (Rathaus)**, Place de la République. Klassizistisches Rathaus (1741-52).
- **La Maison de l'Ami Fritz**, Faubourg de Bitche, im Quartier du Bruch. Ehemaliges Gerberhaus von 1550, Portal und Erker-

Deutsches Weintor in Schweigen-Rechtenbach

Wissembourg, Stadtansicht

fenster in der typischen Architektur der elsässischen Renaissance, das einst als Filmkulisse für den Film „L'Ami Fritz“ (1932) diente.

- **La NefF - Relais Culturel**, 6 Rue des Écoles, ✆ 0388941113 Dominikanerkirche von 1288, seit Mitte der 1980er Jahre Kulturzentrum. @ geh236
- **Les Remparts (Stadtmauer)**. Stadtmauer aus dem 18. Jh. mit Pulverturm (um 1420).
- **Maison du Sel**, 1-3 Place du Saumon. Im Jahre 1450 als Hospital errichtet, diente es später als Salzmagazin. Mit beeindruckender dreistöckiger Dachkonstruktion.
- **Quai Anselmann**. Stattliche Stein- und Fachwerkhäuser am Ufer der Lauter.
- **Freischwimmbad**, 27 Boulevard Clémenceau, ✆ 0388542818

Am nördlichsten Punkt des Elsass breitet sich das bezaubernde Wissembourg zwischen Nebenarmen der Lauter aus. In der malerischen Altstadt und ihren verträumten Winkeln säumen verzierte Fachwerkhäuser (Quartier du Bruch) das Ufer der Lauter. Die Zehntscheuer aus dem 13. Jahrhundert, das Stanislas-Hospital aus dem 18. Jahrhundert und über die Stadt verteilte Patrizierhäuser runden den beachtlichen Bestand an historisch interessanten Gebäuden ab. Hinter alten Mauern kann man sich in gemütlichen Restaurants von elsässischer Kochkunst verführen lassen und bei einem guten Tropfen Wein den Tag genießen.

Tour 8 Kraut-und-Rüben-Radweg 140,1 km

HM/km: ↗ 2,6 (362m) ↘ 2,1 (297m) Radweg: 66 % Unbefestigt: 8 % Verkehr: 5 %

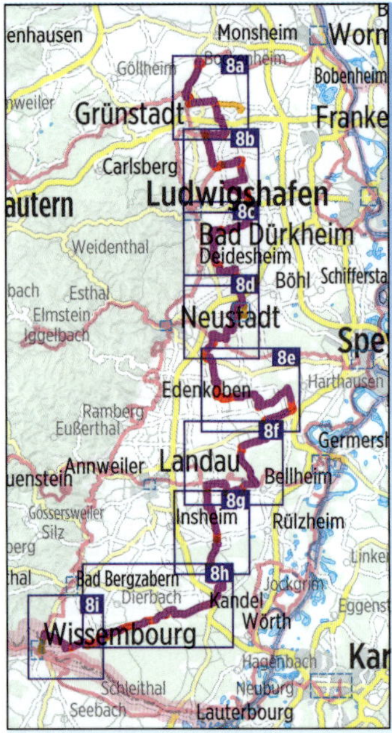

„Kraut un Riewe" – damit drücken die Pfälzer ein liebenswertes, bunt Gemischtes aus. Diese Beschreibung trifft auch auf den Kraut-und-Rüben-Radweg zu. Er führt zunächst durch das nördliche Weinbaugebiet der Pfalz. Vorbei an Gemüse- und Getreidefeldern, Obstwiesen, schier endlosen Spargelreihen, Tabakstauden und immer wieder durch kleinere Waldstücke durchfahren Sie die Rheinebene, bis es gegen Ende der Tour erneut durch Weinberge geht. Viel Abwechslung bieten zahllose hübsch herausgeputzte Fachwerkdörfer und -städte, in denen auch Kulturhistorisches nicht zu kurz kommt.

Wenn Sie an der Strecke die Rübe der Kraut- und Rüben-Stationen entdecken, können Sie davon ausgehen, dass man hier auf durstige und hungrige Radler eingestellt ist, teilweise sogar auf Schlafgäste. Mit den in Bauern- und Winzerhöfen angebotenen regionalen Produkten und Spezialitäten lässt sich leicht Abwechslung in den Tagesproviant bringen.

Charakteristik

Start: Bockenheim an der Weinstraße, Bahnhof
Ziel: Schweigen-Rechtenbach bzw. Wissembourg (F), Bahnhof
Wegbeschaffenheit: meist asphaltierte oder betonierte Wirtschaftswege, vereinzelt wassergebundene Waldwege
Verkehr: überwiegend Wirtschaftswege, gelegentlich Radwege und ruhige Nebenstraßen
Steigungen: weitgehend eben, auf den ersten 25 Kilometern regelmäßig leichte Steigungen, ebenso nach Offenbach a. d. Queich und vor Schweigen-Rechtenbach
Beschilderung: durchgehend mit dem Kraut- und Rüben-Logo
Tipp: Da die Route vor allem auf Wirtschaftswegen verläuft, ist immer wieder mit landwirtschaftlichem Verkehr zu rechnen. Auch verschmutzte Wege sollten Sie gelassen in Kauf nehmen, und einige Wasserspritzer von Beregnungsanlagen können an heißen Tagen eine willkommene Erfrischung sein.
Anschlusstouren: 4, 7, 10, 11, 12

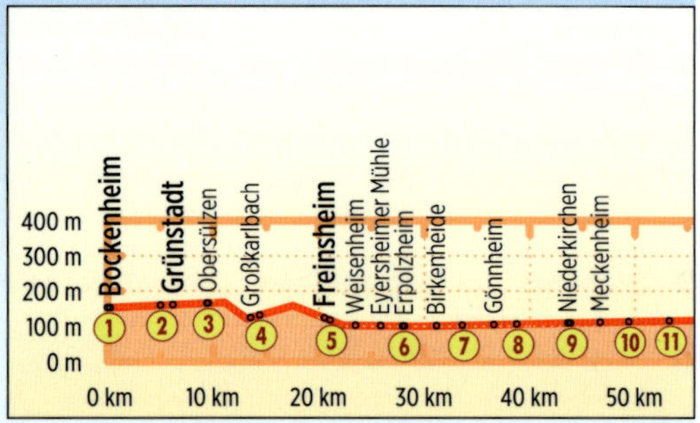

Bockenheim a. d. Weinstraße s. S. 59

Von Bockenheim nach Freinsheim — *20 km*

1 Vom Bahnhof in Bockenheim fahren Sie geradeaus in den **Weiherweg** ⁓ rechts in die **Jakob-Boeshenz-Straße** ⁓ nach dem Sportplatz links ⁓ bis zum markanten Haus der Deutschen Weinstraße, wo die Route offiziell startet ⁓ hier links auf den Radweg neben der **Weinstraße** bis zum Zebrastreifen nach der Tankstelle.

VARIANTE Um der äußerst stark befahrenen Weinstraße auszuweichen, können Sie nach der Tankstelle links in die Pestalozzistraße abbiegen. Nach 150 m zweigen Sie rechts in die Jakob-Kautz-Straße ab und erreichen über den Unteren Graben und die Kellereistraße wieder die Weinstraße.

Wen der Verkehr auf der **Weinstraße** nicht abschreckt, fährt einfach geradeaus durch **Bockenheim** ⁓ am Ortsausgang auf den Radweg neben der Straße ⁓ nach Asselheim hinein und im Kreisverkehr geradeaus.

Asselheim (Grünstadt) s. S. 81

Vor der Ampel kurz ohne Radweg auf der **Weinstraße**, danach weiter auf dem linksseitigen Radweg und unter der Eisenbahnbrücke hindurch ⁓ weiter auf dem Radweg der **Asselheimer Straße** nach Grünstadt ⁓ **2** links in die **Uhlandstraße** und deren Verlauf folgen ⁓ dicht entlang der Gleise,

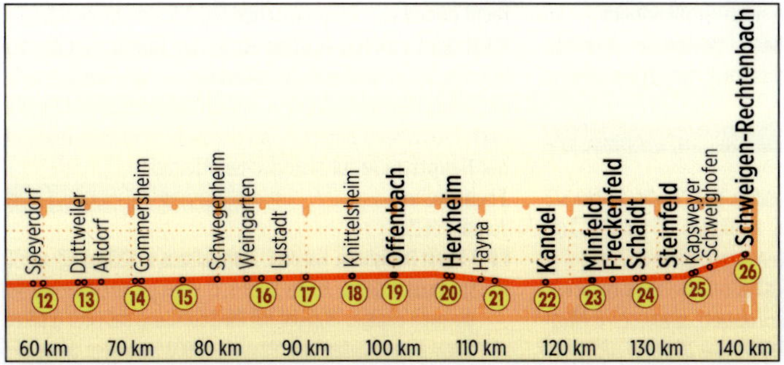

Barockgarten in Freinsheim

dann auf Höhe des Bahnübergangs rechts halten und gleich wieder links in den **Albsheimer Weg**.

INS ZENTRUM Ums ins Zentrum von Grünstadt zu gelangen, folgen Sie der Ausschilderung „Zentrum".

Grünstadt s. S. 82

An der T-Kreuzung spitz nach links und auf der **Schlachthofstraße** über die Bahn ⁓ Sie verlassen Grünstadt ⁓ über die Brücke der B 271 ⁓ an der T-Kreuzung rechts auf die **K 29** ⁓ **3** an der Vorfahrtsstraße bei **Obersülzen** links und gleich wieder rechts in den **Karlbacher Weg**.

AUSFLUG Eines der sehenswertesten Dörfer des Leininger Landes ist Dirmstein mit seinem bauhistorisch wertvollen Ortskern. Für einen Abstecher folgen Sie der Hauptstraße durch den Ort und biegen nach der Rechtskurve links ab.

Dirmstein

Laurentiuskirche, Affenstein. Besonders sehenswert in der Mitte des 18. Jhs. erbauten barocken Kirche ist die Voith-Orgel.

Koeth-Wanscheidsches Schloss, Herreng. Die Anlage entstand Anfang des 18. Jhs. im barocken Stil, später wurden klassizistische Elemente hinzugefügt. Heute ist darin eine Privatklinik untergebracht.

Schlosspark, Obertor. Der englische Landschaftspark wurde in der ersten Hälfte des 19. Jhs. angelegt. Im Sommer finden regelmäßig Musikveranstaltungen statt.

Seit Anfang des 15. Jahrhunderts war Dirmstein Sitz von 22 Adelsfamilien, aufgrund dessen unterschied es sich durch seine prächtigen Bauwerke schon damals deutlich von anderen Dörfern der Region. Lohnenswert ist eine Rundfahrt im Dorf, die Sie durch die Straße Obertor zum Koeth-Wanscheidschen Schloss und Schlosspark führt.

Auf der Hauptroute radeln Sie über die Felder und durch Weinberge ⁓ unter der Hochspannungsleitung links und nach gut 300 m rechts in den übernächsten Wirtschaftsweg ⁓ unter der A 6 hindurch nach Großkarlbach ⁓ im Ort rechts in die **Silvanerstraße** ⁓ geradeaus über den kleinen Kreisverkehr ⁓ im Rechtsknick der Straße links in die Straße **Gänseeck**.

Großkarlbach

Vorwahl: 06238

Ortsverwaltung Großkarlbach, Kändelg. 15, ✆ 926414, @ hkw522

Mühlenmuseum Alte Dorfmühle, Kändelg. 15, ✆ 926415 Dokumentation historischer Mühlentechnik. @ kml657

Von den 7 ehemaligen Mühlen des historischen Mühlendorfs, wovon die älteste auf das Jahr 1261 datiert, sind noch 6 Mühlen am Eckbach erhalten geblieben. Sie dienten nicht nur als Getreide- und Ölmühlen, sondern trieben auch Schleifmaschinen an und wurden ferner zur Papierproduktion und zum Stoffwalken eingesetzt. Einige Mühlen befinden sich heute in Privatbesitz, die Rheinmühle wird für kulturelle Veranstaltungen genutzt.

Sie radeln rechts weiter in die **Kändelgasse** ⁓ links an der Mühle am Weiher vorbei ⁓ zwischen dieser Mühle und der Schlossmühle hindurch ⁓ **4** im Wäldchen an der Weggabelung rechts über den Eckbach und dahinter gleich links.

Bissersheim

Bei den ersten Häusern rechts, dann bald wieder links ⁓ am nördlichen Ortsrand an Rebhügeln entlang ⁓ an der Haldmühle vorbei ⁓ weiter bis vor Kirchheim.

Kirchheim a. d. Weinstraße s. S. 82

An der Ziegelhütte links ab und über den Eckbach ⁓ durch die Weinlagen hinauf zur L 520 und diese überqueren ⁓ auf recht hügeligem Weg zwischen Rebhängen hindurch ⁓ nach dem zweiten Anstieg ist in der Ebene bereits das historische Freinsheim zu erkennen ⁓ am Kreisverkehr geradeaus Richtung Stadt ⁓ auf der **Dackenheimer Straße** nach Freinsheim hinein ⁓ an der Kreuzung links und auf der **Hauptstraße** zur historischen Altstadt.

Freinsheim

Vorwahl: 06353

i-Punkt Freinsheim, Hauptstr. 2, im Rathaus, ✆ 989294, @ uif536

Spielzeugmuseum, An der Bach 9, ✆ 916557, ✆ 0172/7295169 Weltweit einziges Museum mit Blechspielzeug des einst größten Spielwarenherstellers Gebr. Bing. Mit ca. 800 Exponaten. @ ppt723

Evang. Kirche, Herrenstr. Von 1470, im 16./17. Jh. baulich verändert, Säulenportal im Renaissancestil und Kreuzgewölbe.

St. Peter und Paul, Hauptstr. Aus dem 18. Jh., beachtenswerte Innenausstattung mit Statuen.

Altstadtfest. 1. Juni-Wochenende. @ ovn283

Historisches Rathaus, Hauptstr. 2. Von 1750, mit Freitreppe im Barockstil und Barocksaal.

Mittelalterliche Stadtmauer. Von der Mauer (1400-1514) sind noch zwei große Stadttore (Hain- und Eisentor) und 8 trutzige Türme erhalten. @ rbh438

Stadtführung, ✆ 989294, ⏲ April-Okt., Fr 18 Uhr, Sa 11.15 Uhr. Treffpunkt am Historischen Rathaus, Informationen: beim i-Punkt Freinsheim. @ hgt844

Von-Busch-Hof, Von-Busch-Hof 5. Ehemaliges Klostergut (13. Jh.), mit Zehntscheuer, heute Restaurant und Ort kultureller Veranstaltungen. @ qim287

Barockgarten, Auf der Schanz. Mit spätbarockem Gartenhaus und Brunnen aus hellem Sandstein mit Motiven zur Geschichte der Stadt.

Obwohl die zahllosen Kriege im Mittelalter auch vor den Toren Freinsheims nicht halt machten, blieb die Stadt weitgehend von Zerstörungen verschont. Erst als der französische König Ludwig XIV. im Pfälzer Erbfolgekrieg angebliche Erbansprüche einer Schwägerin durchsetzen wollte, wurde die Stadt 1689 gänzlich und die Stadtbefestigung beträchtlich zerstört. Mit

Eisentor in Freinsheim

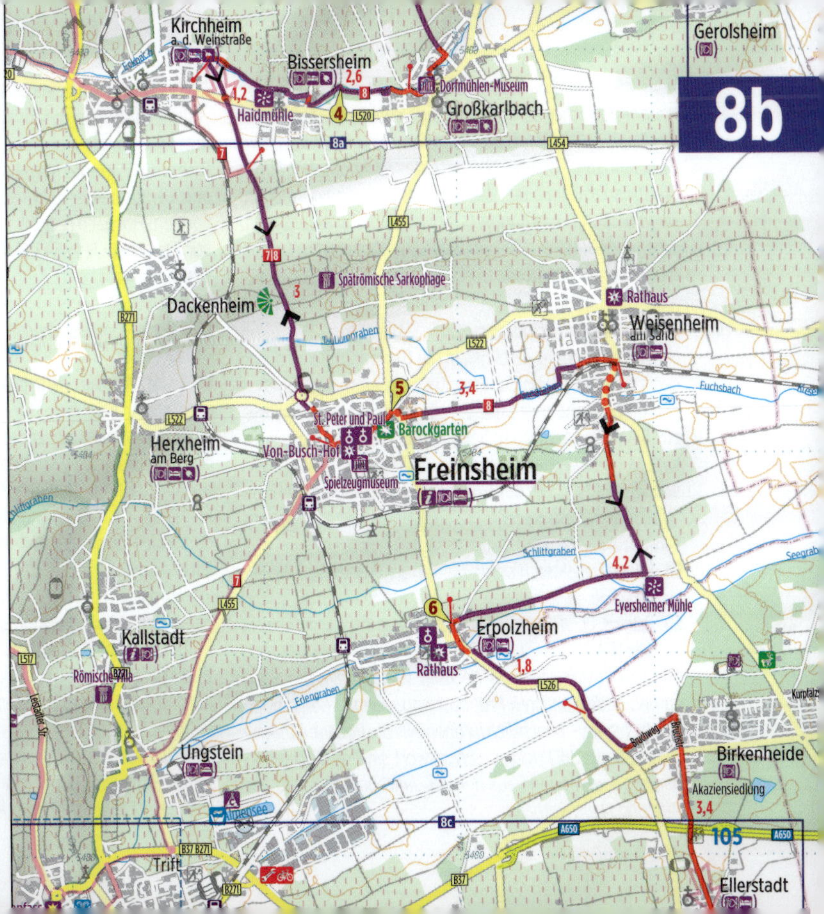

dem Wiederaufbau nach 1700 entstand eine beachtliche Anzahl stattlicher Bürgerhäuser, welche dem Ort zu einem eindrucksvollen Stadtbild verhalfen. Die aus pfälzischem Buntsandstein wiederhergestellte 1,3 Kilometer lange Stadtmauer umschließt die Altstadt vollständig. Noch zu Beginn des 19. Jahrhunderts sicherten die ebenfalls noch erhaltenen Stadttore, das wuchtige Eisentor und das Haintor, die Eingänge der Stadt.

Von Freinsheim nach Ellerstadt 13 km

Nach dem Rathaus halblinks in die **Herrenstraße** ⤳ durch das **Innere Tor**, dann das **Eisentor** passieren ⤳ geradeaus in die **Weisenheimer Straße** ⤳ **5** rechts in die **Gewerbestraße**, dann nach 100 m links ⤳ durch Obstplantagen bis kurz vor Weisenheim am Sand ⤳ kurz nach links, dann wieder rechts ⤳ auf der **Goethestraße** Richtung Bahnhof.

Weisenheim am Sand

Vorwahl: 06353

- **i-Punkt Freinsheim**, Hauptstr. 2, im Rathaus, Freinsheim, ✆ 989294, @ uif536
- **Rathaus**, Dr.-Welte-Str. 2. Der klassizistische Bau stammt aus dem Jahr 1824.

Mit 200 Hektar Anbaufläche zählt Weisenheim am Sand zu den bedeutendsten Frühobst anbauenden Gemeinden Deutschlands – beachtlich ist ebenfalls die Rebanbaufläche mit mehr als 360 Hektar. Sehenswert sind die Fachwerkhäuser, überwiegend aus dem 18. Jahrhundert, sowie das Alte und Neue Rathaus.

Rechts ab in die **Speyerer Straße** und über die Bahngleise ⤳ im Linksbogen geradeaus halten in der Straße **Ziegelhütte** ⤳ an der Gabelung nehmen Sie den linken Weg **Richtung Eyersheimer Mühle** ⤳ durch Streuobstwiesen und Gemüsefelder entspannt abwärts ⤳ an der Kreuzung vor dem Hof nach rechts ⤳ **6** kurz nach dem Ortseingang von Erpolzeim links in die **Von-Maurer-Straße.**

Erpolzheim

Vorwahl: 06353

- **i-Punkt Freinsheim**, Hauptstr. 2, im Rathaus, Freinsheim, ✆ 989294, @ uif536
- **Evang. Pfarrhaus**, Hauptstr. Am Gebäude von 1754 findet sich der Namenszug des Kurfürsten Friedrich V. im Torbogen.
- **Rathaus**, Hauptstr. 23. Erbaut um 1750.

Geradeaus auf die Vorfahrtsstraße ⤳ nach der Brücke auf den linksseitigen Radweg ⤳ entlang der **L 526** nach Birkenheide ⤳ am Ortsrand links in den **Bruchweg** ⤳ rechts durch die **Hermann-Löns-Straße**.

Birkenheide

In einem Rechtsschlenker über die Mannheimer Straße und geradeaus durch die Akaziensiedlung ⤳ über die **A 650** ⤳ im Ort immer geradeaus.

Ellerstadt

Auf den Ausläufern der Mittelhaardt trifft man neben großen Rebflächen auch ausgedehnte Obstwiesen mit Apfel - und Kirschbäumen an. Schon seit 1867 reifen in Ellerstadt saftige Pfirsiche, damit gilt diese Obstkultur als ältester erwerbsmäßig betriebener Pfirsichanbau in Deutschland.

Von Ellerstadt nach Haßloch 17 km

Am Bahnhof über das Gleis, dann rechts in die **Ratstraße** und gleich wieder links in die **Fließstraße** ⤳ **7** an der Kreuzung links in die leicht ansteigende **Georg-Fitz-Straße** und den Ort verlassen ⤳ vorbei an der Siedlung Ellerstadt und kurz danach rechts ⤳ vor Gönnheim links über eine Brücke und bald wieder rechts ⤳ an der **Raiffeisenstraße** links ⤳ an der T-Kreuzung rechts in die **Ludwigstraße**.

Gönnheim

- **Freilichtmuseum Gönnheim**, Ludwigstr., hinter der Prot. Kirche (24) 7 Sandstein-Sarkophage aus der Zeit um 400 n. Chr.
- **Affensteiner Hof**, Bahnhofstr. 5/7. Ältestes Gebäude Gönnheims (1602).

Spuren der Römer finden sich auch in Gönnheim. Neben einem römischen Landgut, das allerdings nur kartografisch erfasst wurde, entdeckte man im Jahr 2001 ein Gräberfeld aus der Zeit um 400 n. Chr. mit sieben steinernen Sarkophagen. Erlesene Grabbeigaben bestanden in Gläsern, Karaffen sowie Ton- und Terra-Sigillata-Gefäßen und Münzen.

Sie radeln geradeaus durch den Ort ⤳ vor der Feuerwehr links ⤳ nach der Grundschule rechts.

Friedelsheim

Vorwahl: 06322

- **Tourist-Information Wachenheim**, Weinstr. 15, im Wachhaisel, Wachenheim a. d. Weinstraße, ✆ 9580801, @ boy748
- **Protestantische Kirche**, Kirchg. Wahrzeichen von Friedelsheim. Chor, Triumphbogen und Teile des Westgiebels mit Sandsteinportal aus der 1. Hälfte des 14. Jhs (1. urkundliche Erwähnung 1116).

In Freinsheim

Burgturm mit Helmdach. Entstanden vermutlich im 13. Jh. Burgtore, Sandsteinbrücke und Schlossportal aus verschiedenen Bauepochen der ehemaligen Wasserburg und dem späteren Schloss Friedelsheim.

Historische Schmiede, Bahnhofstr. 13, ✆ 92516 Werkstatt mit vielen Originalgerätschaften (Ende 19. - Anfang 20. Jh.).

Johann-Casimir-Rundweg. Benannt nach Pfalzgraf Johann Casimir (auch bekannt als „Jäger aus Kurpfalz"), der 1576 aus einer Wasserburg eine stattliche Schlossanlage errichten ließ, die 1794 niederbrannte. Gut ausgeschilderter Rundweg, der an Fragmenten aus historischen Zeiten vorbeiführt.

Vor der Kirche links versetzt über die L 527 in den **Gartenweg** ~ rechts in die **Forster Straße**, dann am kleinen Kreisverkehr links in die **Hauptstraße** ~ **8** nach dem Ort auf den Radweg links der **L 525** ~ nach 1 km links ab ~ nach einigen Richtungswechseln erreichen Sie Niederkirchen ~ im Ort auf die **Friedelsheimer Straße** ~ an der **Hauptstraße** links und deren Verlauf folgen.

Niederkirchen bei Deidesheim

Vorwahl: 06326

Tourist Service GmbH Deidesheim, Bahnhofstr. 5, Deidesheim, ✆ 96770, @ cgx722

Pfarrkirche St. Martin, Im Kirchgarten 2. Eines der ältesten christlichen Bauwerke der Pfalz (11. Jh)., mit mächtigem weißen Vierungsturm, im Innern lebensgroße Heiligenfiguren. @ lhq522

Winzeranwesen. Hübsche alte und neue Winzeranwesen als Fachwerk- und Steinbauten.

9 Nach der Kirche geradeaus in den **Rohrweiherweg** ~ am Ortsausgang über eine kleine Brücke ~ nach der nächsten Brücke

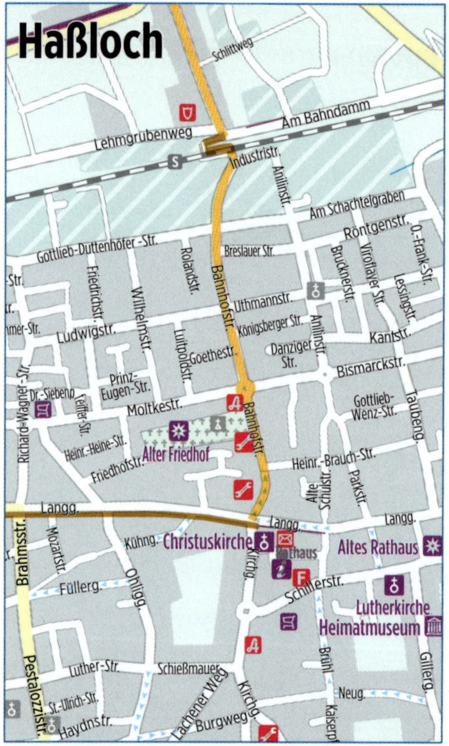

links, nun entlang des Bachs Marlach ~ über die L 528 ~ auf der Straße **Im Kirchgarten** erreichen Sie Meckenheim ~ an der T-Kreuzung rechts in die Straße **In der Froschau**, dann nochmals rechts in die **Hauptstraße**.

Meckenheim

Vorwahl: 06326

Kleines Pfälzer Brennereimuseum, Hauptstr. 36, ✆ 989300 Alte Helmbrennereien und Filteranlagen sowie Alkoholmessgeräte und ein Nachbau des ersten Destillationsapparats, sog. Rosenhut, mit dessen Hilfe Rosenwasser destilliert wurde. @ ugi713

Fachwerkhäuser. Fachwerkhäuser sowie Bauern- und Winzerhöfe, 16.-18. Jh.

An der Kirche links in die **Steingasse** ~ den Ort verlassen und entlang der **L 530** Richtung Haßloch ~ vorbei an Aussiedlerhöfen ~ **10** unter der Autobahn hindurch, dann links am Umspannwerk vorbei.

INS ZENTRUM
Für einen Abstecher in die Ortsmitte von Haßloch biegen Sie nach dem Umspannwerk links ab. Am Bahnhof nutzen Sie die treppenlose Unterführung und folgen der Bahnhofstraße zur Kirche. Über die Langgasse kommen Sie von dort zurück zur Hauptroute.

Haßloch

Vorwahl: 06324

Tourist-Information, Rathauspl. 1, ✆ 935225, @ ent736

Heimatmuseum Ältestes Haus, Gillerg. 11, ✆ 935225 Untergebracht im ältesten Fachwerkhaus Haßlochs (1599). Rundgang durch das ortsgeschichtliche und regionaltypische Landleben des 17.-19. Jhs., außerdem vorgeschichtliche Funde. @ ioq148

Radler-Skulptur in Haßloch

Christuskirche, Langg. 76. 1752-1754 an Stelle der mittelalterlichen Ulrich-Kapelle (Mitte 14. Jh.) erbaut. Der 1700 errichtete und 1902 erhöhte Turm schließt im Erdgeschoss den gotischen Chor der ehemaligen Kapelle ein. Das weitgehend erhaltene Gehäuse der Barockorgel stammt aus dem Jahr 1754.

Lutherkirche, Schillerstr. 2. Erste protestantische Pfarrkirche nach der offiziellen Zulassung des lutherischen Bekenntnisses in Deutschland (1729/30).

Alter Friedhof, Bahnhofstr. Der Friedhof (1767) mit aufwendig gestalteten Grabmalen und -steinen steht unter Denkmalschutz.

- **Altes Rathaus**, Rösselg. 5. Sehenswert sind die mächtige doppelte Freitreppe sowie die Uhren- und Glockentürmchen des 1784/85 erbauten Gebäudes.
- **Andechser Bierfest**. Am 4. Wochenende im Sept. findet das größte Bierfest in Rheinland-Pfalz statt.
- **Denkmalgeschützte Haken- und Dreiseithöfe**. Die Häuser (18. Jh.) finden sich in der Langgasse, barocke Fachwerkhäuser (18./19. Jh.) in der Bahnhofstraße.
- **Holiday Park**, Holiday-Park-Str. 5, ✆ 59930 (7d) Einer der größten Freizeit- und Erlebnisparks Deutschlands mit Free-Fall-Tower, Expedition GeForce (die spektakulärste Achterbahn des Kontinents), diverse Shows. @ sst378
- **Villa Rustica**, Moltkestr., beim Friedhof. (Teil-)Rekonstruktion (1998/99) eines römischen Gutshofs mit Wirtschaftsgebäude, Badehaus und Brunnen.
- **Badepark**, Lachener Weg 175, ✆ 5994760. Sauna, Dampfbad u. v. m. @ hsi487

Haßloch wurde als fränkische Siedlung 773 als „Hasalaha" erstmals in einer Urkunde erwähnt. Zeugnisse und Reste römischer Bauten lassen auf eine noch frühere Besiedelung durch die Römer schließen. Zerstörungen und der Besitzwechsel im 14. Jahrhundert von Bayern an die Grafen von Leiningen und später an die Kurpfalz gehören gleichfalls zu seiner bewegten Geschichte. Heute kann sich der zirka 20.000 Bewohner zählende Ort mit dem Titel „größtes Dorf in Deutschland" schmücken.

Von Haßloch nach Gommersheim *20 km*

Auf der Hauptroute fahren Sie auf dem Radweg entlang der **Westrandstraße** um Haßloch herum ~ von der Brücke über die Bahn eröffnet sich ein schöner Blick ins Umland ~ am Kreisverkehr geradeaus ~ **11** nach der Brücke über den Landwehrgraben entfernt sich der Radweg von der Straße ~ an der Gabelung vor der **Obermühle** rechts ~ über den Rehbach, dann gleich am Waldrand rechts ~ nach 600 m links in den Wald ~ an der K 14 kurz rechts und nach 100 m wieder rechts in den Wald ~ dem kurvigen Verlauf des Waldwegs folgen ~ zwischen Feld und Waldsaum bis zur T-Kreuzung ~ hier links ~ dem Linksbogen folgen ~ die K 1 an der Ampel überqueren ~ auf dem **Adamsweg** in den Ort ~ an der **Lilienthalstraße** links, dann bald wieder rechts in die **Haßlocher Straße** ~ der Radweg verlässt die Straße nach rechts.

Lachen-Speyerdorf (Neustadt a. d. Weinstraße)

An der Fußgängerampel die Straße überqueren ~ kurz nach links und sofort wieder

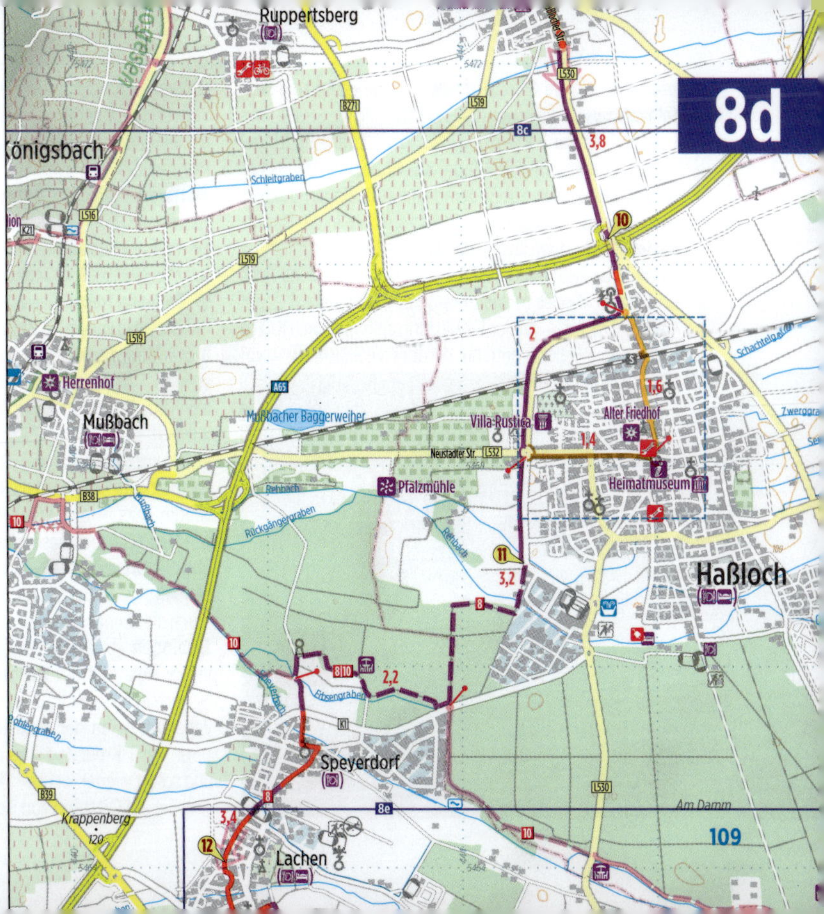

nach rechts in die Anliegerstraße ⁓ geradeaus in die **Pestalozzistraße** ⁓ **12** nach der Friedrich-Silcher-Straße links halten ⁓ an der T-Kreuzung links in die Straße **Im Ringel** ⁓ am Straßenschild **Im Ringel 36-42** nach links ⁓ über die Theodor-Heuss-Straße geradeaus in die **Bauerndoktor-Gros-Straße** ⁓ nach der Linkskurve rechts in die **Baumgartenstraße**, dann links in die **Bonhoefferstraße** mit ihren heimeligen Fachwerkhäusern ⁓ an der T-Kreuzung links und gleich wieder rechts in den **Langwiesenweg** ⁓ am Ortsrand rechts ⁓ an der T-Kreuzung links und nach 100 m rechts ab zur Brückenauffahrt, die über die B 39 führt ⁓ nun

Kirche in Freisbach

auf dem Betonplattenweg durch Weinberge anfangs leicht aufwärts, später leicht abwärts bis nach Duttweiler ⁓ am Ortseingang auf der Straße **Am Falltor** bis zur T-Kreuzung, hier rechts.

Duttweiler (Neustadt a. d. Weinstraße)

Vorwahl: 06327

- **Tourist-Information**, Hetzelpl. 1, Neustadt a. d. Weinstraße, ✆ 06321/926892, @ xsg861
- **Duttweiler Freibad**, Oberer Dorfwiesenweg 1, ✆ 3190, @ ttr256

Gleich darauf links in die **Kropsbachstraße** ⁓ nach der kleinen Brücke über den Kropsbach links an der Südseite des Dorfes entlang ⁓ **13** bei nächster Gelegenheit rechts und auf der ruhigen Straße dem Schwung der Rebhänge folgend bis Altdorf.

Altdorf

In Altdorf am Ende der **Raiffeisenstraße** rechts in die **Hauptstraße** ⁓ links in die **Gartenstraße**, dann die zweite wieder links ⁓ an der T-Kreuzung rechts und die zweite wieder links in die **Wiesenstraße** ⁓ rechts in die **Schulstraße** und den Ort verlassen ⁓ nach dem Bach links ⁓ geradeaus bleibend gelangen Sie nach Böbingen und können locker durch die Ebene des Gäus bzw. durch die Rheinebene radeln.

Böbingen

In Böbingen auf der **Hauptstraße** an den Kirchen vorbei ⁓ nach der Hirtenstraße die Durchgangsstraße halbrechts verlassen ⁓ an der nächsten Wegekreuzung geradeaus ⁓ an der T-Kreuzung links durch Kraut- und Rübenfelder und sofort wieder rechts ⁓ **14** nach Überqueren der L 530 sind Sie am Ortsrand von Gommersheim.

Gommersheim

Von Gommersheim nach Bellheim — *22,5 km*

An Ende des Wirtschaftsweges biegen Sie rechts ab, auf die **Röderstraße** ⁓ links vorbei am Betriebsgelände ⁓ an der folgenden T-Kreuzung links, dann nach 300 m rechts auf den Wald zu ⁓ dem Bogen des Sandwegs nach links folgen ⁓ danach rechts in den Wald und dem Verlauf des breiten Waldwegs folgen ⁓ geradeaus durch die Siedlung.

Freisbach

- **Südpfalz Tourismus**, Luitpoldpl. 1, Germersheim, ✆ 07274/53300, @ vmm153
- **Protestantische Kirche**, Kirchg. Die Kirche (1754) wurde 2004 umfassend renoviert und ist ein sehenswertes Schmuckstück. Mit umlaufender, barocker Empore mit Kanzel sowie prachtvoller Orgel des Saarbrücker Orgelbauers Johann Georg Geib (1788/89).

An der T-Kreuzung links in die **Hauptstraße** ⁓ auf dieser den Ort über einen Wirtschaftsweg verlassen ⁓ durch ein Waldstück, dann an der Dreierkreuzung links halten ⁓ vorbei an einer Schutzhütte mit Sitzgelegenheiten und Spielplatz ⁓ **15** die L 538 überqueren und weiter durch den Wald ⁓ nach 1,2 km dem Radschild nach rechts folgen ⁓ am Ende des Waldes befindet sich ein Lehrschulgarten für Kräuter ⁓ auf der **Bahnhofstraße** in den Ort.

Schwegenheim

An der **Schulstraße** rechts und gleich wieder links in die Straße **Am Bahndamm** ⁓ vorbei an Sportplätzen ⁓ die

L 538 überqueren ~ auf dem Wirtschaftsweg etwas abseits des Hainbachs nach Weingarten ~ um den Gemüsehof Steegmüller rechtsherum ~ links in die **Bahnhofstraße** ~ von dieser rechts in die **Hauptstraße**.

Weingarten (Pfalz)

Sie radeln durch den Ort und biegen links in die **Bildgasse** nach Lustadt ab ~ am Ortsausgang auf den Radweg und über die B 272 – soweit das Auge reicht erschließt sich Ihnen von hier oben die ganze Farbpalette des Pfälzer Salatangebots ~ im Abwärtsschwung nach Lustadt hinein ~ im Ort geradeaus halten.

Lustadt

- **Rathaus**, Obere Hauptstr. 140. Sorgfältig renoviertes Schmuckstück (1875) des Ortes aus hellem Sandstein, gegenüber der Zunftbaum.
- **Loschter Handkeesfescht**. Festplatz im Lustadter Maiblumenwald, um den 1. Mai, Traditionsfest seit 1925.

16 An der nach rechts abknickenden Vorfahrtsstraße weiter geradeaus ~ über die Gleise der stillgelegten Bahnlinie und direkt danach rechts ~ an der T-Kreuzung links, dann sogleich wieder rechts auf den Feldweg Richtung Zeiskam ~ nach dem Ortseingang von der **Austraße** nach links in die **Raiffeisenstraße** ~ rechts in die **Kronstraße** ~ deren Verlauf zunächst folgen.

Zeiskam

- **Südpfalz-Tourismus Verbandsgemeinde Bellheim**, Schubertstr. 18, Bellheim, ✆ 07272/7008103, @ oag672
- **Fachwerkhäuser**, Kron- und Hauptstr. Die liebevoll restaurierten Häuser stammen aus dem 16.-18. Jh.

- **Wein- und Kelterfest.** 4. Wochenende im Sept.
- **Zäskämer Zwewwlfescht.** Volksfest mit Kunsthandwerkerausstellung und dt.-frz. Bauernmarkt am 1. Wochenende im Aug.

Links in die **Pfalzstraße** ⤳ weiter auf der **Mühlgasse** und auf dieser Zeiskam nach Süden verlassen ⤳ **17** ab der **L 540** auf den Geh-/Radweg linksseits der stark befahrenen Landstraße ⤳ nach ca. 3,7 km befinden Sie sich kurz vor Bellheim.

Bellheim

Vorwahl: 07272

- **Südpfalz-Tourismus Verbandsgemeinde Bellheim**, Schubertstr. 18, ✆ 7008103, @ oag672
- **Schwimmpark Bellheim**, Zeiskamer Str. 63, ✆ 4769. Beheiztes Freibad. @ eot588

Das ehemalige Bauerndorf Bellheim hat sich im Laufe der letzten Jahrzehnte zu einer modernen Wohn- und Industriegemeinde gewandelt. Den Namen Bellheim hat der Heimatdichter August Heinrich, genannt Bellemer Heiner, mit seinen Mundartgedichten über den Ort hinaus bekannt gemacht. Eine private Sternwarte ermöglicht es Interessierten, immer wieder einen Blick in die Unendlichkeit zu werfen.

Von Bellheim nach Herxheim *14 km*

Im spitzen Winkel über die Landstraße und in den Wald hinein ⤳ kerzengerade durch den Mischwald ⤳ an der T-Kreuzung links ⤳ vorbei am nicht nur von Radlern gern aufgesuchten Ausflugslokal **Knittelsheimer Mühle** und nach links über die Queich ⤳ geradeaus Richtung Knittelsheim ⤳ auf der **Ottostraße** in den Ort ⤳ an der **Schulstraße** rechts.

Knittelsheim

Vorwahl: 06348

- **Südpfalz-Tourismus Verbandsgemeinde Bellheim**, Schubertstr. 18, Bellheim, ✆ 07272/7008103, @ oag672
- **Altes Schulhaus und Isenhof**, Hauptstr. 13 und 15. Zwei historische Fachwerkhäuser, im Isenhof befindet sich ein Restaurant.
- **Kreuzigungsgruppe**, Römerpl. Aus rotem Sandstein (1816).
- **Waldhaus Knittelsheimer Mühle**, ✆ 8366. Anfang 1700 als Getreidemühle mit Wasserantrieb errichtet, 1977 restauriert; heute ein Landhotel. @ yml283

18 Die **Ludwigstraße** rechts versetzt überqueren ⤳ auf dem landwirtschaftlichen Weg mitten durch Tabak- und Gemüseanbau nach Ottersheim ⤳ durch die **Lange Straße**.

Ottersheim bei Landau s. S. 150

Vorbei am Alten Schulhaus und dem Rathaus ⤳ am **Dorfplatz** rechts in die **Waldstraße** ⤳ kurz nach den letzten Häusern halblinks am Tennisplatz vorbei ⤳ auf dem unbefestigten, etwas holprigen Weg durch das Naherholungsgebiet ⤳ nach dem zweiten Angelweiher mit den Holzbänken links ⤳ auf dem sich schlängelnden Sand- und Schotterweg bis zur Schranke ⤳ danach geradeaus ⤳ vorbei an kleineren Weihern und dem Tennisclub ⤳ beim Bogen der **K 40** links versetzt auf den Radweg ⤳ geradeaus über den Kreisverkehr ⤳ **19** die nächste links in die **Birkenallee**.

Offenbach a. d. Queich s. S. 148

Über die L 509 und auf der Straße **Brühlfahrt** den Ort verlassen ⤳ an der T-Kreuzung links auf den Wirtschaftsweg und gleich wieder rechts ⤳ nach ca. 250 m die Gleise nach rechts kreuzen und sofort links ⤳ nach der kleinen Kapelle links in den Wirtschaftsweg ⤳ an der folgenden Wegkreuzung am Windrad rechts ⤳ am Ende des Weges links versetzt weiter geradeaus nach Herxheim ⤳ **20** Vom **Alzheimer Weg** halbrechts in die **Speyerer Straße**, dann sogleich halblinks in die **Niederholstraße** und vorbei am Friedhof ⤳ unten an der Ampel rechts und gleich wieder links in die **Richard-Flick-Straße** ⤳ den Klingbach überqueren.

TIPP: Freunde des blauen Dunstes, welche die Kraut- und Rüben-Tour bis hierher ohne größere Atemnot überstanden haben, dürfen sich an der würzigen Mischung der Zigarren (Pfalz-Zigarre) und Zigarillos aus heimischer Ernte erfreuen. Süße Schleckermäuler können sich für ihr Durchhaltevermögen mit dem Genuss der leckeren und stets frischen Schokoküsse aus der örtlichen Süßwarenfabrik belohnen.

Herxheim bei Landau/Pfalz

Vorwahl: 07276

- **Büro für Tourismus Herxheim**, Obere Hauptstr. 2, ✆ 501107, @ cfv836
- **Museum Herxheim**, Untere Hauptstr. 153, ✆ 502477, ✆ 0170/7940527. Als Themen werden die Ortsgeschichte und die Jungsteinzeit behandelt. @ dxu733
- **Chawwerusch Theater**, Obere Hauptstr. 11, ✆ 5991. Das experimentierfreudige Theater hat sich in 25 Jahren mit seinen anspruchsvollen und doch unterhaltsamen Produktionen einen guten Ruf erworben, der weit über die Grenzen von Rheinland-Pfalz hinaus reicht. @ khe328

Herxheimer Dorfbrunnen

- **Dorfbrunnen**, Obere Hauptstr. Die Plastiken des Brunnens (1909) symbolisieren u. a. die Verbindung des Ortes mit dem Tabakanbau und den Herxheimer Pferderennen; das Motorrad steht für das traditionelle Herxheimer Sandbahnrennen.
- **Original Herxheimer Zigarren und Zigarillos**. Verkauf im Büro für Tourismus.
- **Rathaus-Portal**, Obere Hauptstr. 2. Das Portal (1822/25) wurde in den Neubau der Verbandsgemeindeverwaltung mit eingebunden.
- **Schokokussfabrik Trauth**, Oberhohlstr. 21, ✆ 8543, @ acq368
- **St. Paulusstift**, Bussereaustr. 18. Farbige Glasfenster als schmückendes Element in der Frontseite der neugotischen Klosterkapelle. @ krv241
- **Villa Wieser**, Leonhard-Peters-Str. 2, ✆ 929610. Die Villa wurde 1856/57 im Stil eines französischen Landschlösschens erbaut. Heute Ausstellungen und Konzertveranstaltungen sowie Sitz der Kunstschule, die weit über den Ort hinaus Ansehen genießt. @ dym621
- **Waldfreibad**, St.-Christophorus-Str. 8, ✆ 8274, @ xhw814

Herxheim wird überragt vom hoch auf einem Hügel liegenden St. Paulusstift; unten im Ort wechseln sich hübsche Fachwerk- und Steinhäuser ab. In einer aufwändig restaurierten Hofanlage sitzt das relativ junge Museum Herxheim. Neben verschiedenen Sonderausstellungen lässt die Abteilung „Steinzeit im Scheunenkeller" in einer modern gestalteten Präsentation spektakuläre Funde aus der Gegend wieder zum Leben erwachen. Wie in keiner anderen Gemeinde der Pfalz trifft man auf eine solche Fülle von Flur- und Straßenkreuzen sowie Kapellen; letztere dokumentieren anschaulich die hier besonders stark ausgeprägte Marienverehrung. Gemeinsam mit seinem Ortsteil Hayna verfügt Herxheim über die größte Anbaufläche für Tabak in Deutschland, ebenso bedeutend sind der Weinbau und die Landwirtschaft, die sich auf Getreide- und Gemüse konzentriert.

Hayna, Tabakschuppen

Von Herxheim nach Kandel — 10,5 km

Am **Platz St. Apollinaire** radeln Sie geradeaus in die **Marktstraße** ⤳ über die Litzelhorststraße, dann über die schmale Brücke ⤳ am Wegende nach der Kirche rechts in die **Kettelerstraße** ⤳ an der **Luitpoldstraße** links auf den Radweg links der Straße ⤳ am Kreisverkehr geradeaus ⤳ der Radweg führt bis Hayna ⤳ am Ortseingang links in den **Kapellenweg** und gleich wieder rechts ⤳ vorbei an der Mehrzweckhalle und den typischen **Tabakschuppen** des Dorfes.

Hayna (Herxheim bei Landau/Pfalz)

Zu einem der schönsten Orte der Pfalz zählt Hayna wegen seiner sorgsam restaurierten Fachwerkhäuser, die mit ihrem üppigen Blumenschmuck das Ortsbild vor allem in der Hauptstraße prägen, wozu der Tabakbrunnen auf dem Dorfplatz ebenfalls beiträgt. In keiner anderen Ortschaft sonst hat der Tabakanbau die Dorfsilhouette so charakteristisch geprägt wie hier - längs des Kapellenwegs und der Friedhofstraße reiht sich Tabakschuppen an Tabakschuppen, wo in luftiger Höhe die Ernte getrocknet wird.In der Pfalz hatte der Tabakanbau vor mehr als 100 Jahren seine größte Ausdehnung. Heute gibt es immer noch einige tabakorientierte Betriebe. Sowohl Klima als auch Bodenbeschaffenheit gewährleisten optimale Voraussetzungen für einen leichten und milden, aber dennoch würzigen Tabak. Die Qualität des pfälzischen Zigarrentabaks ist weithin anerkannt und findet auch als handgerollte Pfalz-Zigarre ihre Liebhaber.

Am Ende der Straße rechts ⤳ gleich wieder links in die **Hauptstraße**, der nach rechts abknickenden Vorfahrtsstraße kurz folgen und nach links in die **Waldstraße** ⤳ am Ortsausgang weiter auf dem Wirtschaftsweg ⤳ durch den Wald ⤳ **21** an der T-Kreuzung beim **Erlenhof** links ⤳ wieder in den Wald ⤳ an der urigen Sitzgruppe nach rechts ⤳ an der nächsten T-Kreuzung erneut rechts mitten durch Gemüsefelder der benachbarten Bauernhöfe ⤳ an der Wegekreuzung links ⤳ am **Obst- und Spargelhof Zapf** rechts, dann über die **A 65** und gleich danach links ⤳ am Kreisverkehr die 3. Ausfahrt nehmen und sofort nach der Brücke über den Hintergraben rechts ⤳ am Dierbach und den Nutzgärten entlang ⤳ **22** über die Bahnhofstraße.

INS ZENTRUM **An den nächsten beiden Querstraßen können Sie nach rechts in die Stadt fahren, wo es Geschäfte und Gastronomie gibt.**

Kandel

Vorwahl: 07275

- **Südpfalz Tourismus Kandel e. V.**, Georg-Todt-Str. 2a, ✆ 619945, @ puf428
- **St. Georg**, Marktpl. Die Kirche mit ihrem barocken, achteckigen Turm (1501-1519) steht am Plätzel - dem Marktplatz.
- **Denkmalgeschützte Fachwerkhäuser**. Die Häuser (17.-18. Jh.) stehen in der Hauptstraße und am Plätzel.

Fußballgolfpark Südpfalz, Rheinzaberner Str. 1, ✆ 0178/1417788. Bei der relativ neuen Sportart für alle Altersklassen wird ein Ball mittels der Füße durch bzw. über verschiedene Hindernisse bewegt. @ jte566

Kletterpark Fun Forest, Badallee, Nähe Waldschwimmbad, ✆ 618032 Abenteuerpark mit 16 Parcours, Hänge- und Wackelbrücken, Snowboardrutsche, Kletterwand und Seilrutschen bis 250 m. @ nig682

Rathaus, Hauptstr. Spätbarockes Gebäude (1773/75) mit doppelläufiger Freitreppe, Halle mit zwei mächtigen Holzsäulen.

Waldschwimmbad, Badallee, ✆ 618691 40m-Rutsche, Strömungskanal mit Brodelbucht, @ cjx826

Ursprünglich als typisches Straßendorf entstanden, bietet die Bienwaldstadt Kandel dem Besucher ein Stadtbild, das geprägt ist von liebevoll und fachkundig restaurierten Fachwerksbauten entlang der Hauptstraße. In offenen Höfen und Passagen finden sich zahlreiche nette Lokale, die nach einem Einkaufsbummel zum Verweilen einladen. Ein spätbarockes Rathaus, die St. Georgskirche und die von Reben gezierten Fachwerkhäuser im Bereich des idyllischen Plätzel lassen längst vergangene Jahrhunderte wiederaufleben. Der barocke Turm der St. Georgskirche ist das Wahrzeichen der Stadt; bedeutsam ist, dass dieser Turm in erster Linie kommunaler Wachturm und erst dann Kirchturm war.

Von Kandel nach Schweigen-Rechtenbach — 23 km

Immer weiter geradeaus ~ die Bahnlinie unterqueren und entlang des Hintergrabens ~ nach den letzten Häusern rechts, dann über die **B 427** und links auf den Radweg ~ am zweiten Wirtschaftsweg rechts und leicht hinauf ~ an der nächsten Kreuzung links ~ vorbei am **Schoßberghof** mit modernem Bio-Hofladen ~ **23** an der **B 427/ Saarstraße** links nach Minfeld.

Minfeld

Vorwahl: 07275

Südpfalz Tourismus Kandel e. V., Georg-Todt-Str. 2a, Kandel, ✆ 619945, @ puf428

Prot. Pfarrkirche, Kirchg. In der Kirche (1051-1053) finden sich wertvolle Seccomalereien aus dem 14. und 15. Jh. Sie zählen zu den schönsten, die man in pfälzischen Kirchen bewundern kann.

Denkmalgeschützte bäuerliche Hofanlage, Hauptstr. 74. Der Dreiseithof aus dem 18. Jh. ist

Steinfeld, Kakteenland

einer der schönsten und größten der südlichen Pfalz. Das prächtige Fachwerk im Obergeschoss ist friesartig mit „Andreaskreuzen" ausgebildet.

- **Schoßberghof**, Schoßberghof 1, ✆ 914844. Im Hofladen werden Produkte aus biologischer Landwirtschaft angeboten. Kräuterwanderungen und Betriebsführungen sind auf Anfrage möglich. @ ird681

Einige der landwirtschaftlichen Betriebe widmen sich dem Getreide- und Zuckerrübenanbau, aber auch Sonderkulturen wie Zuckermais, Artischocken und Honigmelonen.

Am Ende der **Saarstraße** rechts und nach wenigen Metern auf den Radweg entlang der **L 546** ⁓ kurz nach dem Ortseingang von Freckenfeld rechts in die **Raiffeisenstraße** ⁓ weiter auf der **Kirchstraße**.

Freckenfeld

- **Dampfnudeltor**, Hauptstr. 65. Das Tor erinnert daran, dass der Ort dank Danmpfnudeln der Plünderung durch schwedische Truppen im Dreißigjährigen Krieg entgangen ist.

Im Dreißigjährigen Krieg mussten wegen der Hungersnot und der Forderungen der durchziehenden Regimenter sogar die Kirchenglocken zu Geld gemacht werden. Auch eine schwedische Reiterschwadron forderte ihren Tribut von den Bürgern, andernfalls würde der Ort geplündert. Um dies zu verhindern, wurde versucht mit dem schwedischen Hauptmann zu verhandeln. Er ließ sich darauf ein, stellte jedoch die Bedingung, dass er und seine Soldaten ausreichend bewirtet würden. Ein Bäckermeister namens Johannes Muck kam auf die Idee, von seiner Frau einen Kessel „kräftiger" Weinsoße kochen zu lassen. Unterdessen buk er mit seinen Gesellen so lange Dampfnudeln, bis alle Soldaten gesättigt waren. Nachweislich waren dies 1.286 Stück, welche die Reiter verzehrten, und unter dem Einfluss des „Weingenusses" zogen sie frohgelaunt von dannen – so die Überlieferung. Zum Dank hierfür errichtete man viele Jahre später einen großen und einen kleinen Torbogen, die sich aus 1.286 Dampfnudeln zusammensetzten. Das Dampfnudeltor ist heute das Wahrzeichen und amtliches Wappen Freckenfelds, dessen Name übrigens von einem fränkischen Krieger namens Frico – Fricofeld – stammt.

An der T-Kreuzung mit der **Lindenstraße** links, dann die 3. Straße rechts ⁓ dem Radweg bis zur **L 546** folgen und dort rechts ⁓ auf dem Betonplattenweg bis nach Schaidt ⁓ an dem großen Gebäude rechts, dann wieder links.

Schaidt (Wörth am Rhein)

Vorwahl: 06340

- **Viehstrich-Museum**, Hauptstr. 21, ✆ 919027 Heimatmuseum im ehemaligen Schul- und Rathaus. @ lkm768

Auf der **Speyerer Straße** durch den langgezogenen Ort ⁓ **24** rechts in die **Hauptstraße**.

VARIANTE: Wahlweise können Sie den Weg nach Steinfeld etwas abkürzen, indem Sie vor der Bahnlinie links fahren und entlang der Gleise radeln.

Auf der Hauptroute weiter entlang der **L 546** ⁓ 250 m vor den ersten Häusern von Steinfeld links abbiegen, dann wieder rechts in die **Untere Hauptstraße**.

Steinfeld (Pfalz)

Vorwahl: 06340

- **Tourist-Information Bad Bergzaberner Land**, Kurtalstr. 27, Bad Bergzabern, ✆ 06343/989660, @ xit582
- **Bienwald-Informationszentrum Viehstrich**, Obere Hauptstr. 7, (Rathaus), ✆ 508190 Einblicke in die Natur- und Kulturlandschaft der Region.
- **Kakteenland Steinfeld**, Wengelspfad 1, ✆ 1299 Kostenloser Eintritt. Einzigartige Kakteenschau mit 1.000 Kakteenarten und 600 anderen Sukkulenten sowie tropischen Pflanzen. @ ukp763
- **Freibad**, Waldstr., ✆ 1250

Zusammen mit Minfeld, Freckenfeld, Schaidt, Kapsweyer und Schweighofen gehört Steinfeld zum sog. Viehstrich, dessen Name aus Zeiten stammt, in denen die Viehwirtschaft hier eine bedeutende Rolle spielte.

8h
8g
8i
Niederhorbach
Hamberg
190
Kapellen-Drusweiler
Barbelroth
Oberhausen
Hergesweiler
Heimatmuseum
Winden
Erlenbach
bei Kandel
Hayna
Erlenhof
Sandbuckel
130
Minderslachen
Fußballgolfpark Südpfalz
Kandel
St. Georg
Rathaus
Kaplaneihof
Dierbach
Bergzaberner Weg
Salzberg
160
Schellenberg
160
Schoßberghof
Hofanlage
Wurmberg
175
Vollmersweiler
Minfeld
Kletterpark
Dampfnudeltor
Freckenfeld
Niederotterbach
Kleinsteinfeld
Viehstrichmuseum
Schaidt
Steinfeld
(Pfalz)
Bienwald-Informationszentrum
Kakteenland
140
Langenberg
Schmerberg
Kühnberg
145
Otterbach
Erlenbach
Altbach
Mühlbach
Neugraben
Hintergraben
Bruchgraben
Speyerer Str.
Bahnhofstr.
Lauterburger Str.
120
115
125
1,6
1,5
4,2
2,5
2,8
2,8
3,2
3,2
2,4
21
22
23
24
B427
L548
L544
B38
L554
L549
A65
B9

Wissembourg

Vor der S-Kurve links in die **Waldstraße** ~ hinter dem Bahnübergang rechts ~ nach dem Sportgelände rechts über die Bahn ~ nach 150 m links in das Sträßchen und über die Felder ~ der Links-Rechts-Kombination folgen ~ an der T-Kreuzung rechts ~ im Ort an der T-Kreuzung links in die Hauptstraße.

Kapsweyer

An offenen Höfen locken Obst- und Gemüsestände, an denen man sich mit Erzeugnissen in frischester Qualität eindecken kann ~ **25** am Ende der Durchgangsstraße links auf den linksseitigen Radweg der **L 546**.

Schweighofen

Auf der **Hauptstraße** durch den Ort ~ nach dem Ortsausgang rechts auf den Wirtschaftsweg, das letzte Stück der Tour führt wie ihr Beginn wieder durch Weinberge ~ an der ersten Kreuzung links ~ mit Blickrichtung auf Schweigen-Rechtenbach und die Haardt stetig bergauf dem Verlauf des Wegs folgen ~ noch in einer steilen Abfahrt links ~ geradewegs auf den Zielort zu ~ links auf dem Radweg im Kreisverkehr weiter und nach dem **Deutschen Weintor** Ausschau halten ~ **26** vor dem Weintor endet der Kraut-und-Rüben-Radweg.

Schweigen-Rechtenbach s. S. 99

ANSCHLUSS **Wollen Sie von hier zurück nach Bockenheim radeln, folgen Sie südlich des Weintors der Radroute Tour 7 in umgekehrter Richtung. Um zu Tour 12 bzw. zum nächsten Bahnhof zu gelangen, wenden Sie sich vom Weintor aus südwärts nach Wissembourg.**

Wissembourg (Weißenburg) Ⓕ s. S. 100

Tour 9 Rhein-Radweg 115,9 km

HM/km: ↗ 0,7 (80m) ↘ 0,8 (90m) Radweg: 84 % Unbefestigt: 4 % Verkehr: 2 %

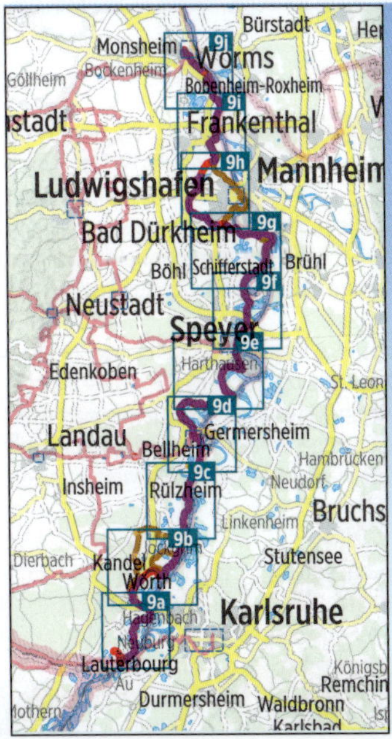

Bei dieser Tour lässt sich hervorragend Kultur mit Freizeit kombinieren. Es wartet auf Sie eine Gegend voll Abwechslung: historisch geprägt durch Ansiedlungen der Römer und geschätzt von Königen und Kaisern des Heiligen Deutschen Reiches, aber auch im Visier machtpolitischer Interessen der Herrscher rechts- und linksseits des Rheins. Beeindruckende Kulturdenkmäler und archäologische Ausgrabungen legen hiervon Zeugnis ab. Exemplarisch dafür stehen die beiden UNESCO-Welterbestätten in Speyer sowie jene in Worms. Andererseits genießen Sie abseits der liebenswerten Fachwerkdörfer die faszinierende, urwüchsige Auenlandschaft der Altrheinarme, an denen eine Fülle von Naherholungsgebieten oft mit Badeseen zum Verweilen einlädt.

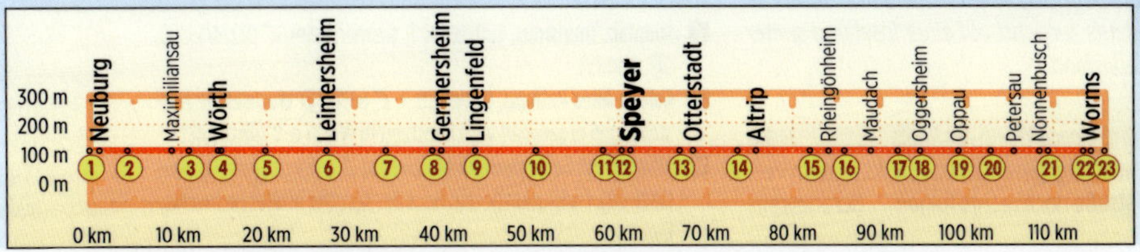

Charakteristik

Start: Neuburg, Bahnhof
Ziel: Worms, Hauptbahnhof
Wegbeschaffenheit: fast durchgehend Asphaltwege und -straßen
Verkehr: meist ortsfern auf Dammwegen fast ohne Autoverkehr, städtische Radwege und ruhige Ortsstraßen
Steigungen: durchgehend flach
Beschilderung: einheitlich mit Eurovelo EV 15 und dem Begriff Rhein
Tipp: Die beschriebene Tour ist Teil der Internationalen Vèloroute Rhein/Rhein-Radweg. Wegen Deichbau- und Polderarbeiten ist immer wieder mit Teilsperrungen des Rhein-Radwegs zu rechnen; Umleitungen werden jeweils ausgeschildert. Ferner können ihnen Fahrzeuge begegnen, die der Deichpflege dienen. Badesachen werden empfohlen; Beeinträchtigungen durch Schnaken im Sommer sind möglich.
Anschlusstouren: 4, 10, 11, 12

Neuburg am Rhein

Vorwahl: 07273

Tourist-Information, Hauptstr. 50, ✆ 1226, @ yoc542

Rheinfähre „Baden-Pfalz" Neuburg am Rhein-Neuburgweier, Rheinstr., ✆ 0176/21826198. Fährzeiten: Mär-Sept. Mo-Fr 6.45-19 Uhr, Sa, So/Fei 10-19, Okt. Sa, So/Fei nur bis 18 Uhr, Nov.-Feb., Mo-Fr 6.45-10 und 14-19 Uhr. @ gss221

Rheinaue-Museum, Hauptstr. 50-52, ✆ 1226 Das Museum zeigt das Dorfleben am Rhein mit dessen häufig wechselndem Flusslauf. @ vnq177

Schifffahrtsmuseum „Lautermuschel", Bruchloch 2, am Yachthafen in der Lautermündung, ✆ 1226 Vollständig restauriertes Museumsschiff. @ opf574

Baggersee „Epple", Im Derrück

Der Ort verdankt seine Entstehung der im 11. Jahrhundert gegründeten Zollfeste Nevenburg des Bistums Speyer. Im Laufe der Jahrhunderte entwickelte es sich zu einem schmucken Schiffer- und Fischerdorf. In den 1970er Jahren kam das Lotsen- und Fischerhandwerk zum Erliegen. Erwähnenswert ist, dass der Ort noch bis Ende des 16. Jahrhunderts auf der rechten Seite des Rheins lag, ehe er sich durch Veränderungen des Flusslaufs zunächst auf einer Insel und später linksrheinisch wiederfand.

Von Neuburg am Rhein nach Wörth am Rhein 14 km

1 Vom Bahnhof Neuburg fahren Sie nach links ~ dem Verlauf der **Bahnhofstraße** nach rechts folgen ~ geradewegs weiter durch die **Hauptstraße** ~ an deren Ende rechts in die **Rheinstraße** ~ vor der Brücke über die Lauter links auf den Rheinhauptdeich abbiegen.

TIPP: Nach ca. 1,5 km können Sie in der Neuburger Lautermuschel (Restaurantschiff mit Freisitz) direkt am Rhein eine Pause machen. Zudem gibt es ein Schifffahrtsmuseum.

Danach am Deich bleiben ~ **2** bald entfernt sich der Weg vom Rhein ~ quer durch ein Kieswerk ~ kurvenreich entlang des Rheindammes dem Wörther Stadtteil Maximiliansau entgegen ~ wieder an den Rhein, bei Hochwasser bleiben Sie hinter dem Deich ~ **3** auf dem schmalen ehemaligen Treidelpfad unter der Eisen- und Autobahn hindurch und direkt dahinter links.

Maximiliansau (Wörth am Rhein)

Ab der nächsten Straßenkreuzung den Radweg der **Maximilianstraße** nutzen ~ in den 3 Kreisverkehren jeweils geradeaus ~ ⚠ noch vor der Brücke auf den linksseitigen Radweg wechseln ~ 50 m nach dem Bahnhof halbrechts in die **Bahnhofstraße**.

Wörth am Rhein

Vorwahl: 07271

Südpfalz Tourismus, Luitpoldpl. 1, Germersheim, ✆ 07274/53300, @ vmm153

Galerie Altes Rathaus, Ludwigstr. 1, ✆ 6030 Wechselnde Ausstellungen organisiert vom Kunstverein Wörth e. V. @ uxh431

Altwörth mit Gebäudeensemble, Ludwig-/Altrheinstr. Altes Rathaus (1826-28), Christuskirche und Haus der Künstler in alter Fachwerkskunst.

Bürgerpark mit Skulpturengarten. 8 Skulpturen des Bildhauers Volker Krebs aus Sandstein und Kupfer, kreisförmig um eine zentrale Flügelfigur angeordnet. @ lfh143

Badepark Wörth, Badallee, ✆ 131480. Zehn Becken, darunter Wellenbecken, Becken mit Doppelrutschen 63 und 67 m lang. @ iev212

Hallenbad Wörth, Mozartstr. 8, ✆ 131460, @ yby571

Von Wörth am Rhein nach Leimersheim 13 km

Nach 150 m halbrechts in die **Dammstraße** und gleich rechts in die Grünanlage ~ vorbei an der Schule, dann die **Forlacher Straße** rechts versetzt überqueren und am idyllischen Altrhein entlang ~ **4** am Ende bei dem kleinen Spielplatz in einer Linksschleife nach oben und dort rechts auf die **Friedrichstraße**.

VARIANTE: Optional können Sie hier links auf den Polderinfopfad wechseln. Diese explizit als Umleitung beschilderte Variante des Rhein-Radwegs dient bei Deichbauarbeiten als Umleitung, ist darüber hinaus landschaftlich und auch der reizvollen Orte wegen sehr empfehlenswert.

Der Polderinfopfad 16 km

Biegen Sie gleich rechts ab in die **Ottostraße** ~ rechts halten in die **Hartmannstraße** ~ an der T-Kreuzung rechts und entlang der **L 540** ~ vor Jockgrim links auf den Wirtschaftsweg ~ an der T-Kreuzung vor den Häusern rechts, dann links in die **Gartenstraße** ~ an deren Ende links in die **Bahnhofstraße**.

Jockgrim

Vorwahl: 07271

Südpfalz Tourismus, Luitpoldpl. 1, Germersheim, ✆ 07274/53300, @ vmm153

Verbandsgemeinde Jockgrim, Untere Buchstr. 22, ✆ 599180, @ oql417

Ziegeleimuseum, Untere Buchstr. 22a, ✆ 52895 Dokumentiert wird die Geschichte der Herstellung von Ziegeln und sonstigen Tonerzeugnissen von 1883-1972 in der ehemaligen Falzziegelfabrik Carl Ludowici, damals Marktführer in Europa. @ bde432

Hinterstädtel, Ludwigstr. Mit Stadtmauer, Stadttor (15. Jh.,) und Zehnthaus (1718) mit barocker Figurennische, heute Kunst- und Kulturzentrum von überregionalem Ansehen. @ qdh565

Hinterstädtelfest. 1. Wochenende im Sept., in zweijährigem Rhythmus (immer in geraden Jahren) @ kpk182

Kugelhaus, Untere Buchstr. Das innovative „Fertighaus" aus Stahl mit knapp 5 m Durchmesser stammt vom erfindungsreichen Dr. J. Wilhelm Ludowici. Es bot alles, was für einen Zwei-Personen-Haushalt zum Wohnen notwendig war – einschließlich einer Badewanne. Obwohl es auf internationalen Messen in London und Paris in den 50er Jahren des 20. Jhs. großes Interesse fand, konnte es sich auf dem Weltmarkt nicht behaupten.

Lina-Sommer-Platz, Ludwigstr. Benannt nach der humorvollen, pfälzischen Heimat- und Mundartdichterin (1862-1932); Lina-Sommer-Weg, Rundgang durch den Ort mit Informationstafeln über die Dichterin.

Rathaus - Villa Sommer, Maximiliansstr. 36, @ trf373

Polderinfopfad. 14 Schautafeln entlang des Themenpfades geben Auskunft über das umfangreiche, langjährige Bauprojekt für den Hochwasserrückhalteraum, der als Überflutungsgebiet (Polder) nicht nur den direkten Anliegern, sondern auch den weiter flussabwärts gelegenen Regionen und Städten von Nutzen ist. Auf informative Weise wird ferner die Vergangenheit der betroffenen Ortschaften anschaulich dargestellt. @ syg415

Baggersee Naherholungsgebiet Johanneswiesen, ✆ 599182, @ evb664

Der festungsähnliche Eindruck rührt aus einer Zeit, als dieser Ort noch eine Burg- und Schlossanlage besaß, in der zeitweise die Speyerer Bischöfe residierten. Der Reiz der auf dem langgestreckten Rhein-Hochgestade gelegenen Gemeinde zeigt sich in ihrem idyllischen, alten Ortskern mit dem unter Denkmalschutz gestellten Fachwerkensemble im „Hinterstädtel". Die

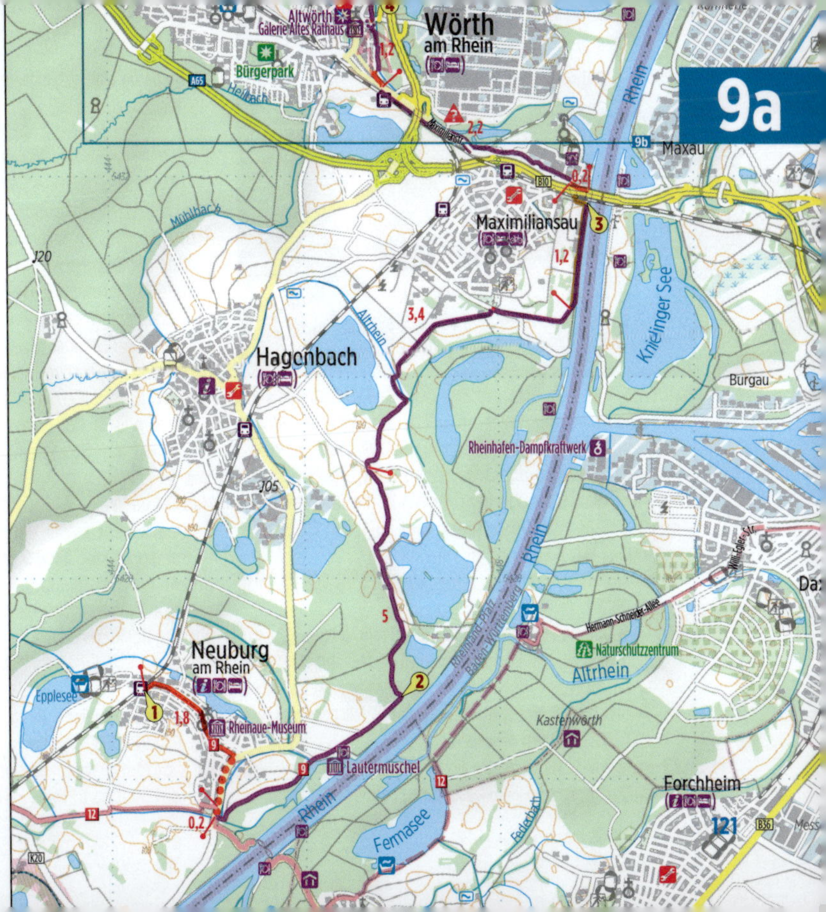

Jockgrim, Ziegeleimuseum

öffentlichen Gebäude, die aus der alten Industrieanlage der Ziegelei in moderner Form entstanden, erinnern an die Blütezeit der einstmaligen Falzziegelfabrik, in der weltweit erstmals Tonziegel industriell hergestellt wurden.

Kurz vor dem Bahnübergang rechts in die **Untere Buchstraße** ~ bis zum Ortsausgang und über den Otterbach ~ entlang der **L 540** nach Rheinzabern.

Rheinzabern

Vorwahl: 07272

- **Terra-Sigillata-Museum**, Hauptstr. 35, ✆ 955893 Ausstellungsstücke und detaillierte Angaben erzählen anschaulich die Geschichte der am besten erforschten Keramikersiedlung des römischen Reiches. Darüber hinaus attraktive Sonderausstellungen, und zwei Römische Brennöfen. @ bkd861
- **Pfarrkirche St. Michael.** Kirche aus dem 18. Jh. mit mittelalterlichem Wehrturm und schöner, zweiläufiger Barocktreppe. @ tvi852
- **Stattliche Wohngebäude.** In Fachwerk und Stein (18. Jh.) in der Hauptstraße und Hoppelgasse.

Aufgrund der großen Tonvorkommen errichteten die Römer im 2. Jh. n. Chr. in Tabernae Rhenanae die größten Ziegeleien und Töpferwerkstätten nördlich der Alpen. Neben alltagstauglichem, einfachem Tongeschirr wurde in der Terra-Sigillata-Manufaktur feines Tafelgeschirr mit dem typisch rotbraun glänzenden Brand gefertigt. Jährlich gingen bis zu einer Million Gefäße auf die Reise nach West- und Osteuropa, was durch die Lage Rheinzaberns an einer wichtigen römischen Handels- und Wasserstraße begünstigt wurde. Blickfang des Römerdorfs ist heute die geschlossene Fachwerkarchitektur in der Ortsmitte, Teil des „Historischen Rundgangs durch Rheinzabern".

Nach dem Ende des Radwegs weiter auf der **Außerdorfstraße** ~ dem Straßenverlauf durch den schönsten Teil des Ortes folgen ~ rechts in die **Neupotzer Straße** und den Ort verlassen ~ an endlos langen Spargelreihen und Erdbeerfeldern sowie der **Wanzenheimer Mühle** vorbei ~ auf der Brücke die **B 9** überqueren ~ am Kreisverkehr geradeaus nach Neupotz ~ kurz vor dem Ortseingang rechts auf einen Wirtschaftsweg ~ nach 400 m links und entlang des Otterbachs.

Neupotz

Vorwahl: 07272

- **Verbandsgemeinde Jockgrim**, Untere Buchstr. 22, Jockgrim, ✆ 07271/599180, @ oql417
- **Kath. Pfarrkirche St. Bartholomäus**, Kirchstr. Neuromanische Kirche (1837-1840), nach Plänen von August von Voit.
- **Haus Leben am Strom**, Hauptstr. 4, ✆ 7000261 Bietet einen Überblick über den Kampf der Menschen gegen das Hochwasser am Rhein früher und heute. @ yqo273

An der T-Kreuzung ans andere Bachufer wechseln ~ unverzüglich auf den linken Wirtschaftsweg, der direkt auf den Rheindeich zur Hauptroute führt.

Auf der Hauptroute fahren Sie an der Gabelung am Vogelpark rechts in den Wirtschaftsweg ~ an Feldern und Höfen entlang, dann rechts über die B 9-Brücke und direkt danach links ~ an der K 25 geradeaus ~ zwischen Wald und malerischem Altrhein hindurch ~ **5** am Schöpfwerk vor dem Rheindeich links ~ nach 150 m am Rastplatz **Scherpfer Häusel** die Fahrt auf dem Damm durch die Auenwälder fortsetzen.

VARIANTE **Wenn der Polder geflutet ist, biegen Sie nach dem Rastplatz links ab und umfahren das Hochwasserrückhaltebecken.**

Die Rheinauen

Entstanden aus den ehemaligen Mäandern des Rheins sind die heutigen Altrheinarme ein idealer Lebensraum für eine Vielzahl von seltenen Pflanzen und Tieren. Diese geschützten Biotope sind einige der wenigen ursprünglichen Auenwälder Europas. In einem mehr oder weniger breiten, meist feuchten Überflutungsstreifen bis südlich von Ludwigshafen/Mannheim konnten auch Weich- und Hartholzauwälder überleben.

Nach dem Polder weiterhin links des Dammes bis Höhe Neupotz, wo von rechts der Polderinfopfad hinzustößt 6 am Abzweig zur Fähre vorbei bis zur L 549.

Leimersheim

Vorwahl: 07272

Südpfalz-Tourismus Verbandsgemeinde Rülzheim e.V., Am Deutschordenspl. 1, Rülzheim, ✆ 70021068, ✆ 70021069, @ ovd214

Rheinfähre „Peter Pan" Leimersheim–Leopoldshafen, ✆ 0176/21826198. Fährzeiten: März-Sept. Mo-Fr 6-19 Uhr, Sa, So/Fei 10-19 Uhr, Okt. Sa, So/Fei nur bis 18 Uhr, Nov., Dez., Feb, Mo-Fr 6-9 und 15-18 Uhr. @ dmb317

Bürgerhaus, Untere Hauptstr. 6. Ehemaliges Forsthaus (1775), später Schulhaus. Das stattliche Fachwerkgebäude wurde 2003 aufwendig renoviert.

Sehenswerte Fachwerkhäuser. Darunter das Fischerhaus Leimersheim, in dem ein Museum untergebracht ist, und die Leimersheimer Mühle in fränkisch-alemannischer Bauweise (18. Jh.). @ ujq276

Maislabyrinth, Seehof, ✆ 5237, ✆ 0172/9802720 Saisonal geöffnetes, „biologisch abbaubares" Labyrinth. @ aom678

War die im Tiefgestade des Rheins gelegene Ortschaft bis in die Mitte des 19. Jahrhunderts noch überwiegend bäuerlich geprägt, entwickelte sie sich mit der Begradigung des Rheins zu einem Fischer- und Schifferdorf. Der Schiffermast neben der Kirche erinnert noch heute daran, welch enorme Bedeutung diese Berufszweige für die Gemeinde besaßen. Mit anwachsendem Schiffsverkehr und zunehmender Verschmutzung des Rheins in der 2. Hälfte des 20. Jahrhunderts musste der Fischfang auf dem Fluss eingestellt werden.

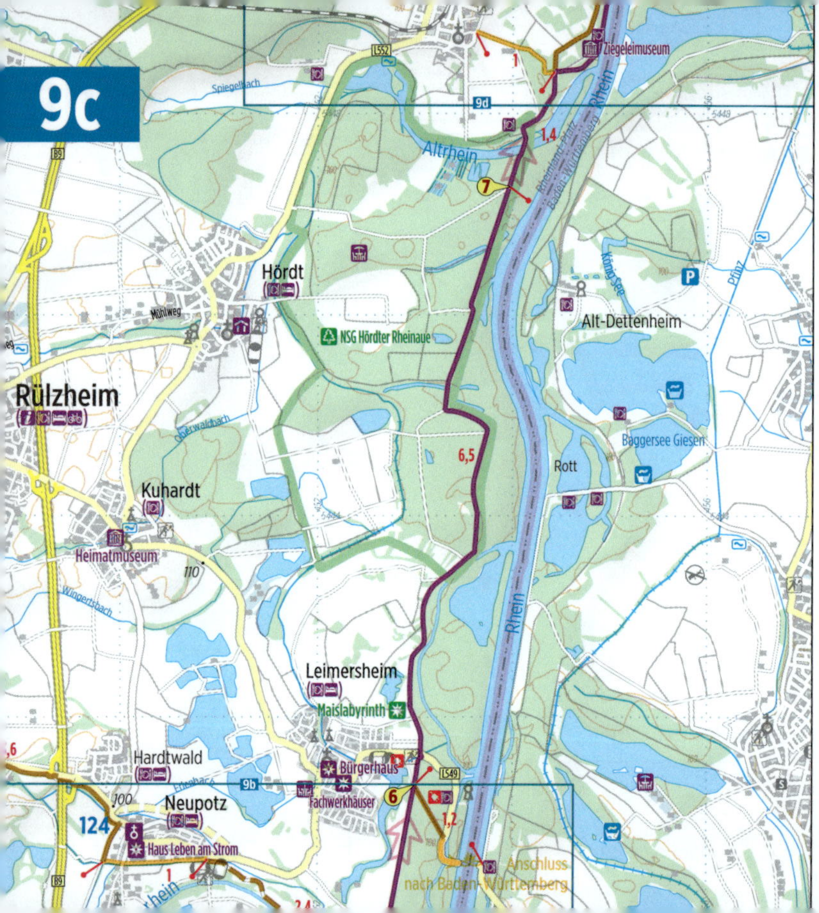

Von Leimersheim nach Germersheim *13 km*

Geradeaus über die Landstraße ~ immer links des Deichs, vorbei an einem Dammwachthaus ~ Sie radeln durch die **„Hördter Rheinaue“**, das zweitgrößte Naturschutzgebiet der Pfalz ~ der Damm leitet verlässlich durch das grüne Labyrinth ~ **7** vorbei an der Abzweigung nach Hördt ~ dem Deichverlauf folgend nach 400 m den **Sondernheimer Altrhein** überqueren ~ immer rechts halten ~ 500 m weiter quert die Straße **Kenneldeich**.

AUSFLUG Nach links können Sie einen Abstecher nach Sondernheim machen, welches mit seinen Fachwerkhäusern den typischen Pfälzer Dorfcharakter ausstrahlt.

Sondernheim (Germersheim)

Ziegeleimuseum, Alte Ziegelei, ✆ 07051/8060734
Geschichte der Ziegelei und Feldbahnanlage, @ bwb832

Auf der Hauptroute radeln Sie weiter am Rheindamm entlang.

VARIANTE Ist die Hauptroute wegen Hochwassers gesperrt, nutzen Sie die links parallel hinter dem Deich verlaufende Strecke.

Die Hauptroute führt auf dem ehemaligen Leinpfad direkt am Rheinufer und der ehemaligen Sondernheimer Ziegelei entlang ~ **8** unter der Eisenbahnbrücke hindurch, dann nach der **Schiffsanlegestelle** links ~ am Bahnhof durch die Bahnunterführung, links um den Kreisverkehr in die **Rudolf-von-Habsburg-Straße** und in der Rechtskurve vorbei an der Carnot'schen Mauer ~ vorbei am Zeughaus bis zum **Ludwigsring**.

AUSFLUG Ein Besuch der Stadt Germersheim ist sehr zu empfehlen. Biegen Sie dazu links in den Ludwigsring ein und folgen den Wegweisern des Festungsrundweges.

Germersheim s. S. 151

Von Germersheim nach Speyer *21 km*

Auf der Hauptroute radeln Sie geradeaus und fahren nach etwa 200 m am

Der Rhein bei Germersheim

Kreisverkehr rechts in die **Rheinbrückenstraße** ~ an 3 Kreisverkehren jeweils geradeaus ~ bei der von rechts kommenden Straße **Im Weidenschlag** links abbiegen ~ unter der Bahn hindurch, dahinter rechts und im Linksbogen links hinauf nach Lingenfeld ~ an der ersten Kreuzung rechts in die **Kirschenallee**, dann links in die **Friedrich-Ebert-Straße** ~ rechts auf die **Berliner Straße** ~ **9** bei Haus-Nr. 44 rechts über die Brücke, bald entlang der Bahn.

Lingenfeld

Vorwahl: 06344

Verbandsgemeinde Lingenfeld, Hauptstr. 60, 5090, @ jpq521

Kath. Pfarrkirche St. Martin, Kirchstr. Die Kirche wurde 1837-1840 nach Plänen von August von Voit im romanischen Stil erbaut.

Druslach-Bacherlebnisweg. Führt vom Bhf. Lingenfeld bis nach Zeiskam. @ kud681

Hallenbad, Humboldtstr. 7, 2761, @ itt173

Vor dem Bahnhof Lingenfeld rechts über die Bahn ~ auf dem Radweg links der **L 507** weiter ~ im Linksbogen der Landstraße rechts abbiegen und somit das Hochgestade verlassen ~ die Straße verläuft im ehemaligen Schwemmland des Flusses ~ bald am **Lingenfelder Baggersee** vorüber ~ 400 m nach der Schranke wendet sich der Weg nach rechts ~ dem Dammverlauf durch den Wald folgen.

Mechtersheim (Römerberg)

Baggersee Naherholungsgebiet Mechtersheim/Unterwald

Weiter am Damm ~ **10** an der Weggabelung vor dem Dammwachthaus links ~ wieder den Hochwasserdamm begleiten, der 1,5 km weiter nach links abknickt und einen weiteren Altrheinarm umrundet ~ 500 m hinter der Pappelallee verzweigen sich die Wege, die Hauptroute folgt bis Speyer weiter dem Dammverlauf ~ **11** südlich des Flugplatzes Speyer links auf den Radweg neben der **K 3**

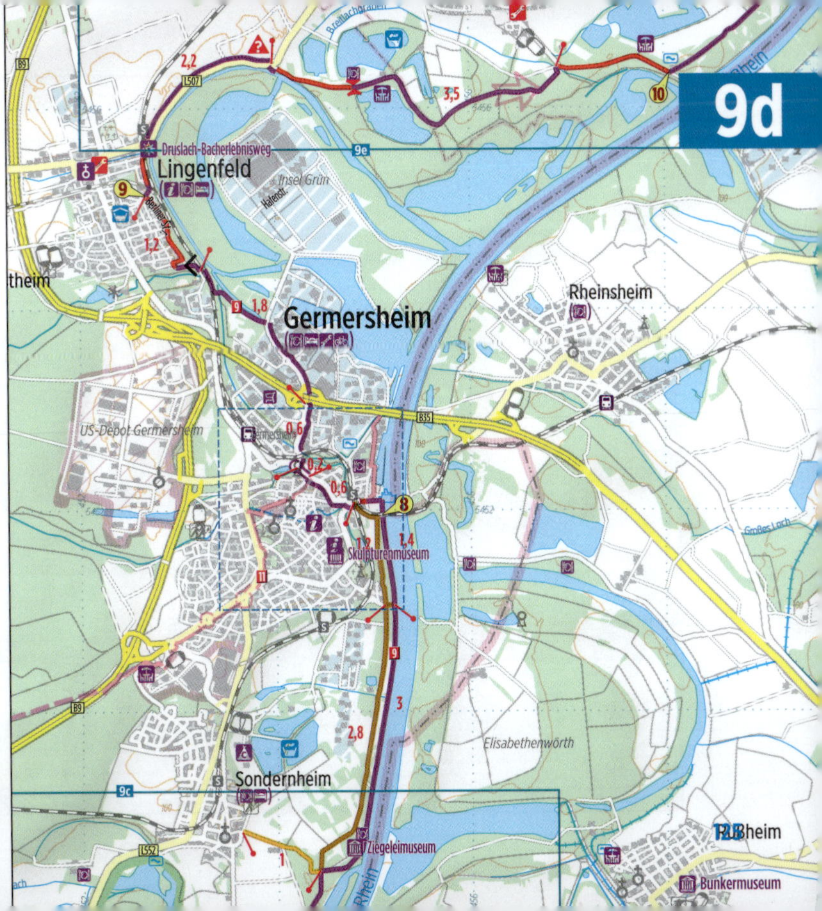

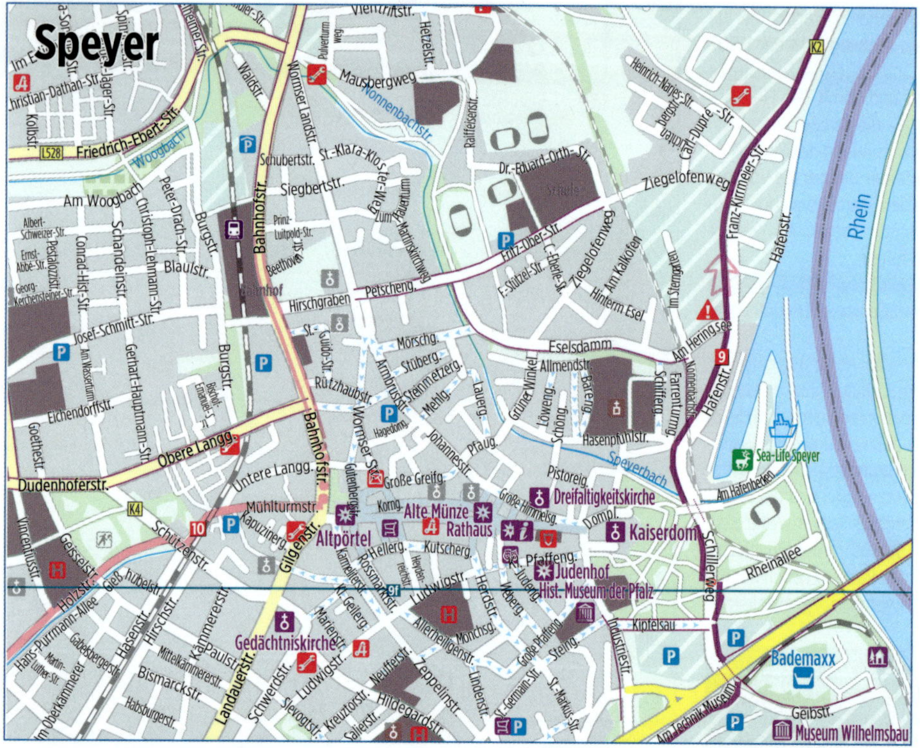

Richtung Speyer 12 an der großen Kreuzung wechseln Sie auf die rechte Seite und fahren links am Gelände des Technikmuseums vorbei, der Dom scheint bereits greifbar nahe kurz danach links in die **Geibstraße** und unter der **B 39** hindurch.

INS ZENTRUM **Wollen Sie ins sehenswerte Zentrum, biegen Sie nach ca. 100 m links ab in die Straße Klipfelsau und von dieser rechts abbiegend zum Dom und damit ins Zentrum.**

Speyer

Vorwahl: 06232

Tourist-Information, Maximilianstr. 13, ✆ 142392, @ kds767

Personenschifffahrt Streib, Schiffsanlegestelle Rheinufer beim Flaggenmast, ✆ 71366, ✆ 0171/1234889. Ausflugsfahrten auf Rhein und Altrhein. @ urp611

Dom zu Speyer

Historisches Museum der Pfalz, Dompl. 4, ✆ 13250 Ⓔ Einen wertvollen Teil der Sammlung bildet die Domschatzkammer mit den Funden aus den salischen Kaisergräbern, die 1900 im Dom geborgen wurden. Außerdem ist hier auch ein Weinmuseum untergebracht. @ aca722

Museum Wilhelmsbau, Am Technik-Museum 1 ⑦ Im Museum Wilhelmsbau, das sich nur wenige Schritte vom Technik Museum Speyer entfernt befindet, sind technische Kuriositäten wie vollautomatische Großorchestrien oder Flötenuhren zu sehen. @ vgd412

Technik Museum Speyer, Am Technik-Museum 1, ✆ 67080 ⑦ In der denkmalgeschützten „Liller Halle" und im großen Freigelände werden Exponate aus den Bereichen Luftfahrt, Eisenbahn, Feuerwehr und Schiffsbau präsentiert. Mit IMAX DOME Kino. @ iaw268

Kaiserdom, ✆ 102118 ⑦ Der imposante Bau gehört heute zu den bedeutendsten und größten romanischen Bauwerken Europas, UNESCO-Welterbe seit 1981. @ wkx437

Dreifaltigkeitskirche, Große Himmelsg. 4, ✆ 629958. Nach den Verwüstungen des Pfälzischen Erbfolgekrieges errichtete die lutherische Bür-

gerschaft 1701-1717 das Gotteshaus, dessen Fassade eine späte, idealisierte Renaissance mit der Formenlehre des Barock vereint. @ ale467

Gedächtniskirche, Bartholomäus-Weltz-Pl., ✆ 2890077 Die Kirche wurde in den Jahren 1893-1904 zur Erinnerung an die Protestaktion von 1529 errichtet. Sie gilt als einzige unversehrt erhaltene neugotische Großkirche Deutschlands. Ihr Kirchturm ist mit 105 m der höchste der Pfalz. @ rej346

Historisches Rathaus, Maximilianstr. 12. Charakteristischer Bau (1712-1726) des Spätbarock mit sehenswertem Ratssaal im Rokokostil. @ lcj722

Altpörtel, Maximilianstr. 55 Erbaut im 13. Jh., repräsentiert es als eines der höchsten (55 m) und bedeutendsten Stadttore Deutschlands die ehemalige Stadtbefestigung. @ lfo875

Speyer, Altstadt

Alte Münze, Maximilianstr. 90. Das Neue Kaufhaus am Markt wurde 1748 anstelle der mittelalterlichen Alten Münze neu errichtet. @ klr523

Judenhof mit Museum SchPIRA, Kleine Pfaffeng. 20-21, ✆ 291971 Das im frühen 12. Jh. angelegte rituelle Reinigungsbad (Mikwe) bildet das älteste jüdische Kulturdenkmal dieser Art in Deutschland. Seit 2021 gehört die Anlage zum UNESCO-Welterbe. @ ylm711

Kletterwald, Erster Richtweg 5, ✆ 6581190, ✆ 0176/61011199 Der Kletterwald verfügt über 10 Parcours auf ca. 60.000 m². @ sha787

Sea Life Speyer, Im Hafenbecken 5, ✆ 0180/666690101 Hier tauchen Sie ab in die Faszination der heimischen Unterwasserwelt. Vom Stichling über den Seestern bis zu den Haien – erfahren Sie „meer" über die Bewohner unserer Gewässer. @ gbh758

Bademaxx, Geibstr. 3, ✆ 6251500, @ oly516

Badesee Binsfeld, Wildentenweg

Badesee Bonnetweiher, Am Rübsamenwühl 31, ✆ 815174

Speyer ist eine Stadt von großer geschichtlicher Bedeutung. Unter den salischen Kaisern stieg sie zwischen 1024 und 1125 zu einem der herrschaftlichen Zentren des Deutschen Reiches auf. Um 1030 legte Konrad II. auf einer erhöhten Landzunge den Grundstein zum Bau des seinerzeit größten und prächtigsten Domes in der christlichen Welt. Seine Krypta wurde in der Folge die Grabstätte von acht deutschen Kaisern und Königen. Heinrich IV. trat 1076 von Speyer aus seinen Bußgang nach Canossa an, um die Lossprechung vom päpstlichen Bann und dadurch wieder die politische Handlungsfreiheit zu erlangen. Nach 1294 zählte die Stadt zu den Freien Reichsstädten und erlebte in ihren Mauern 50 Reichstage, darunter auch die für das Abendland so folgenreichen Reformationsreichstage von 1526 und 1529: auf ihnen wird die endgültige Spaltung der römischen Kirche vollzogen. Neben der reichspolitischen Funktion besaß die Stadt bevorzugtes Stapelrecht.

Wegen seiner historischen Bedeutung und seiner charmanten Altstadt, aber auch wegen des vielseitigen kulturellen Angebots ist Speyer heute einer der touristischen Glanzpunkte der Pfalz.

Von Speyer nach Ludwigshafen — 23 km

Auf der Hauptroute wechseln Sie an der Rheinallee auf die linke Seite und fahren am Rande des Domgartens weiter ~ immer geradeaus, dabei vorbei am Hafen ~ immer links der **K 2** auf dem Radweg (⚠ Unfallschwerpunkt!) ~ vorbei an einem Erholungsgebiet, dann unter der Autobahnbrücke hindurch und durch weitere große Naherholungsbereiche ~ **13** die von links herkommende **K 23** geradeaus überqueren, dann sofort links in den Wirtschaftsweg und auf Otterstadt zu.

INS ZENTRUM: An der nächsten Straße kommen Sie links nach Otterstadt, das mit seinem Stickelspitzer- und dem Ottertritschebrunnen pfälzischen Humor beweist.

Otterstadt

Auf der Hauptroute an der T-Kreuzung kurz rechts und gleich wieder links Richtung Altrip und innendeichs weiter ~ nach einer Geradeausfahrt an einer Querstraße kurz rechts halten ~ die Route führt jetzt rechts des Dammes weiter ~ 500 m nach der letzten Abzweigung wieder den Weg verlassen ~ dem Rheinhauptdeich linksseitig

Flusslandschaft bei Otterstadt

folgen und so den **Otterstädter Altrhein** mit seinen unzähligen Dauercampingplätzen umrunden ~ auf den folgenden 2 km erstreckt sich das Sommerparadies „Auf der Au" ~ entlang eines größeren Sees und vorbei am Bad ~ **14** überqueren Sie kurz nach der **Gaststätte Rheinblick** die Straße schräg nach rechts auf den Rheinhauptdeich ~ der Weg neben dem Damm gibt verlässlich die Route vor ~ bei den ersten Häusern von Altrip rechts auf den Damm hinauf ~ an der querenden Rheinstraße das Stoppschild beachten.

VARIANTE Wenn Sie an dieser Stelle links in die Rheinstraße abbiegen, können Sie alternativ zur Hauptroute durch Altrip fahren.

Altrip

Vorwahl: 06236

Verbandsgemeinde Rheinauen, Ludwigstr. 48, ☎ 399923, @ kbg876

Rheinfähre Altrip–Mannheim/Neckarau, ☎ 41820. Fährzeiten: Mo-Sa 5.30-22.30 Uhr , Sa, So/Fei 8-22.30 Uhr. @ sii553

Zusammen mit Speyer und Rheinzabern zählt Altrip zu den ältesten Orten der Pfalz, wie Funde aus der Römerzeit belegen. Eine bedeutende Kirchenpersönlichkeit – Abt Regino vom Kloster Prüm (Eifel) – wurde 840 hier geboren; sein Hauptwerk war die erste in Deutschland niedergeschriebene Weltchronik. Das ausgedehnte „Seengebiet", die Blaue Adria, im Westen der Gemeinde verdankt seine Entstehung einerseits dem mäandrierenden mächtigen Strom, andererseits dem extensiven Kiesabbau, aus dem viele Baggerseen entstanden. Bewohner des Ballungsraums Ludwigshafen/Mannheim und Urlauber suchen hier beim Schwimmen, Surfen, Segeln und weiteren Freizeitaktivitäten Erholung.

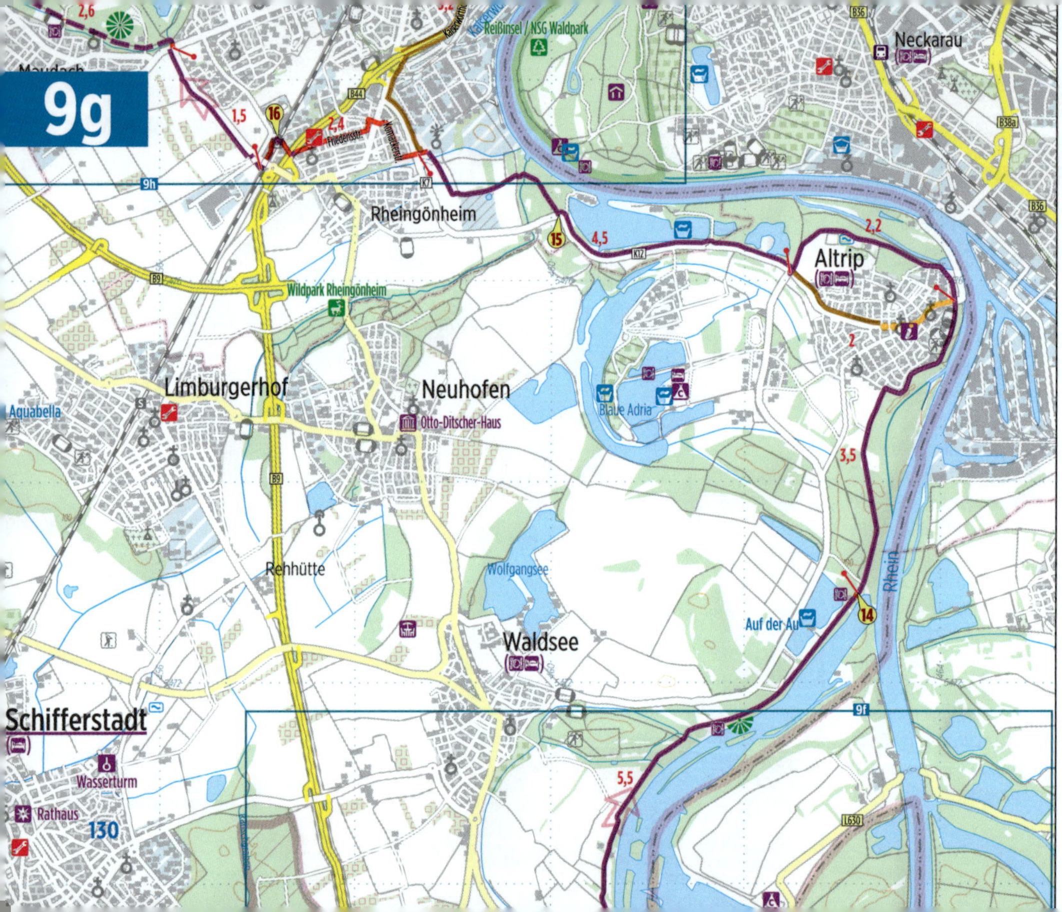

Auf der Hauptroute weiter neben dem Deich ⤳ nach einem weitläufigen Linksbogen endet der Deich vor der K 12.

AUSFLUG Geradeaus ist ein kleiner Abstecher zum Naherholungsgebiet Blaue Adria möglich, wo es auch Campingplätze gibt.

Noch vor der **K 12** rechts zurück und unverzüglich links ⤳ auf dem Radweg des Dammes weiter ⤳ **15** am Ende des Erholungsgebiets links versetzt über die Zufahrtstraße zum Yachthafen ⤳ ein Waldstück durchqueren, darin hinter einer kleinen Brücke nach links folgen ⤳ nach dem Wald geradeaus ⤳ nach 700 m vor dem Strommast nach rechts ⤳ 500 m später links zur Ampel an der K 7.

Rheingönheim (Ludwigshafen am Rhein)

VARIANTE Die Hauptroute umfährt Ludwigshafen weitläufig durch das Maudacher Bruch. Alternativ können Sie etwas kürzer, jedoch mit viel Kfz-Verkehr, durch die Stadt fahren.

Innenstadt-Variante Ludwigshafen 13 km

An der **K 7** rechts auf dem Radweg stadteinwärts ⤳ an der L 534 nach rechts ⤳ vor der Unterquerung der **B 44** dem Verlauf des Radwegs nach rechts in den **Kaiserwörthdamm** folgen ⤳ vorbei am Hafen in die Stadt ⤳ im leichten Rechtsbogen in die **Mundenheimer Straße** ⤳ nach dem Stadion rechts in die **Böcklinstraße** ⤳ die Lagerhausstraße und kurz darauf das Hafenbecken überqueren ⤳ gleich hinter den Gebäuden rechts auf den Geh- und Radweg ⤳ Sie befinden sich nun auf der Parkinsel ⤳ dicht am Rhein durch die Parkanlage ⤳ an deren Ende links ⤳ über eine

Ludwigshafen, Rhein Galerie

Fahrradrampe schraubt sich der Radweg auf eine Brücke hoch, die den Blick auf Luitpoldhafen und Rhein freigibt ⤳ rechts auf die **Rheinschanzenpromenade**, nach gut 300 m können Sie links ins Zentrum abbiegen.

Ludwigshafen am Rhein

Vorwahl: 0621

- **Tourist-Information**, Berliner Pl. 1, ✆ 512035, ✆ 512036, @ jcf511
- **Ernst-Bloch-Zentrum**, Walzmühlstr. 63, ✆ 5042450 Die Ausstellung beinhaltet Informationstafeln zu Blochs Biographie und zur Zeitgeschichte, das rekonstruierte Arbeitszimmer und Themensatelliten als Ausstellungsexponate zu sieben Leitthemen Ernst Blochs. @ ccg655
- **Stadtmuseum**, Rathauspl. 20, ✆ 5042574, ✆ 5042574 Den inhaltlichen Schwerpunkt bildet die industrielle Entwicklung Ludwigshafens und seiner Umgebung einschließlich der Geschichte der neuzeitlichen Chemie. @ elv365
- **Wilhelm-Hack-Museum**, Berliner Str. 23, ✆ 5043045 Werke der klassischen Moderne im abstrakt-konstruktiv-konkreten Kunstbereich. @ ygy267
- **Lutherturm der ehemaligen Lutherkirche**, Lutherstr. Die protestantische Lutherkirche wurde von 1858-62 als neugotische Saalkirche erbaut. Im Zweiten Weltkrieg blieb nur der Turm erhalten, die Reste wurden nach dem Krieg als Mahnmal für den Frieden stehen gelassen. @ tqd151
- **Ebertpark**. In dem 29 ha großen Park befinden sich neben Parkweiher und Restaurant verschie-

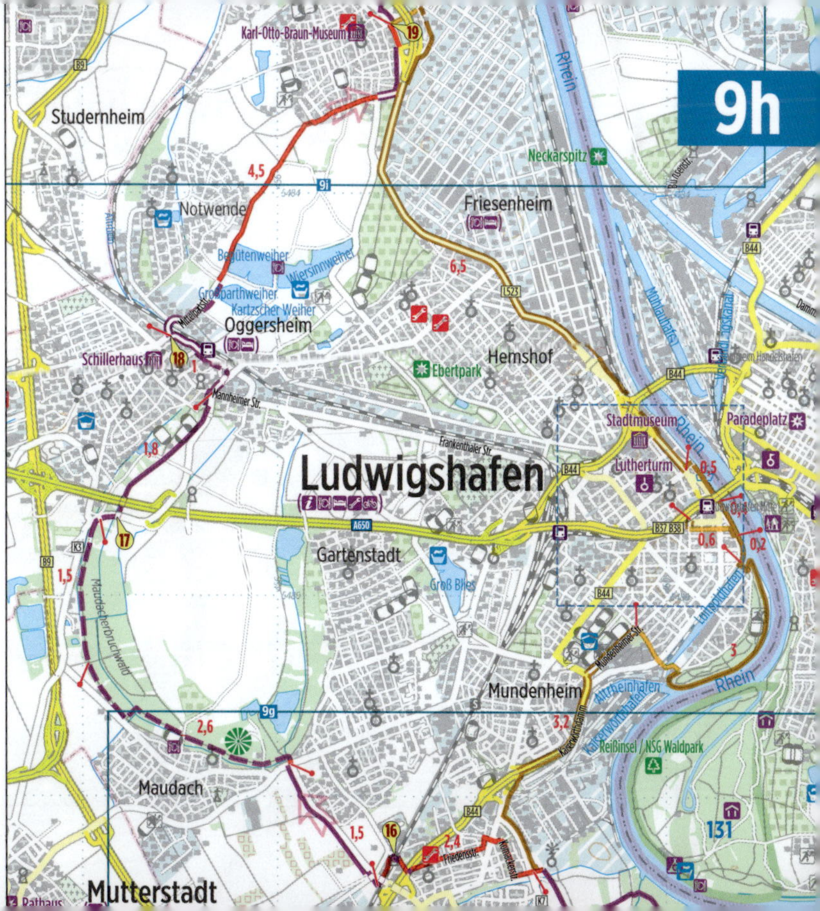

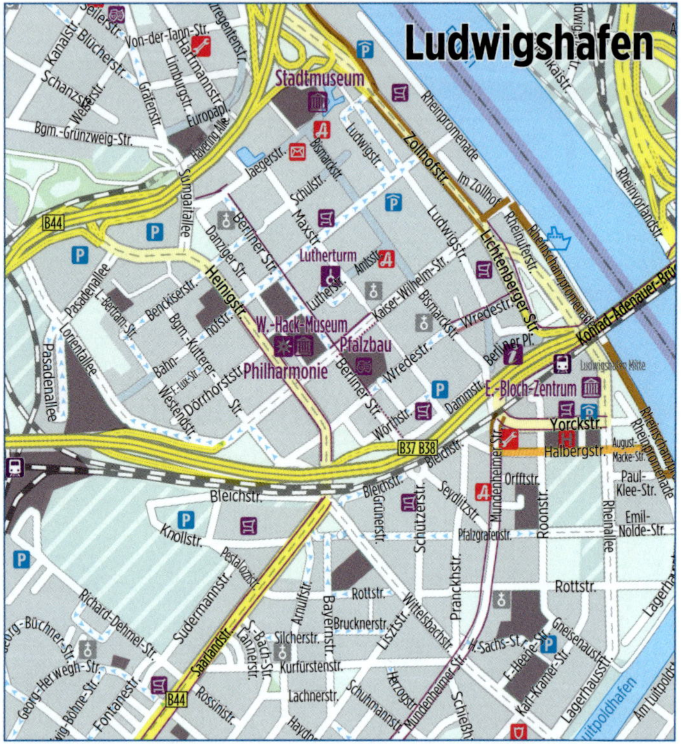

dene Gärten und die Friedrich-Ebert-Halle. @ jwq463

Badestelle Blies, Bliesstr., ✆ 5299155, @ hup357

Hallenbad Süd, Erich-Reimann-Str. 5, ✆ 5042900, @ lnu437

Mit über 160.000 Einwohnern ist Ludwigshafen größte Stadt und wirtschaftliches Zentrum der Pfalz. Gemeinsam mit Mannheim, von dem es durch den Rhein und die rheinland-pfälzisch/baden-württembergische Landesgrenze getrennt ist, bildet die Stadt das urbane Herz der Metropolregion Rhein-Neckar, in der rund 2,4 Millionen Menschen leben. Die Stadtrechte erhielt Ludwigshafen im Jahr 1859 und ist somit eine der jüngsten Städte der Pfalz. Entstanden ist der Stadtkern um die Rheinschanze, damals Brückenkopf der Festungsstadt Mannheim am linken Rheinufer.

Die rasante Entwicklung Ludwigshafens ist untrennbar verbunden mit der BASF. Der wirtschaftliche Erfolg des Chemieunternehmens führte zu einem rapiden Wachstum der Stadt. Innerhalb nur eines Jahrhunderts wuchs Ludwigshafen zur Großstadt. Das Stammwerk der BASF ist heute das weltweit größte Chemieproduktionsareal. Zur Freude Fahrradbegeisterter verfügt die BASF über einen firmeneigenen Fahrradparkplatz mit roten Drahteseln soweit das Auge reicht.

Für die Weiterfahrt nach Worms zunächst auf der **Rheinschanzenpromenade** bleiben ~ am deren Ende links, dann rechts in die **Zollhofstraße** und die Innenstadt verlassen ~ geradeaus unter dem Brückengewirr hindurch ~ nun immer weiter auf dem rechtsseitigen Radweg der **L 523** ~ an einer T-Kreuzung links in die **Rheinstraße** und unter der Brücke hindurch bis zur kreuzenden **K 1/Bad Aussee-Straße**, wo Sie auf die Hauptroute treffen.

Rheingönheim (Ludwigshafen am Rhein)

Von Ludwigshafen nach Worms 32 km

Auf der Hauptroute bei Rheingönheim geradeaus über die K 7 ~ rechts in die **Kornackerstraße** und deren Verlauf folgen ~ kurz nach der Hauptstraße links, dann nach 100 m rechts in die **Friedensstraße** ~ an deren Ende links hinter den Häusern vorbei, dann rechts auf der **Eisenbahnstraße** über die B 44 ~ **16** am Bahnhof durch die Fußgänger-Unterführung, drüben links und vorbei am Bahnhofsgebäude ~ kurz nach der Brücke rechts ~ weiter auf dem linksseitigen Radweg der **Meckenheimer Straße** ~ an der Ampel über die Maudacher Straße, dann nach 75 m nach links und hinein in den Wald.

Maudacher Bruch

Der Maudacher Bruch ist das größte Naherholungsgebiet Ludwigshafens. Das Landschaftsschutzgebiet entstand durch Absenkung des Grundwassers aus einer einstigen Flussschlinge des Rheins und beherbergt in noch erhaltenen Bereichen der Bruchlandschaft eine vielfältige Pflanzenwelt.

Die **Riedstraße** rechts versetzt queren ~ bei erster Gelegenheit links, dann wieder rechts und vorbei an Gärten ~ einen weiten Bogen fahren ~ **17** nach links die **K 3** unterqueren, dann die Autobahn ~ rechts des Mittelgrabens ~ an der Mannheimer Straße geradeaus über die Ampelkreuzung, dann nach links von der breiten Straße weg und leicht hinunter zur **Prälat-Caire-Straße** ~ dort die Zufahrt queren und auf den linksseitigen Radweg.

Oggersheim (Ludwigshafen am Rhein)

Vorwahl: 0621

Schillerhaus, Schillerstr. 6, ✆ 5042572 Das originalgetreu restaurierte Haus, in dem sich der Dichter 1782 auf seiner Flucht aus Stuttgart aufgehalten hatte, präsentiert vollständig die Erstausgaben Schillers. @ oel823

Melm, Am Brückelgraben 70, ✆ 5042904

Hallenbad, Hermann-Hesse-Str. 11, ✆ 5042901 , @ fdc315

Nach dem **Bahnhof Oggersheim** halblinks hoch zur Brücke über die Bahn ~ **18** oben den Bogen nach rechts fahren ~ kurz auf einem schmalen Schotterweg neben der **K 1** ~ weiter auf der ruhigen Straße ~ vorbei an den großflächigen Gewässern des Naherholungsgebiets Willersinnweiher bis zum Ortsrand von **Ludwigshafen-Oppau** ~ hier halbrechts in der **Horst-Schork-Straße** weiter ~ an deren Ende links in die **Bad-Aussee-Straße**.

Oppau (Ludwigshafen am Rhein)

Vorwahl: 0621

Karl-Otto-Braun-Museum, Edigheimer Str. 26, ✆ 653493 Neben Ortsgeschichte sind Wohnräume und Einrichtungen bürgerlicher und bäuerlicher Wohnkultur sowie landwirtschaftliche Geräte ausgestellt. @ rwm838

Biotope am ehem. Frankenthaler Kanal. Feuchte und nasse Abschnitte wechseln sich hier mit trockenen Hängen ab und bieten so einer Vielfalt von Pflanzen einen Lebensraum. @ ksh651

19 An der Ampel an der **Rheinstraße** auf den rechtsseitigen Radweg wechseln ~ alsbald schräg durch ein Wäldchen ~ nach dem Weiher unverzüglich rechts durch die Unterführung ~ über einen unbeschrankten Bahnübergang ~ vor der Querstraße links auf dem Radweg bleiben ~ rechts unter der Straße hindurch ~ nach 200 m halblinks, dann an der Rasthütte des Pfälzerwald-Vereins vorüber ~ direkt vor der Böschung rechts abbiegen ~ **20** in einem Linksbogen unter der wuchtigen Sandsteinbrücke der A 6 hindurch ~ am Rheindamm nach Norden ~ an der großen Reitanlage Hofgut Petersau entlang.

Petersau (Frankenthal (Pfalz))

Damm und Radweg entfernen sich vom Rhein und nähern sich der B 9 ~ bei der kleinen Siedlung leicht rechts, dann die K 8 überqueren ~ **21** an der nächsten Wegekreuzung links, dann kurz vor der B 9 in spitzem Winkel nach rechts auf den Damm zu ~ oben den ersten Weg nach links ~ noch einem Linksbogen folgen, dann auf ein schnurgerades, längeres Stück auf dem **Friedrichsweg** durch den Grüngürtel ~ vorbei am Tier- und am Stadtpark ~ **22** auf der Brücke über die B 9 und weiter in der

Nibelungenbrücke in Worms

Philosophenstraße nach Worms ~ rechts in die **Ludwigsstraße** ~ an der Ampel links durch die **Hagenstraße** ~ vor dem Dom nach links bis zur **Andreasstraße** und dort rechts ~ am Kreisverkehr rechts in den **Lutherring** ~ am nächsten Kreisverkehr die letzte Ausfahrt in die **Kriemhildenstraße** nehmen ~ am folgenden Kreisverkehr rechts hinab zur **Bahnhofstraße** und dort rechts ~ **23** am Bahnhof endet die Tour.

Worms s. S. 60

Tour 10 Palatia-Radweg 73,6 km

HM/km: ↗ 3,4 (248m) ↘ 2,9 (216m) Radweg: 78 % Unbefestigt: 35 % Verkehr: 3 %

In Speyer am Rhein beginnt die Fahrt quer durch die Rheinebene. Weite Gemüse- und Getreidefelder, der Speyerbach und immer wieder Wald schaffen die Voraussetzungen für eine erholsame Fahrt bis Neustadt an der Weinstraße. Wenn diese reizvolle Weinstadt hinter Ihnen liegt, begleiten Sie die unzähligen Windungen des Speyerbachs auf einem beschaulichen Ausflug in den Pfälzerwald. In diesem hügeligen und waldreichen Landstrich florierten einstmals Tuch- und Papierindustrie. Am Wege liegende Dorf- und Waldgasthäuser bieten neben leckeren Wild- und Pilzgerichten auch fangfrische Forellen und kräftige Pfälzer Hausmannskost an.

Charakteristik

Start: Speyer, Hauptbahnhof

Ziel: Elmstein bzw. Neustadt a. d. Weinstraße, Bahnhof

Wegbeschaffenheit: im Wesentlichen befestigte Wander-, Wald- und Radwege

Verkehr: überwiegend abseits des Straßenverkehrs, innerörtliche und Kreisstraßen mit geringem Verkehr

Steigungen: in der Rheinebene flach, ab Neustadt wechseln sich auf der tendenziell ansteigenden Strecke leichtere Steigungen mit flachen Teilen ab, zwischen Elmstein und Iggelbach stärkere Anstiege; danach eine starke Gefällstrecke bis zum Helmbachweiher

Beschilderung: nicht einheitlich: zwischen Speyer und Neustadt meist Wegweiser mit der Bezeichnung Neustadt und/oder R 58, ab Neustadt teilweise Wegweiser mit Fahrrad in einem braunen, unterbrochenen Kreis, teils Schilder mit Ortsnamen. Eine Neubeschilderung mit einem eigenen Logo für den Palatia-Radweg ist für die nähere Zukunft geplant.

Tipp: Wer sich die Herausforderung der Schleife über Iggelbach ersparen möchte, kann bereits ab Elmstein auf demselben Weg zurückfahren. Von Mai bis Oktober verkehrt jeden zweiten Sonntag der historische Dampfzug „Kuckucksbähnel" auf der Strecke Neustadt – Elmstein.

Anschlusstouren: 7, 8, 9

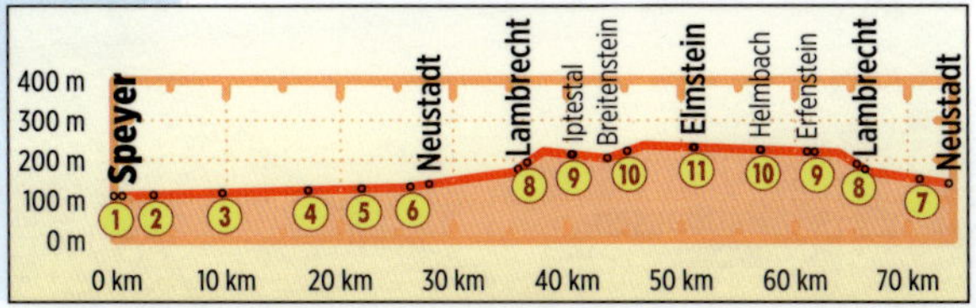

Speyer s. S. 126

Von Speyer nach Neustadt a. d. Weinstraße 28 km

1 Vor dem Bahnhof fahren Sie rechts auf den Radweg der **Bahnhofstraße** ~ an der **Mühlturmstraße** nach rechts, links gelangen Sie über den Postplatz zum majestätischen Dom ~ am Ende der **Mühlturmstraße** rechts in die **Schützenstraße** und gleich wieder links in die **Holzstraße** ~ weiter auf dem Wirtschaftsweg ~ die Brücken der B 9 unterqueren ~ nach ca. 200 m rechts abbiegen ~ an der T-Kreuzung rechts und gleich darauf links unter der Brücke hindurch ~ **2** an der T-Kreuzung links und kurz darauf rechts ~ nach einem Vereinsheim links ~ auf der **Schillerstraße** nach Dudenhofen.

Dudenhofen

Vorwahl: 06232

ℹ **Verbandsgemeinde Römerberg-Dudenhofen**, Konrad-Adenauer-Pl. 6, ✆ 6560, @ lph152

In Dudenhofen, vielfach auch als vorderpfälzische Spargelmetropole bezeichnet, kann man im Frühjahr seinen

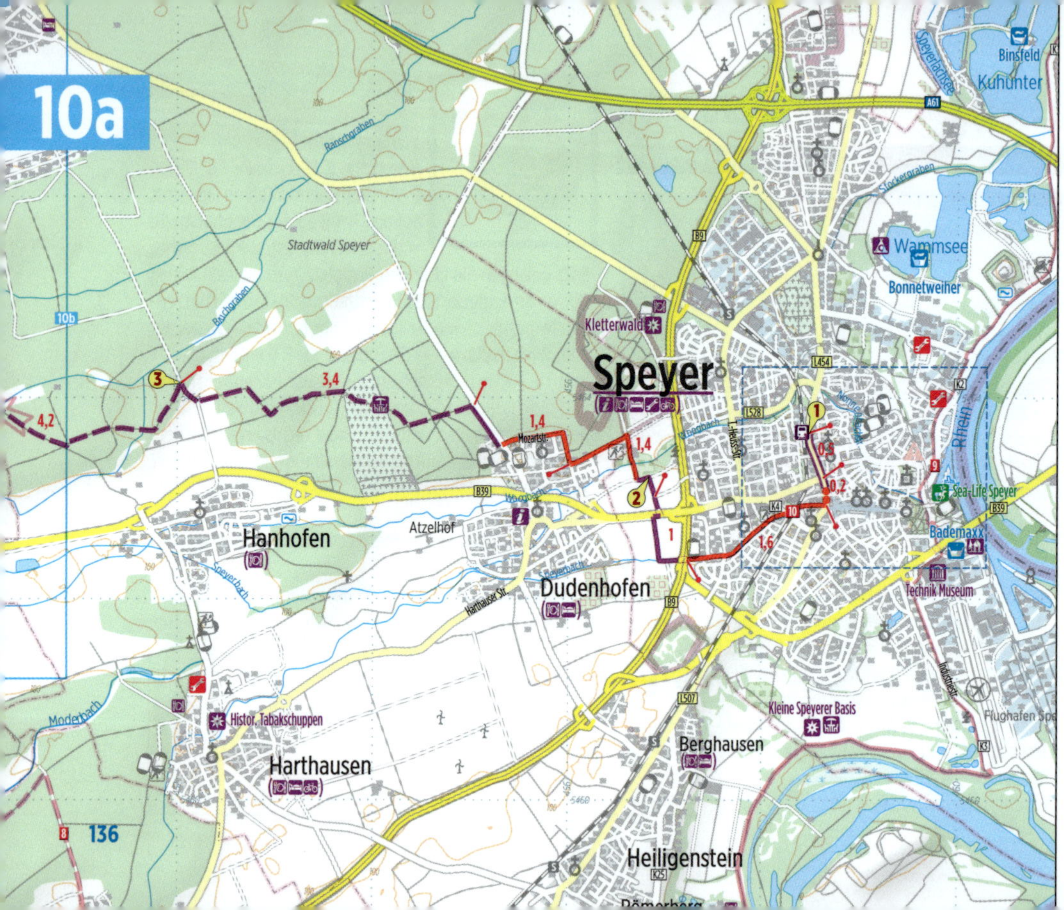

Spargel direkt bei den Erzeugern des „weißen Goldes" kaufen. Gegen Ende der Spargelzeit (am 2. Wochenende im Juni) feiern die Dudenhofener alljährlich in gemütlichen Hofschänken ihr Spargelfest. Im Rahmen eines Bildhauersymposiums wurden zur Erinnerung an traditionelle Wegezeichen und Feldkreuze neun Buntsandsteine bearbeitet und als Flurzeichen auf einem Skulpturenweg westlich des Friedhofs aufgestellt. Zu den Attraktionen für Kinder gehört zweifelsohne der weitläufige Nachbarschaftsspielplatz (Modellanlage des Landes Rheinland-Pfalz) – im nördlichen Dudenhofen gelegen.

Rechts in die **Hermann-Löns-Straße** ~ links in die **Mozartstraße** ~ an der T-Kreuzung über die **Iggelheimer Straße** und rechts auf dem Radweg ~ 300 m nach der Ganerbhalle links in den sogenannten Ganerbwald hinein ~ vom Waldweg nach etwa 900 m rechts ~ an der **Schutzhütte Waldfrieden** vorbei bis zu einer Lichtung mit kreuzenden Wegen ~ fast geradeaus fahrend ~ ziemlich bald im 90-Grad-Winkel nach rechts ~ bald wieder links und alsbald aus dem Wald hinaus ~ **3** gleich schräg rechts wieder in den Wald hinein und unmittelbar danach in einem spitzen Winkel nach links ~ nach 500 m rechts und über einen Wassergraben durch den Laubwald ~ an einer T-Kreuzung kurz links, dann sofort rechts ~ nun ein langes Stück fast schnurgerade weiter ~ in einer kurzen Spitzkehre links und nach dem Graben direkt wieder rechts ~ von hier haben Sie freie Sicht zu den hoch aufragenden Fahr-Attraktionen des Haßlocher Holiday-Parks ~ weiter entlang des Wassergrabens bis zur L 529 und diese überqueren, linkerhand sehen Sie den Eingangsbereich der Ponyfarm Haßloch ~ still und gemächlich fließt der Bach links des Radwegs ~ geradeaus für kurze Zeit in den Wald ~ danach ein langes Stück am Waldessaum ~ bei klarer Sicht sehen Sie von hier aus sogar die im Pfälzerwald liegende Burg Trifels ~ **4** hinterm Rastplatz mittels des Übergangs leicht links versetzt über die L 530 und weiter auf dem Pfad am Wassergraben ~ durch den lichten Blätterwald erblicken Sie über bunte Wiesen hinweg das Haardtgebirge ~ dem Bogen des Wegs nach rechts folgen ~ die **K 14** queren.

AUSFLUG

Hier treffen Sie auf Tour 8, die ein Stück parallel verläuft. Für einen Abstecher nach Haßloch folgen Sie dieser geradeaus.

Haßloch s. S. 108

Auf der Hauptroute fahren Sie links, kurz entlang der **K 14** und wieder in den Wald hinein ~ dem Verlauf des Waldwegs folgen ~ nächste Gabelung links ~ zwischen Feldern und Waldrand bis zur T-Kreuzung ~ hier links ~ **5** bei nächster Gelegenheit wieder rechts ~ dem Schwung des Weges folgend gelangen Sie an den Speyerbach ~ auf der Metallbrücke den Bach über- und kurz danach die **A 65** unterqueren ~ wieder ans rechte Bachufer wechseln ~ fast geradeaus ~ vorbei am Reiterhof mit seinen weitläufigen Koppeln, an der T-Kreuzung links ~ kurz darauf über die K 20 ~ bei den Häusern dem Rechtsbogen folgen ~ nach dem nächsten Linksbogen der Straße an der Gutsschänke vorbei ~ nach 250 m auf Höhe der Bahnbrücke wieder links

~ vor dem Rehbach rechts abbiegen ~ **6** unter den Bahnbrücken hindurch in den **Harthäuser Weg** nach Neustadt hinein ~ am nächsten Abzweig links in die **Landwehrstraße** ~ über den Speyerbach und direkt dahinter rechts in den Radweg ~ am Ende des Radwegs links in die **Winzinger Straße** ~ vor der Kirche rechts in die **Konrad-Adenauer-Straße** und weiter bis zur Karl-Helfferich-Straße.

Neustadt a. d. Weinstraße s. S. 88

Von Neustadt a. d. Weinstraße nach Elmstein *22 km*

Sie überqueren die Karl-Helfferich-Straße und fahren geradeaus in die **Laustergasse** ~ dem Linksbogen folgen und am kleinen Platz rechts abbiegen ~ immer geradeaus bis Sie am baumbestandenen Platz rechts in die Straße **Kohlplatz** abzweigen ~ geradeaus über die B 38 in die **Lindenstraße** ~ an der T-Kreuzung links in die **Sauterstraße** ~ nach den Sportplätzen kurz links und gleich danach rechts halten in die **Wolfsburgstraße** ~ **7** links in die **Würzmühle**, die Bahn unterqueren und rechts auf den Radweg an der **B 39** ~ auf dem Radweg die Stadt verlassen ~ kurz nach der Achatmühle auf den linksseitigen Radweg wechseln ~ nach ca. 300 m links ~ durch den **Parkplatz Nonnental** ~ an seinem Ende auf den asphaltierten Weg ~ nach der Färberei über den Speyerbach und wieder entlang der **B 39** nach Lambrecht ~ nach der Kläranlage links in die **Wiesenstraße** ~ an der **Karl-Marx-Straße** links versetzt in die **Gerberstraße** und am Zunfthaus vorbei ~ rechts die Klosterkirche umrunden.

Neustadt an der Weinstraße, Marktplatz

Lambrecht (Pfalz)

Vorwahl: 06325

- **Tourist-Information Tal vital**, Sommerbergstr. 3, ✆ 181110, @ taq387
- **Edith-Stein-Gedenkstätte**, Hauptstr. 93, im Toni-Schröer-Haus, ✆ 980456 © Frater Toni Braun hat rund 750 Exponate zum Leben und Nachleben der jüdisch-christlichen Märthyrerin zusammengetragen.
- **Klosterkirche St. Lambrecht**, Marktstr. 29, ✆ 8154. Im Innern der Kirche (1320-1343) gibt es Seccogemälde an den Chorwänden, die Barockorgel von Johann Georg Geib (1777) ist noch fast original erhalten. Erwähnenswert sind die Kirchenkonzerte in den Sommermonaten.
- **Postturm**, Bahnhofstr. Ursprünglich 1884 nach italienischem Vorbild erbaut mit einem Postaufzug, der den Höhenunterschied zwischen Hauptstraße und dem oberhalb gelegenen Bahnhof ausgleichen sollte. Nach seiner Zerstörung neu errichtet.

Lambrecht, Klosterkirche St. Lambert

- **Zunfthaus**, Wallonenstr. 11. Dreistöckiges Patrizierhaus (1607/08) mit aufwendigem Fachwerk und Erkertürmchen – ein Juwel pfälzischer Handwerkskunst. Wurde 2004 von Grund auf renoviert.

Lambrecht entstand aus dem Ende des 1. Jahrtausends gegründeten Benediktinerkloster St. Lambrecht. Ihren ehemaligen Beinamen „Tuchmacherstadt" erhielt die Stadt von eingewanderten, wallonischen Tuchmachern im 16. Jahrhundert. Die hohe Qualität ihrer Stoffe war bei den Adeligen sehr begehrt, der Ort erlebte durch die zunehmende Tuchproduktion einen soliden Wohlstand. Wie überall in Deutschland wurden die einstmals 24 Tuchfabriken nach dem Zweiten Weltkrieg nach und nach stillgelegt. Die Stadt lebt heute von mittelständischer Industrie und von Touristen, welche die Ruhe und die urwüchsige Landschaft gerne auf Wanderungen genießen.

Ein tierischer Volksbrauch stellt die Geißbock-Ablieferung zur Geißbockversteigerung in Deidesheim dar, die Lambrecht seit 1350 alljährlich an Pfingsten für Weiderechte im Deidesheimer Wald erbringen muss.

Hinter der Kirche in die **Grabenstraße** und nach 60 m rechts durch eine schmale Gasse in die Straße **Kleiner Weg** ~ **8** rechts in die **Schorlenbergstraße** ~ an einer Gabelung den rechten, ebenen Waldweg wählen ~ dem kurvigen Verlauf folgen ~ an der Asphaltstraße links ~ weiter bis nach **Iptestal** ~ **9** rechts in die **Iptestalstraße** ~ deren Linksbogen und Übergang in einen Waldweg folgen ~ in Nähe des Speyerbachs und der Bahngleise des Kuckucksbähnels immer auf dem rechten Forstweg bleiben ~ auf diesem Stück ist mit gelegentlichem Autoverkehr zu rechnen ~ über dem Elmsteiner Tal liegen die Burgruinen Spangenberg, Erfenstein und etwas später Breitenstein.

Erfenstein (Esthal)

- **Ruine Erfenstein.** Die Burg gehörte einst den Leininger Grafen. 1470 wurde sie während der Weißenburger Fehde genauso zerstört, wie die gegenüberliegende Burg Spangenberg.
- **Ruine Spangenberg**, Schankenstalstr. 3, Ruine Spangenberg (Esthal), Besichtigung: nur zu den ÖZ der Burgschänke mit einem Führer. Im 11. Jh. erbaute und ab 1100 zum Hochstift Speyer gehörende Burg, 1688 zerstört. @ gqb384

Breitenstein (Esthal)

- **Ruine Breitenstein.** Hoch über dem Tal thronen die Reste der 1470 zerstörten Felsenburg.

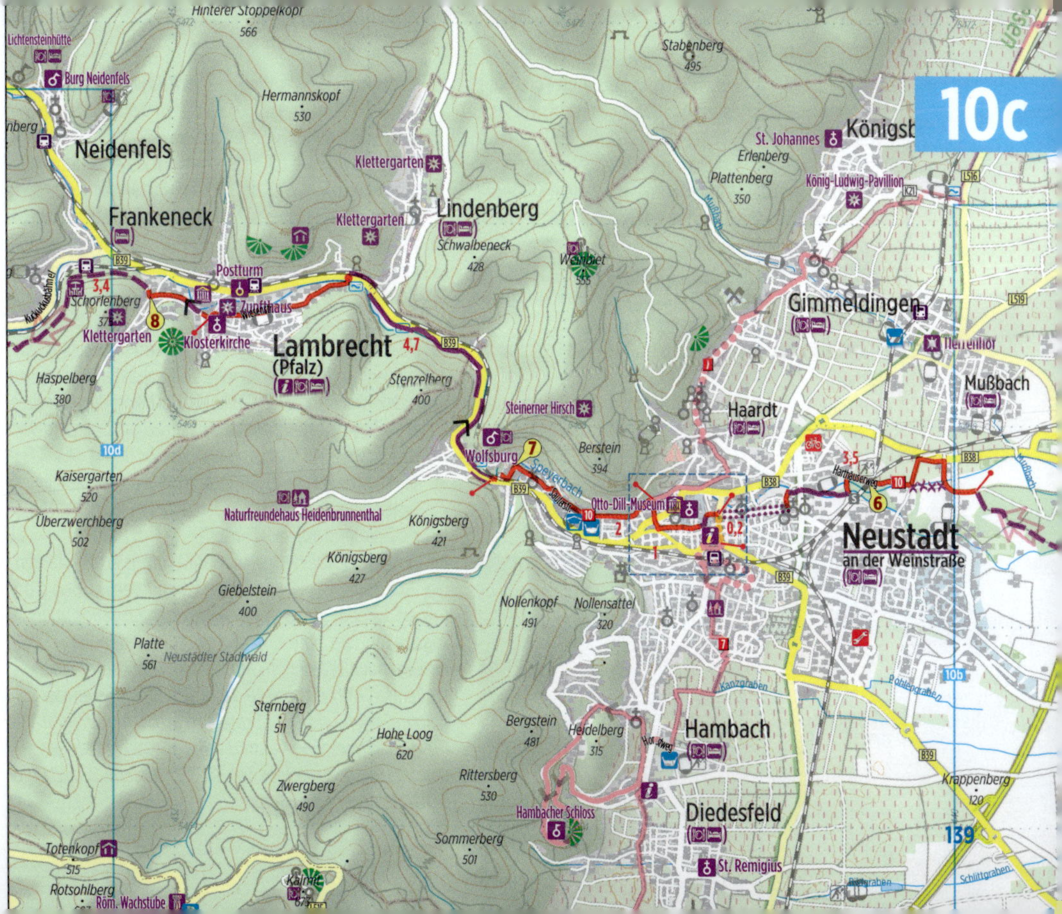

Links in die **L 514**, dann nach 50 m rechts zum **Forsthaus Breitenstein** und von dessen Parkplatz aus rechts versetzt am Waldsaum entlang ~ **10** links auf die **K 51** ~ nach 600 m zweimal rechts ~ gleich an der Weggabelung rechts ~ den Windungen des Wegs folgen ~ nach dem **Klärwerk** Bahnlinie und Bach überqueren, danach links hinein nach Appenthal ~ im Linksbogen der **Talstraße** durch den Ort.

Appenthal (Elmstein)

Alter Turm, Talstr. 13. Der Turm aus rotem Sandstein gehörte zu einer Kirche, die Ende des 15. Jhs. erbaut wurde.

Links abbiegen in die **Bahnhofstraße** ~ **11** bis zur T-Kreuzung.

INS ZENTRUM: Wenn Sie zur Ortsmitte von Elmstein wollen, biegen Sie an dieser Stelle rechts ab und bleiben auf der Bahnhofstraße.

Elmstein

Vorwahl: 06328

Tourist-Information, Bahnhofstr. 60, ✆ 234, @ yae611

Erfenstein, Burgruine Spangenberg

Alte Samenklenge – Haus der Forst- und Waldgeschichte, Hauptstr. 52, ✆ 902919, ✆ 234 Wichtiger Teil der Ausstellung ist die ursprüngliche Funktion des Gebäudes als Staatliche Samenklenge. Die Besucher können die einzelnen Apparaturen und Gebäudeteile der Samenklenge besichtigen. Vom Ausgangs- bis zum Endpunkt wird die schrittweise Gewinnung der kostbaren Samen aus Zapfen dargestellt. @ gug545

Wappenschmiede, Möllbachstr. 5-7, ✆ 234, Schmiedevorführungen jeden 1. und 3. So im Monat 11-17 Uhr. Das Hammerwerk wurd 1790 gegründet und stellte bis 1975 Werkzeuge und Gerätschaften aller Art her. @ bkd266

Ruine Elmstein. Teile der Ring- und Schilmauer sowie des Palas sind von der im pfälzischen Erbfolgekrieg 1689 zerstörten Burg erhalten.

Kuckucksbähnel, ✆ 06321/30390. Mit dem historischen Dampfzug, der aus dem Fahrzeugbestand des Eisenbahnmuseums Neustadt zusammengestellt wird, kann man von Mai bis Okt. alle 14 Tage sonntags (zusätzliche Fahrten nach Sonderfahrplan) von Neustadt/Lambrecht nach Elmstein und zurück fahren. Fahrräder können mitgenommen werden. @ wap535

Im Elmsteiner Tal finden sich auf extrem kurzer Distanz vier Burgruinen. Im Unterschied zu anderen Burgen dienten sie keinem Adligen als Wohnsitz, ausgenommen zu Jagdzeiten. Sie hatten einzig und allein den Zweck, die umliegenden Wälder im Grenzbereich der drei aneinander stoßenden Hoheitsgebiete des Hochstifts Speyer, der Leininger Grafen und der Kurpfalz zu schützen. Kriegerische Auseinandersetzungen um die Burgen gab es nie – allein der Pfälzische Erbfolgekrieg (1689) hinterließ auch hier seine zerstörerischen Spuren.

Pfälzerwald im Morgenlicht

VARIANTE: **Die Rückfahrt erfolgt auf demselben Weg bis Neustadt. Vorher können Sie optional eine 5 km längere Schleife über Iggelbach einschieben. 130 m höher finden Sie ein hübsches Örtchen mit Einkehrmöglichkeiten.**

Links in die **Iggelbacher Straße** ~ die nächsten 3 km geht es stetig und steil auf der **K 19** bergauf nach Iggelbach.

Iggelbach (Elmstein)

Vorwahl: 06328

Tourist-Information, Bahnhofstr. 60, Elmstein, ✆ 234, @ yae611

Ziplinepark, Eschkopfstr., ✆ 9849460, @ yyr467

Auf der **Dorfstraße** steil abwärts durch den Ort ~ nach der Kirche rechts in die Straße **Alte Hohl** ~ an der T-Kreuzung links ~ geradeaus über den Kreisverkehr ~ kurz nach dem Ortsende rechts ~ sofort links Richtung Kläranlage ~ danach auf den linken unbefestigten Weg entlang der **K 17** ~ zwischen Waldrand und Iggelbach immer bergab ~ die K 18 queren ~ am **Forsthaus Frechental** vorbei ~

bis zum Naturbadesee **Helmbachweiher** und unmittelbar danach links auf die **K 51** zu ⤳ nach 400 m treffen Sie wieder auf den von der Herfahrt bekannten Weg.

Auf der Hauptroute folgen Sie der **L 499** im Abwärtstrend zurück nach Neustadt ⤳ im Ortsgebiet auf dem bekannten Weg bis zur Kreuzung mit der Karl-Helfferich-Straße.

ZUM BAHNHOF Wenn Sie zum Bahnhof wollen, biegen Sie rechts ab in die Karl-Helfferich-Straße. Nach gut 200 m haben Sie das Bahnhofsgebäude erreicht.

Neustadt a. d. Weinstraße s. S. 88

Am Speyerbach

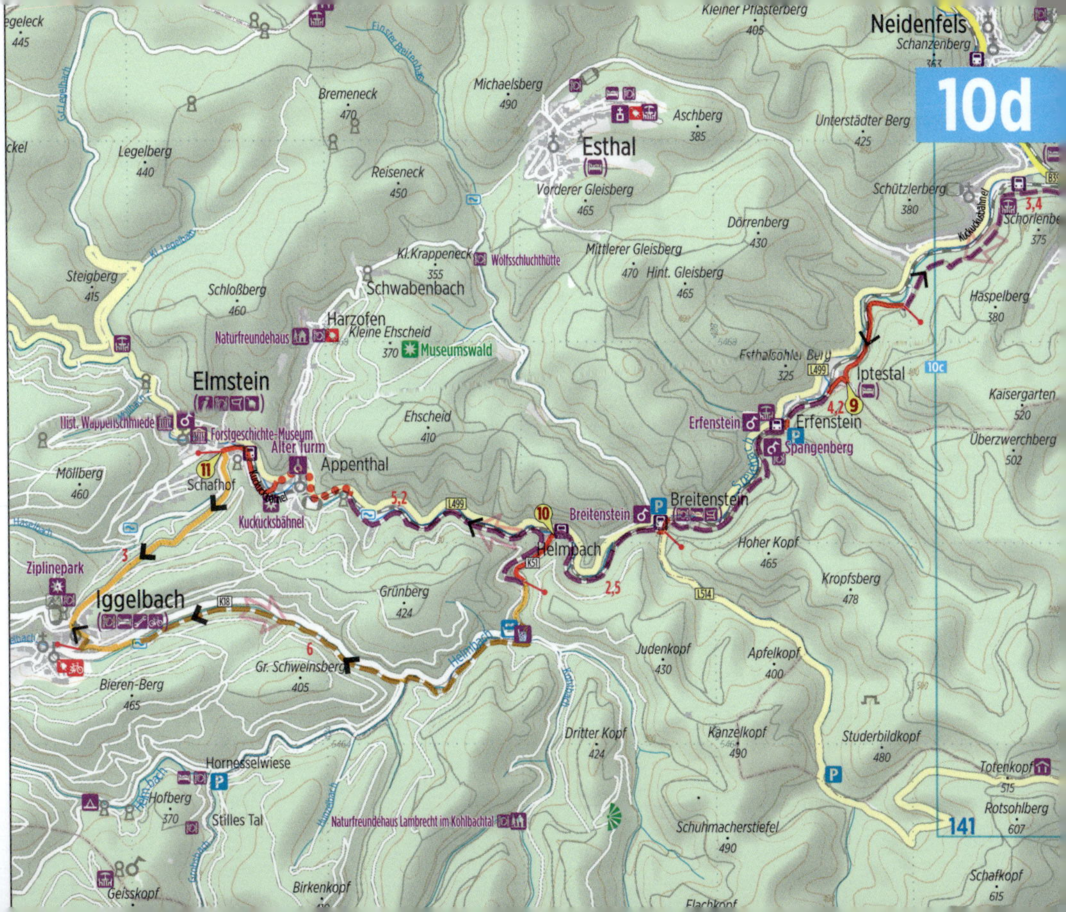

Tour 11 Queich-Radweg 55,8 km

HM/km: ↗ 0,8 (47m) ↘ 3,6 (202m) Radweg: 74 % Unbefestigt: 28 % Verkehr: 4 %

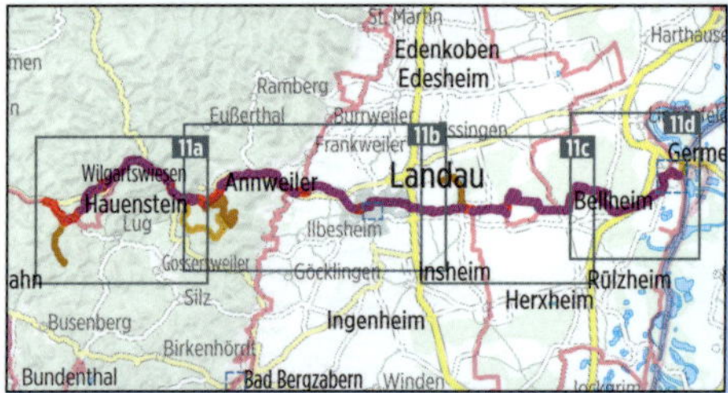

Wer der ruhig dahinfließenden Queich folgt, wird mit einer besonderen landschaftlichen und kulturellen Vielfalt belohnt. Von der Schuhmetropole Hauenstein im Biosphärenreservat Pfälzerwald führt die Tour vorbei an Burgruinen und der weit über die Region hinaus bekannten Stauferburg Trifels. Inmitten saftig grüner Wiesen können Sie entspannt radeln, und in malerischen Fachwerk- und Weinbaudörfern wartet manch Kleinod auf seine Entdeckung. Das Stauferstädtchen Annweiler wie auch die Festungsstädte Landau und Germersheim erzählen eindrucksvoll von ihrer bewegten Geschichte.

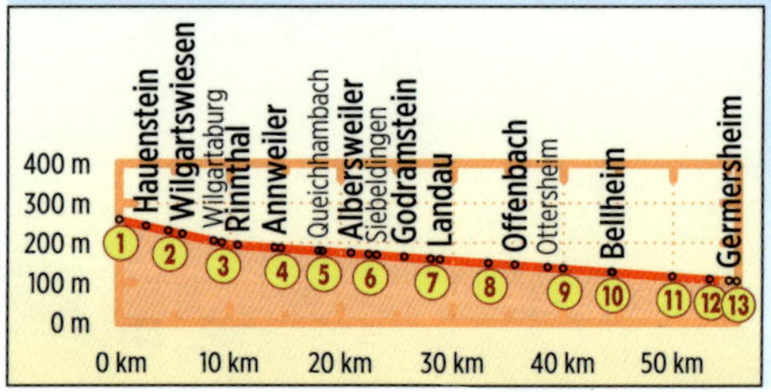

Charakteristik

Start: Hauenstein, Bahnhof Mitte

Ziel: Germersheim

Wegbeschaffenheit: asphaltierte Wege, gelegentlich festgefahrene Waldwege

Verkehr: überwiegend Rad- und Wirtschaftswege, vereinzelt auf Straßen, nur in Städten mit teils leichtem bis stärkerem Verkehr

Steigungen: leicht ansteigende Strecke vom Bahnhof Hauenstein zur Quelle, sonst abfallend bis zum Rhein

Beschilderung: gut beschildert mit dem Queichtal-Logo

Anschlusstouren: 2, 7, 8, 9

Hauenstein s. S. 33

Von Hauenstein nach Annweiler am Trifels 14,5 m

1 Startpunkt ist der **Bahnhof Hauenstein**, wenden Sie sich hier nach links ~ an der **Pirmasenser Straße** rechts und mitten durch das Schuhzentrum ~ leicht aufwärts in den Ort ~ gleich nach einem Turm rechts Richtung Paddelweiher in die **Pirminiusstraße** ~ an der Straßengabelung rechts in die **Michaelstraße** ~ bis zur Kreuzung Dahner Straße.

AUSFLUG Nach rechts können Sie im Stephanstal im sanften Anstieg zur Quelle der Queich zu gelangen und optional unterwegs in der urigen Paddelweiherhütte einkehren.

Auf der Hauptroute biegen Sie links ab in die **Dahner Straße** ~ an der T-Kreuzung rechts und über den **Marktplatz**, dahinter links halten in die **Landauer Straße** ~ aus dem Ort hinaus ~ weiter auf dem linksseitigen Radweg ~ **2** an der Eisenbahnunterquerung auf die rechte Straßenseite wechseln ~ weiter auf dem Radweg bis Wilgartswiesen ~ an der Kreuzung rechts ~ am Dorfplatz vorbei.

Wilgartswiesen s. S. 34

Beim **Rathaus** links in die **Breitenbergstraße** und sogleich rechts in die **Herrengasse** ~ rechts in die **Austraße** ~ ab dem Ortsende wieder auf den Radweg ~ etwas länger radeln Sie zwischen Queichwiesen und Waldrand ~ **3** nach rechts die **B 10** unterqueren, dann links halten und auf dem Radweg nach Rinnthal.

Rinnthal

Vorwahl: 06346

- **Trifelsland Büro für Tourismus**, Messpl. 1, Annweiler am Trifels, ☎ 2200, @ qbb621
- **Evang. Pfarrkirche**, Hauptstr. Kirche (1831-1834) im klassizistischen Stil.
- **Pfarrhaus**, Hauptstr. 16. Das Haus (1839) stammt aus der Biedermeierepoche.
- **Sandsteinskulptur**. Die Skulptur (2003) steht am westl. Ortseingang.

Im Ort vorbei an der Kirche, die sich durch ihre weiße Fassade von den umgebenden Häusern in Fachwerk und aus heimischem roten Sandstein deutlich abhebt ~ auf straßenbegleitendem Radweg nach Sarnstall.

Sarnstall (Annweiler am Trifels)

Durch das Örtchen ~ kurz nach dem Ortsende tauchen hoch oben liegend die Reichs- und Kaiserburg Trifels und die Burgruinen Anebos und Scharfenberg (Münz) auf ~ bis zum Kreisverkehr vor Annweiler weiterfahren.

VARIANTE **Wenn Sie genügend Zeit haben, können Sie an dieser Stelle nach rechts abbiegen, um die gut 200 m höher liegende Kaiserburg Trifels zu erklimmen. Der anstrengende Abstecher (6 km auf steil ansteigender Straße) belohnt mit einem grandiosen Rundblick auf die Nachbarburgen, den Pfälzerwald und in die Rheinebene, bei guter Sicht sogar auf den Odenwald und den Schwarzwald sowie zum Straßburger Münster.**

Auf der Hauptroute die Unterführung der **B 48** benutzen und nach Annweiler hinein ~ nach der Tankstelle rechts in die **August-Bebel-Straße** ~ das Gleis überqueren, dann

Annweiler, Burg Trifels

wenig später links in die **Queichstraße** ⁓ vor den Häusern links zur Queich ⁓ über den Bach und dahinter rechts ⁓ nach 100 m am Ufer auf der Holzbrücke über die Queich und unter dem Rundbogen des Storchentors hindurch ⁓ beim Alten Wasserrad nach links in die **Gerbergasse**.

Annweiler am Trifels

Vorwahl: 06346

- **Trifelsland Büro für Tourismus**, Messpl. 1, ✆ 2200, @ qbb621
- **Museum unterm Trifels mit Gerbermuseum**, Am Schipkapass 4, ✆ 9659760 Historisches von der Steinzeit über die mittelalterliche Reichsfeste, die Tradition der Gerber und die Stadtgeschichte bis in die heutige Zeit. @ aey723
- **Stadtkirche**, Kirchg. Gründung in der Stauferzeit (12. Jh.), mehrfach wiederaufgebaut.
- **St. Josef**, Saarlandstr. 7. Hohenstaufensaal mit Fresken von 1936/37.
- **Gotische Kapelle Zu unserer Lieben Frau**, Zweibrücker Str. In der Friedhofskapelle finden sich wertvolle Seccomalereien aus dem 15. Jh.
- **Burg Trifels**, ✆ 8470 Anmeldung von Führungen: ✆ 8470. Bedeutendste Stauferburg, Lieblingssitz von Friedrich I. (Kaiser Barbarossa), Sie diente mehr als 170 Jahre (1125 bis 1298) als Schatzkammer der Reichsinsignien. Originalgetreue Nachbildungen der Reichskleinodien sind noch heute in der Burg zu bewundern (die Originale befinden sich seit 1806 in der Wiener Hofburg). @ pjh241
- **Nachbarburgen Anebos und Scharfenberg**. Nur noch Spuren im Fels bzw. Teile des Burgfrieds erhalten.
- **Historischer Altstadtkern**. Mit Altem Wasserrad bei der Stadtmühle (Gerbergasse) und Mühlenrad der Lohmühle (Wassergasse/Schipkapass).
- **Rathaus mit Rathausplatz**. Sehenswerte Fresken im Rathaus mit Szenen aus dem Leben Friedrichs II.
- **Trifelsserenaden**, ✆ 2200. Im Kaisersaal der Burg Trifels.
- **Trifelsbad Annweiler**, Zweibrücker Str. 47, ✆ 3010, @ sma587

Unterhalb des Sonnenbergs, dem höchsten der drei Burgberge, liegt das geschichtsträchtige Annweiler, die zweitälteste Stadt der Pfalz. Gegründet von den Herrschern des Hauses Hohenstaufen, wurde Annweiler 1219 von Friedrich II. zur Freien Reichsstadt erhoben. Das imposante Wahrzeichen der Stadt, die 510 Meter hoch gelegene Kaiserburg Trifels, ist eine der bekanntesten Burgen in Rheinland-Pfalz. Berühmt wurde sie auch durch ihre Gefangenen: der bedeutendste war König Richard I. Löwenherz von England, der hier im Winter 1193/94 drei Wochen „verbrachte". Der Sage nach soll der Troubadour Blondel de Neel auf der Suche nach seinem König durch den Gesang eines nur den beiden bekannten Liedes Richard Löwenherz entdeckt und befreit haben.

Der Charakter der Altstadt entlang der Queich mit den dicht gedrängten Gerberhäuschen ist geprägt von der 300-jährigen Tradition des Gerberhandwerks. In verwinkelten Gassen mit schlichten Holzbrücken findet sich manch romantisches Plätzchen. Den ganz in der Nähe gelegenen Rathausplatz umsäumen blumengeschmückte Bürger- und Fachwerkhäuser.

Von Annweiler am Trifels nach Landau in der Pfalz 14 km

4 Über die Hauptstraße leicht versetzt in die **Wassergasse** ⁓ am Museum unterm Trifels und dem Mühlenrad der Lohmühle vorbei ⁓ durch den schmalen Durchgang am **Schipkapass** zum **Messplatz** und direkt danach rechts über die Brücke bis zur Hauptstraße ⁓ kurz links und nach 50 m rechts in die **Burgstraße** ⁓ dritte Straße links in die **Prof.-Schloßstein-Straße** ⁓ an deren Ende links in die **Waldfriedenstraße**, die zweite links und gleich wieder rechts in die **Jakob-Buchmann-Straße** ⁓ am Ende links zum Kreisverkehr mit der filigranen Libellenskulptur, die erste Ausfahrt überqueren und rechts auf den Radweg nach **Queichhambach** ⁓ durch den Ort weiterhin links der Straße.

TIPP: Am Ortsausgang stehen zwei ungewöhnliche Objekte: ein „Literamat" und der „1. öffentliche Bücherschrank der Pfalz" – entdecken Sie selbst deren geheimnisvolle Innenleben.

5 Danach Wechsel des Radwegs zur rechten Seite ⁓ auf der Brücke über die **B 10**, noch oben rechts abbiegen und

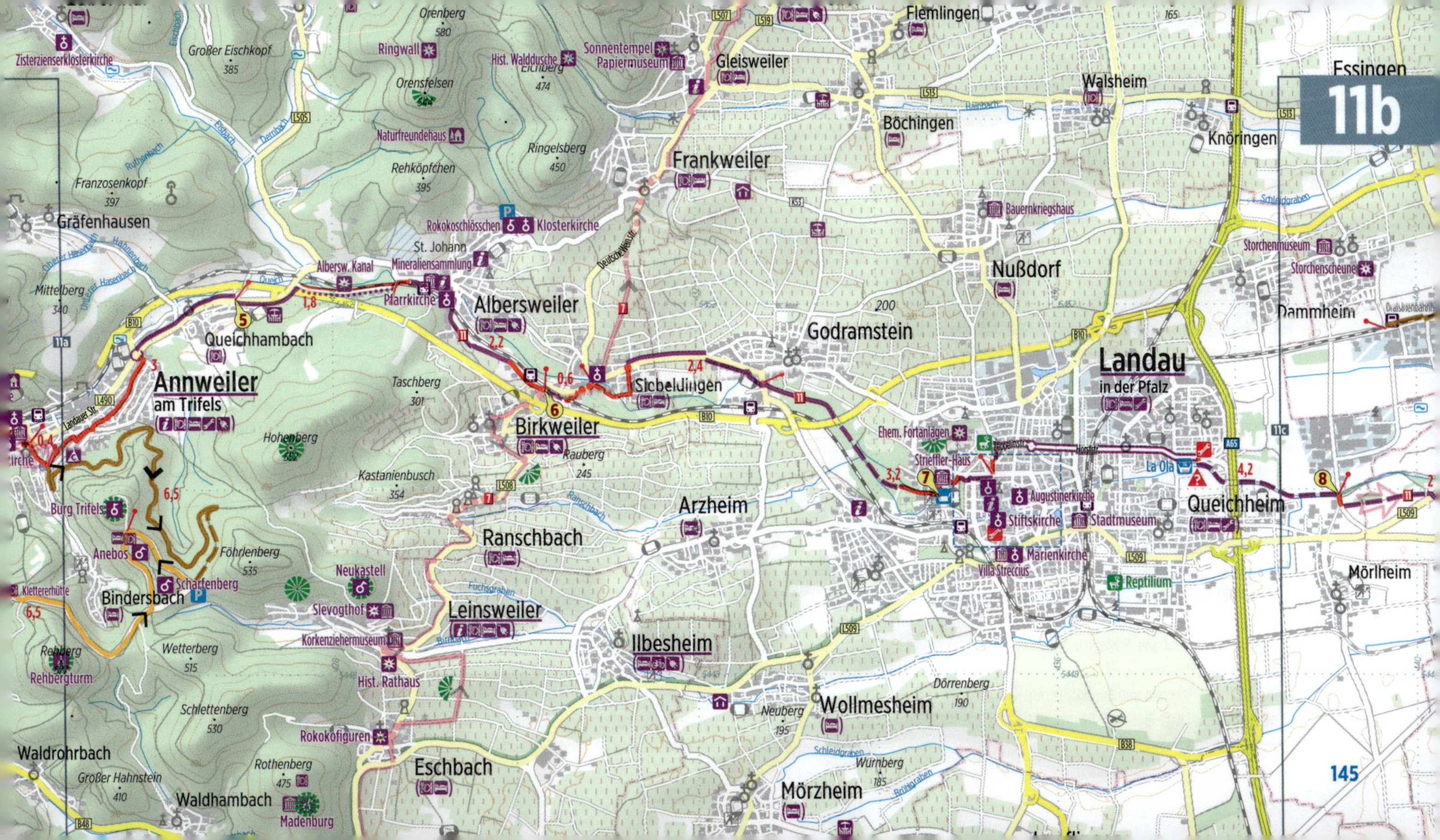

11b
Annweiler am Trifels
Albersweiler
Queichhambach
Birkweiler
Siebeldingen
Godramstein
Landau in der Pfalz
Queichheim
Frankweiler
Gleisweiler
Böchingen
Walsheim
Nußdorf
Knöringen
Dammheim
Essingen
Flemlingen
Arzheim
Ranschbach
Leinsweiler
Ilbesheim
Wollmesheim
Mörzheim
Eschbach
Mörlheim
Gräfenhausen
Bindersbach
Waldrohrbach
Waldhambach
Burg Trifels
Anebos
Scharfenberg
Rehbergturm
Madenburg
Slevogthof
Neukastell
Hist. Rathaus
Korkenziehermuseum
Rokokofiguren
Rokokoschlösschen
Klosterkirche
Mineraliensammlung
Pfarrkirche
Albersw. Kanal
St. Johann
Naturfreundehaus
Hist. Walddusche
Sonnentempel
Papiermuseum
Ringwall
Zisterzienserklosterkirche
Bauernkriegshaus
Storchenmuseum
Storchenscheune
Ehem. Fortanlagen
Strieffler-Haus
Augustinerkirche
Stiftskirche
Stadtmuseum
Marienkirche
Villa Streccius
Reptilium
La Ola
Kletterhütte
Orenberg 580
Orensfelsen
Eichberg 474
Ringelsberg 450
Rehköpfchen 395
Großer Eischkopf 385
Franzosenkopf 397
Mittelberg 340
Taschberg 301
Hohenberg
Rauberg 245
Kastanienbusch 354
Föhrlenberg 535
Wetterberg 515
Rehberg
Schlettenberg 530
Rothenberg 475
Großer Hahnstein 410
Neuberg 195
Dörrenberg 190
Wurnberg 185
200
165
B10
B38
B48
A65
L490
L505
L507
L508
L509
L513
L519
K55
145

Weinberge bei Birkweiler

auf einem Radstreifen bis Albersweiler ⤳ direkt nach dem Bahnübergang rechts Richtung Bahnhof ⤳ vorbei am Bahnhof und an der T-Kreuzung rechts in die **Kanalstraße**.

Albersweiler

Vorwahl: 06345

- **Trifelsland Büro für Tourismus**, Messpl. 1, Annweiler am Trifels, ✆ 06346/2200, @ qbb621
- **Verein für Tourismus und Wein**, Weinstr. 12, ✆ 2953, @ bwt633
- **Gemeinde Albersweiler**, Hauptstr. 66, ✆ 3601, @ ewv836
- **Mineralien- und Fossiliensammlung**, Hauptstr. 66, im Rathaus, ✆ 1783 Die Funde aus dem Steinbruch des Ortes befindet sich im Rathaus.
- **Klosterkirche St. Johann**, Schlossstr. Aus dem 12. Jh. mit archäologischem Park.
- **Pfarrkirche St. Stephan und Bergkirche**, Am Kirchberg. Neuromanische Bauten (1843-1846) aus heimischem Sandstein, Architekt: August von Voit.
- **Rokokoschlösschen**, Schlossstr. Das 1764 als Amthaus erbaute Gebäude steht in St. Johann und ist heute ein privates Studienhaus.
- **Albersweilerer Kanal**. Das Bauwerk (1687) gilt als älteste künstliche Wasserstraße Deutschlands und ist seit 2006 Kulturdenkmal.

Zwischen Haardt und Wasgau eingebettet findet sich das reizvolle Weindorf Albersweiler. Es wird durchzogen von einem Kanal - ehemals 12 Meter breit - der primär dem Transport von Steinen (Granit, Gneis und Melaphyr) aus dem riesigen Hartsteinbruch westlich des Ortes diente. Ebenso wurde damit Bauholz und Kalk für den Festungsbau in Landau befördert. Auf dem alten Friedhof St. Johann, oberhalb des Ortes gelegen, wies man bei Grabungen mehrere verschiedene Kirchenbauten nach, Spuren der Besiedlung durch die Römer fanden sich ebenfalls.

Geradeaus in die Hauptstraße ⤳ kurz vor den letzten Häusern auf die rechte Kanalseite wechseln ⤳ unterhalb von Rebhängen auf einem Wirtschaftsweg bis nach Birkweiler ⤳ vom Wirtschaftsweg direkt in die **Kolchenbachstraße**.

Birkweiler s. S. 94

Kurz vor der Gemeinde glaubt man, den eigenen Augen nicht zu trauen: eine Freiheitsstatue eindrucksvoller Größe begrüßt die ankommenden Radler ⤳ geradeaus bleiben ⤳ auf Höhe des Bahnhofs vorbei ⤳ **6** überqueren Sie die Vorfahrtsstraße ⤳ links über die Bahn und rechts halten in die schmale **Heerstraße** ⤳ an der **Weinstraße** rechts und vorbei an schmucken Winzerhäusern.

Siebeldingen s. S. 94

Dann bald rechts in die **Queichstraße** ⤳ halblinks über eine kleine Brücke in die **Wiesenstraße**, dann links in die **Jahnstraße** ⤳ an der **Bismarckstraße/L 511** rechts auf den linksseitigen Radweg nach Godramstein ⤳ am Ortsrand die Straßenseite wechseln.

Godramstein (Landau i. d. Pfalz)

Direkt vor dem Supermarkt rechts, quer über den Parkplatz und die kleine Queichbrücke passieren ⤳ bis zur **Bahnhofstraße** und diese links versetzt queren ⤳ durch den schattigen Wald radeln Sie gemächlich und ufernah nach Landau ⤳ die Stadt wird kurz vor einer Kleingartenanlage erreicht ⤳ zwischen Schrebergärten und gepflegten Häusern in die Straße **Am Lohgraben** ⤳ **7** links in die **Friesenstraße** und sogleich rechts in die **Löhlstraße** mit dem Strieffler-Haus ⤳ am nördlichen Ende des Schillerparks rechts in den **Nordring** ⤳ am Messplatz vorbei bis zur ersten Ampel.

INS ZENTRUM: **Von der Ampel nach rechts erreichen Sie auf der Marktstraße in kürzester Zeit den Rathausplatz mit vielen Einkaufs- und Einkehrmöglichkeiten.**

Landau i. d. Pfalz

Vorwahl: 06341

- **Büro für Tourismus**, Marktstr. 50, ✆ 138310, @ eev587
- **Südliche Weinstrasse e.V.**, An der Kreuzmühle 2, ✆ 940407, @ dho586
- **Stadtmuseum**, Maximilianstr. 7, ✆ 134202 Geschichte der Vauban-Festung und Stadtmodell von 1700, @ vkm313
- **Strieffler-Haus**, Löhlstr. 3, ✆ 86204 Ehem. Jugendstil-Wohnhaus des bedeutenden pfälzischen Malers Heinrich Strieffler (1872-1949) und seiner Tochter Marie (1917-1987), ganzjährig wechselnde Ausstellungen. @ svj424

Villa Streccius, Südring 20, ✆ 134111, ⏲ Di-Mi 17-20 Uhr, Do-So 14-17 Uhr (nur während der Ausstellungen). Ursprünglich Wohnhaus des königlichen Notars Streccius, 1892 geplant vom Architekten Prof. Ludwig Levy; Paradebeispiel für Privatarchitektur der Gründerzeit. Idealer Rahmen für aktuelle Kunstausstellungen. @ ntp647

Stiftskirche, Stiftspl., ✆ 138301 Gotische Stadtpfarrkirche (1333), 1490 Anfügung eines zweiten Seitenschiffes. Die Orgel stammt aus dem Jahr 1772. Turmbesteigungen sind möglich. @ kqh611

Augustinerkirche, Königstr. 23. Gotische Basilika (15. Jh.). Der restaurierte Kreuzgang gehört trotz teilweiser Zerstörung im Zweiten Weltkrieg zu den am besten erhaltenen in der Pfalz.

Marienkirche, Marienring. Kirche (1908-1911) im spätromanisch-gotischen Stil. Eine der größten Kirchen der Pfalz mit repräsentativer Zweiturmfassade im Stil französischer Kathedralen, beachtenswerte spätgotische Holzplastik. @ ggl354

Katharinenkapelle, Kaufhausg. 16. Im Innern der Kirche (1344) gibt es im Chor Fresken aus der Erbauungszeit. In wechselvoller Geschichte als Pulvermagazin, Gefängnis, Weinkeller und Heumagazin vielfach zweckentfremdet. @ jec865

Landau i. d. Pfalz, Rathausplatz

Galeerenturm, Burghofg./Waffenstr. Turm aus dem 12. oder 13. Jh., bis 1688 nordwestlicher Eckturm im Mauerring der Reichsstadt, ab 1732 als Gefängnis für Militärsträflinge, welche auf Galeeren verschickt wurden.

Rathausplatz. Platz mit Reiterstandbild von Prinzregent Luitpold von Bayern (1892), Neuem Rathaus im klassizistischen Stil (1827), Böckingschem Haus (1790) mit einer sehenswerten frühklassizistischen Fassade. Das Alte Kaufhaus (Rathauspl. 9) war im Mittelalter und der Neuzeit Städtisches Kaufhaus, heute genutzt als Kulturzentrum.

Quartier Chopin, Reduit-/Ostbahnstr., ✆ 138301, ✆ 130302. 1861-1864 errichtete bayerische Militärbauten, später von den französischen Streitkräften genutzt. Nach der deutschen Wiedervereinigung erstes Konversionsobjekt der Stadt (1997).

Schleusenhaus, Waffenstr. 1902-1904 von der Stadt als „Centralspritzenhaus" auf dem Unterbau der Einlass-Schleuse über dem Kanal der Queich erbaut. Bei der denkmalgerechten Restaurierung 2002 wurden Uhren- und Glockenturm originalgetreu wiederhergestellt, Dach und Wände erhielten die Originaleindeckung in „Altdeutscher Schieferdeckung".

Fest des Federweißen. Jeweils am 3. Wochenende im Okt. Federweißer, Bitzler oder neuer Wein sind Ausdrücke für Traubenmost während des Gärungsprozesses mit einem geringen Alkoholgehalt.

Festungsanlage. Der Ausbau der Stadt Landau zu einer französischen Festung (1688-1691) durch den Baumeister Vauban sollte eine der stärksten Festungsanlagen der Christenheit hervorbringen. Geschichtlich nachvollziehbar am Deutschen und Französischen Tor (einem römischen Triumphbogen nachempfunden). Die 1700-1702 im Auftrag des Sonnenkönigs Ludwig XIV. erbaute Fortanlage mit mehreren Kilometern unterirdischer Minengänge diente zur Verstärkung der Festung. Die Rote Kaserne (17561759) ist der letzte noch erhaltene Kasernenbau aus der Festungszeit und wurde im folgenden Jahrhundert zum Geburtshaus von Thomas Nast (1840-1902), dem Vater der amerikanischen Karikatur.

Frank-Loebsches Haus, Kaufhausg. 9, ✆ 138301 Rundumlaufende, verzierte Holzgalerien fassen den Innenhof des Hauses (15.-17. Jh.) auf zwei Etagen ein. Wohnhaus des Urgroßvaters von Anne Frank, ständige Ausstellung über die Geschichte der Juden in Landau und Dokumentation über Sinti und Roma in der Pfalz. @ jyw523

Offenbach, Buchbrunnen

- **Haus der Justiz**, Marienring 13. Sitz von Land- und Amtsgericht; prachtvoller neobarocker Bau, helle Natursteinfassade und mächtige Kuppel.
- **Jugendstil-Festhalle**, Mahlastr. 3. Die 2001/02 aufwändig sanierte Festhalle (1905-1907) wurde gestiftet vom pfälzischen Unternehmer Dr. August Ludowici. @ utd646
- **Kutschfahrten im Landauer**, Rathauspl., ✆ 138302. Start am Rathausplatz, Mai-Okt., 1., 3. und 5. Sa im Monat 10-14 Uhr halbstündlich. Anmeldung und Info: Büro für Tourismus.
- **Stadtführungen**, ✆ 138301, ✆ 138302. Auskünfte: Büro für Tourismus. @ rlu213
- **Reptilium**, Werner-Heisenberg-Str. 1, ✆ 59796660 Größter Terrarien- und Wüstenzoo Deutschlands mit über 1.000 exotischen Reptilien und Amphibien in weitläufigen Lebensräumen. Besonderheiten: Arrauschienenschildkröten, Rote Tejus, blaue Baumwarane und Oman-Dornschwanzagamen. @ htw477
- **Zoo Landau**, Hindenburgstr. 12-14, ✆ 137010 Über 100 Arten exotischer Tiere, Kinderführungen und -unterricht in der Zoo-Schule. @ nxu747
- **Freibad Landau**, Prießnitzweg, ✆ 139300, @ pvr842
- **La Ola**, Horstring 2, ✆ 6341/139200, @ nbh817

Landau, seit 1990 Universitätsstadt, ist wirtschaftliches und kulturelles Zentrum der Südpfalz. Im Laufe der Jahrhunderte musste die ehemals Freie Reichsstadt viele Belagerungen und Zerstörungen über sich ergehen lassen. Aus der ungewöhnlich langen Zeit als französische Garnisonsstadt (1688-1814/15) sind nur noch einzelne Bauwerke der Festungsanlagen erhalten. Daneben findet die wechselhafte Geschichte der Stadt ihren Ausdruck vor allem in der Architektur reichlich vorhandener Bausubstanz unterschiedlicher Epochen. Typische Bürgerhäuser aus dem 18. bis 20. Jahrhundert, großzügige Parkanlagen und der Zoo geben der Stadt ein abwechslungsreiches Gesicht.

Seit Abzug der französischen Streitkräfte im Jahre 1999 ist die Stadt bemüht, ehemalige militärische Liegenschaften im Rahmen eines städtebaulichen Gesamtkonzepts für die Zukunft nutzbar zu machen. Einige dieser „Konversionsprojekte" wurden bereits erfolgreich umgesetzt, so z. B. die Schaffung neuen, stadtnahen Wohnraums und Ausweisung von Gewerbeflächen vor den Toren der Stadt.

Von Landau in der Pfalz nach Bellheim — 15 km

Auf der Hauptroute biegen Sie links ab in die **Hindenburgstraße** ~ am Eingang des Zoos vorbei, dann rechts in die **Zeppelinstraße** ~ am Kreisverkehr geradeaus in die **Horststraße** und immer geradeaus ~ über die **Horstbrücke** ~ jetzt länger auf eigener Fahrspur am Straßenrand ~ das **Freizeitbad** passieren, dann hinterm Parkplatz rechts und geradeaus zur Queich ~ dort links auf den Radweg ~ unter den Brücken hindurch weg vom städtischen Verkehr, lautlos begleitet von der Queich ~ **8** an der querenden Straße nach rechts und 150 m nach der Queichbrücke links ~ auf ruhigen Wegen zwischen Wasser und ausgedehnten Spargelfeldern hindurch ~ auf der Brücke über die L 509 und dahinter sofort links ~ am Wohngebiet von Offenbach links in den **Mühlweg**.

Offenbach a. d. Queich

Vorwahl: 06348

- **Büro für Tourismus Offenbach**, Konrad-Lerch-Ring 6, ✆ 9860, @ geg353
- **Queichtalmuseum**, Hauptstr. 9-11 Geschichte Offenbachs und der Region, wechselnde Kunst- und Kulturausstellungen, Konzerte. @ vqb272
- **Buchbrunnen**, Hauptstr. 11. Der sehenswerte Brunnen (1998) steht gleich neben dem Queichtalmuseum.
- **Südpfalz-Draisinenbahn**, Hornbachstr. 11, Bornheim, ✆ 06344/9442670 Draisinenfahrten von Bornheim (K 42/Hornbachstr.) nach Westheim und zurück (24 km). @ mad216

Tibolin Kinderspielpark, Franz-Matt-Str. 13, ✆ 983407. Mit vielfältigen Spielbereichen für kleinste bis größere Kinder. @ iya624

Queichtalbad, Konrad-Lerch-Ring 7, ✆ 986167, @ ffx121

Ertragreiches Ackerland, Mischwald und die Wiesen des Queichtals im Norden umgeben Offenbach a.d. Queich. Schriftliche Nachweise über den Ort gehen bis in die Zeit Karls des Großen ins 8. Jahrhundert zurück. Bodenfunde aus dem 10. Jahrhundert v. Chr. lassen jedoch auf eine wesentlich frühere Besiedelung schließen. Sehenswerte Schmuckstücke in der Hauptstraße sind unter anderem das Alte Rathaus (1541) und ein sorgfältig renoviertes Fachwerkhaus aus dem Jahr 1747.

An der **Essinger Straße** links und gleich wieder rechts in den **Konrad-Lerch-Ring**.

AUSFLUG Zur Südpfalz-Draisinenbahn bleiben Sie auf dem linksseitigen Radweg der L 542. Nach dem Bahnübergang links erreichen Sie bald den Bahnhof der Südpfalz-Draisinenbahn (s. Ortsdaten Offenbach a. d. Queich).

Auf der Hauptroute radeln Sie in einer Rechts-Links-Kombination am großen Parkplatz des Queichtalbades vorbei ~ an der T-Kreuzung rechts in die **Franz-Matt-Straße** ~ kurz darauf links auf den Radweg der **Hochstädter Straße** ~ am Kreisverkehr geradeaus ~ in der Linkskurve der Straße weiter geradeaus, dann Tennisplätze und zwei Weiher passieren ~ am Waldrand rechts und nach dem großen Angelweiher (Rastmöglichkeit) wieder rechts.

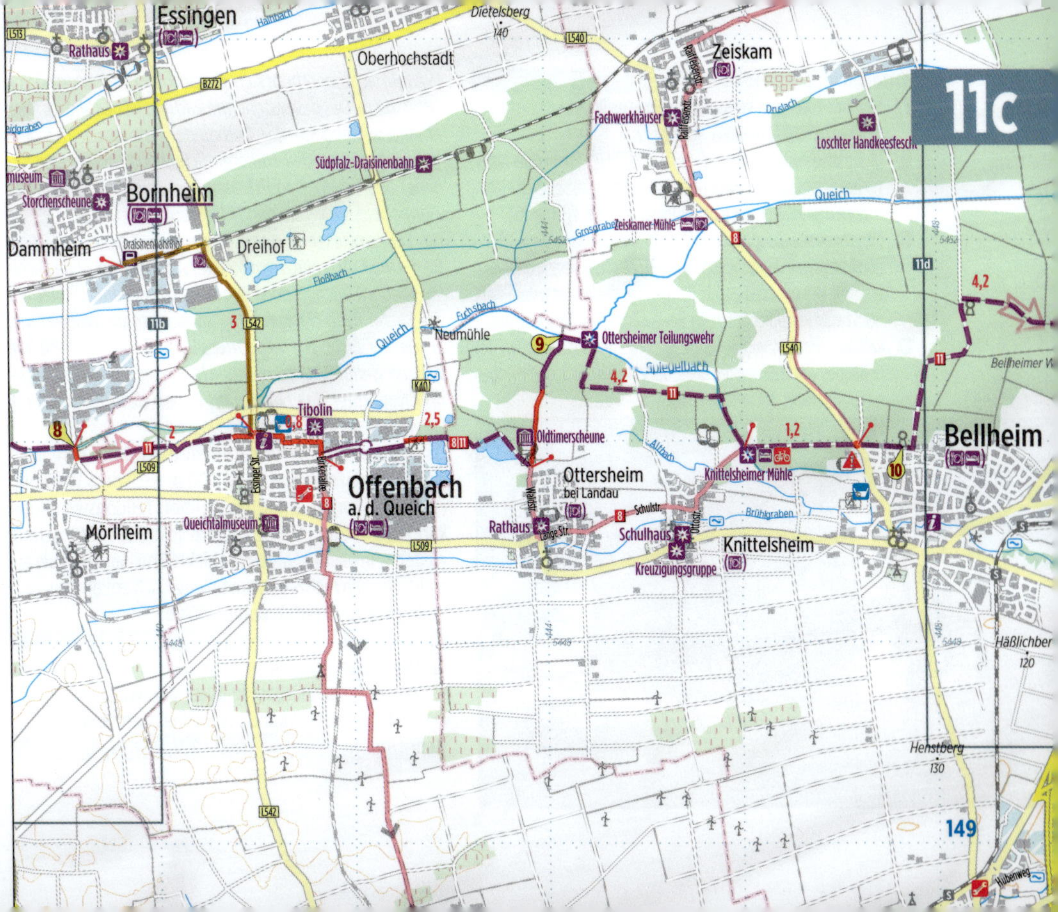

Ottersheim bei Landau

- **Südpfalz-Tourismus Verbandsgemeinde Bellheim**, Schubertstr. 18, Bellheim, ✆ 07272/7008103, @ oag672
- **Oldtimerscheune**, Waldstr., ✆ 0162/2540232 © Erleben Sie historisches Schmiedehandwerk und eine Zeitreise im liebevoll eingerichteten Heimatmuseum der Oldtimerscheune. @ yam362
- **Ottersheimer Teilungswehr**, Mozartstr. Das steinerne Bauwerk im nördlichen Gemarkungsbereich wurde 1772 zur Regulierung der Queich errichtet. Das gut durchdachte Be- und Entwässerungssystem dient noch heute in Trockenzeiten der Bewässerung der Queichwiesen.
- **Rathaus**, Germersheimer/Lange Str. Die Rundbogenarkaden des Gebäudes von 1555 dienten dazu, dass Bürger die Verhandlungen des Dorfgerichts mitverfolgen konnten.

Arrestgebäude in Germersheim

Weithin sichtbar erhebt sich die katholische Pfarrkirche von Ottersheim. Das davorstehende Rathaus ist das älteste noch erhaltene Gebäude der Gemeinde. Zusammen mit dem gegenüberliegenden früheren Schulhaus (heute: Bürgerhaus) aus hellen Ziegelsteinen und seinen interessanten Ziergiebeln bilden sie den Mittelpunkt des Ortes.

Die Queichwiesen in dieser Gegend sind nicht nur ideale Brut- und Futterplätze für Meister Adebar und seine Familie, sondern auch andere Vogelarten machen sich hier auf die Suche nach Nahrung. Die so genannten Wässertage, an denen nicht nur am Ottersheimer Teilungswehr die Wiesen geflutet werden, erleichtern Storch, Kampfvogel und Neuntöter das Leben und haben dazu beigetragen, sie wieder sesshaft werden zu lassen.

Direkt nach den Tennisplätzen in einer Spitzkehre nach links ⁓ durch den Wald ⁓ **9** 100 m nach dem Waldrand rechts ⁓ vorbei am **Ottersheimer Teilungswehr** und kurz darauf rechts ⁓ nach 400 m links und kerzengerade weiter ⁓ in dichter Folge zwei kleine Brücken überqueren, gleich danach rechts und am Spiegelbach entlang bis zum **Waldgasthaus Knittelsheimer Mühle**.

Knittelsheim s. S. 112

An der Mühle links, dann nach dem Linksbogen rechts abzweigen ⁓ schnurgerade durch den Wald ⁓ ⚠ über die **L 540** ⁓ am Nordrand von Bellheim entlang.

Bellheim s. S. 112

Von Bellheim nach Germersheim 12 km

10 Vorbei am Kriegerdenkmal, dann vor dem Schützenhaus links ⁓ vertrauen Sie auf dem nächsten Streckenabschnitt den Queichwegweisern ⁓ wo heute Sitzbänke zum Verweilen einladen, stand vor 450 Jahren das Jagdschloss Friedrichsbühl ⁓ auf dem gut ausgebauten Waldweg geht es bis zur **L 538** ⁓ an der Landstraße auf dem Radweg nach rechts ⁓ nach etwa 400 m die Landstraße überqueren und in den Wald ⁓ auf dem breiten Forstweg 1,4 km geradeaus an einem Hochsitz vorbei und einem Zaun entlang ⁓ nach dem Zaunende immer noch auf dem Weg bleiben ⁓ **11** an der nächsten Kreuzung links auf den schmalen, feingeschotterten Weg ⁓ kurz auf den Radweg der **B 9**, dann rechts durch die Unterführung und dahinter links ⁓ vorbei am Parkplatz, dann bei nächster Gelegenheit auf den Radweg ⁓ an der querenden Straße rechts versetzt an der Einfahrt der Kaserne vorbei und kurz danach auf den Radweg ⁓ bei den beiden Kreisverkehren geradeaus ⁓ **12** am dritten, großen Kreisverkehr rechts herumfahren, nach der 2. Ausfahrt rechts auf den Radweg links der **Bellheimer Straße** und nach 150 m auf Höhe des Autohauses links ⁓ sofort wieder rechts auf den Radweg entlang der **Josef-Probst-Straße** ⁓ bis zum vierten Kreisverkehr, dort geradeaus ⁓ rechts in die **Richthofenstraße**, dann links in die Straße **An der Stengelkaserne** ⁓ kurz links in die **Klosterstraße.**

INS ZENTRUM: Um ins Zentrum von Germersheim zu gelangen, biegen Sie von der Klosterstraße gleich rechts in die Marktstraße ab.

Germersheim

Vorwahl: 07274

- **Besucherzentrum Weißenburger Tor**, Paradepl. 10, Weißenburger Tor, ✆ 960301, @ bwp582
- **Südpfalz Tourismus**, Luitpoldpl. 1, ✆ 53300, @ vmm153
- **Deutsches Straßenmuseum**, Zeughausstr., im Zeughaus, ✆ 500500 Die Sammlung bietet einen Einblick in die Geschichte des Straßenbaus von der römischen Zeit bis in die Gegenwart. @ vha533
- **Skulpturenmuseum**, Ritter-von-Reichel-Str., Stadtpark Fronte Lamotte, ✆ 960301. Kunstwerke des Bildhauers Karl-Heinz-Deutsch. @ fqd215
- **Stadt- und Festungsmuseum**, Ludwigsring 1, im Ludwigstor, ✆ 960300, ✆ 703323 Die Sammlung dokumentiert die Stadtgeschichte, aber auch die ehemalige Festung und Garnison. @ jky461
- **Pfarrkirche St. Jakobus**, Kirchenpl. Anfangs Servitenklosterkirche (1360), 1674 zerstört und neu erbaut. Der Westturm stammt von 1863.
- **Festung Germersheim**, ✆ 960301. Große Teile der Festungsanlage (1834-1861) können jederzeit besichtigt werden, andere nur im Rahmen einer Festungsführung. Fronte Beckers (Hauptgebäude in Form eines Hufeisens, mit Hauptumwallung, unterirdischen Räumen und Minengängen), die beiden Stadttore Weissenburger Tor (1839) mit Zugbrücke über dem Hauptgraben und Kasematten und Ludwigstor (1840), die lang gestreckte Seysselkaserne (heute Sitz des Fachbereichs Translation-, Sprach- und Kulturwissenschaft der Johannes Gutenberg Universität Mainz), das Zeughaus mit Carnot'scher Mauer, die Fronte Lamotte (Stadtpark) mit dazugehörenden Gebäuden Reduit und Grabenwehr. @ xwc888
- **Kulturzentrum Hufeisen**, An Fronte Beckers 5a, in der Fronte Beckers. Veranstaltungen verschiedenster Art, besonders hervorzuheben ist der seit 1994 alljährlich stattfindende Kultursommer Germersheim mit breitem Spektrum an vorwiegend musikalischen Darbietungen multikultureller Art. @ hco861
- **Festungs- und Stadtführungen**, ✆ 960301. Neben traditionellen Stadt- und Festungsführungen werden auch historische Führungen (in zeitgenössischen Kostümen) angeboten. @ lxg868
- **Nachenfahrten auf dem Altrhein**, ✆ 960301 Auf den Bootsfahrten durch das Naturschutzgebiet können Sie die einheimische Natur- und Pflanzenwelt vom Wasser aus beobachten. @ jpe352

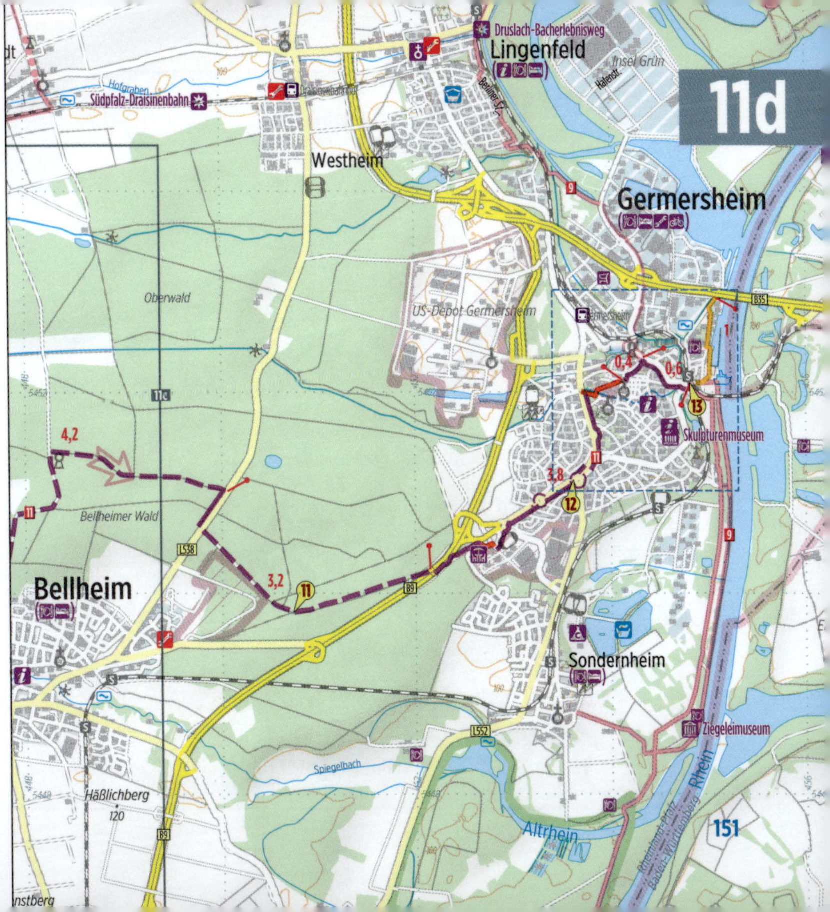

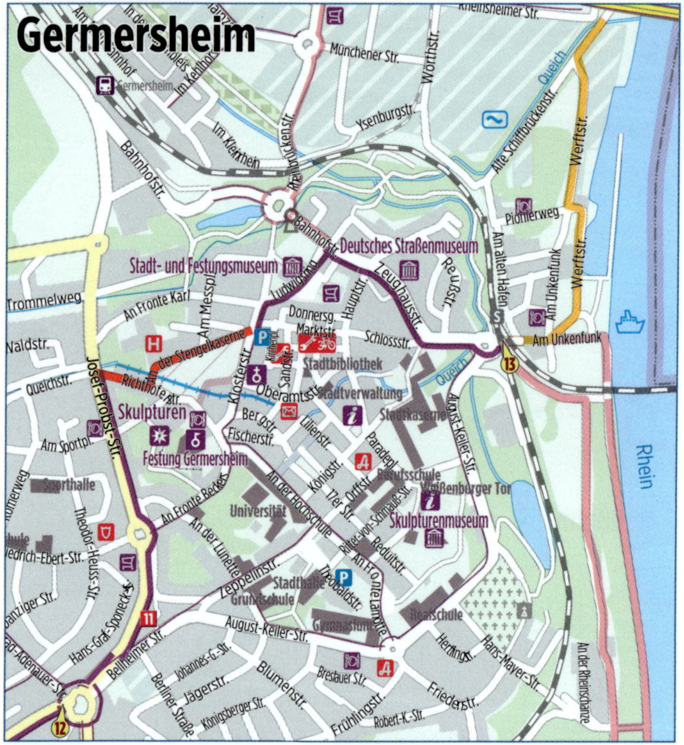

Skulpturenweg. Der Weg entstand 1997 im Grabenbereich der Fronte Beckers und zeigt 10 Skulpturen internationaler Künstler. @ jbx573

Die Festungsstadt Germersheim wurde urkundlich erstmals 1090 erwähnt. Im Jahre 1276 verlieh ihr König Rudolf von Habsburg die Stadtrechte, nachdem er sie zuvor zu seiner Residenz erhoben hatte. Ab dem 16. Jahrhundert wurde die Stadt mehrfach zerstört. Auf Beschluss des Deutschen Bundes wurde Germersheim 1834-1861 zur Festung ausgebaut. Sie gilt als die größte bayerische Festungsanlage außerhalb von Bayern. Als Folge des Versailler Vertrags musste die Festung 1921/22 geschleift werden.

Im Laufe der Zeit hat sich die Kreisstadt in der Rheinebene zu einer modernen Stadt gewandelt, in welcher der Industrie, dem Handel und dem in den 1970er Jahren entstandenen Industrie- und Handelshafen eine große Bedeutung zukommt. Nahezu 3000 Studierende der Sprach- und Kulturwissenschaften aus knapp 100 Nationen geben Germersheim ein facettenreiches Bild. Großes Augenmerk legt die Stadt seit einigen Jahren auf die Verschönerung des Stadtbilds und die Erweiterung des touristischen Angebots.

In Germersheim findet alljährlich Ende April/Anfang Mai die „SPEZI" statt, die weltgrößte Messe für Spezialräder. Nirgendwo sonst können Sie so viele unterschiedliche Liegeräder, Trikes, Elektrofahrräder, Tandems, Lasten- und Falträder Probe fahren und direkt miteinander vergleichen wie hier!

Auf der Hauptroute biegen Sie nach 100 m rechts ab in den **Ludwigsring** vorbei am **Stadt- und Festungsmuseum** bis zur Kreuzung Bahnhof-/Zeughausstraße.

ZUM BAHNHOF Wenn Sie zum Bahnhof wollen, biegen Sie an dieser Stelle links ab in die Bahnhofstraße.

Auf der Hauptroute rechts auf den Radweg der **Zeughausstraße** unter der Eisenbahnbrücke hindurch und geradeaus **13** am Rhein endet die Tour.

TIPP Wollen Sie gern zur Mündung der Queich, folgen nach der Bahnunterführung der Radwegweisung Queichmündung 1,1km nach links..

Tour 12 Dt.-frz. Pamina-Radweg Lautertal 77,3 km

HM/km: ↗1,0 (79m) ↘2,7 (207m) Radweg: 74 % Unbefestigt: 5 % Verkehr: 4 %

Die Route beginnt im südlichsten Teil des Biosphärenreservats Pfälzerwald, der auch als Wasgau bezeichnet wird. Unzählige Felsformationen aus Buntsandstein und trutzige Burgruinen – mitunter nahe am Radweg – wechseln ab mit kleinen Wasgaudörfern. In Wissembourg setzt das muntere Leben des Savoir-Vivre der Elsässer einen Kontrastpunkt. Geboten wird Ihnen „grenzenloses Radeln" in dem landschaftlich reizvollen und Ruhe ausstrahlenden Lautertal bis an den Rhein. Die nicht zum Dt.-frz. Pamina-Radweg Lautertal gehörende Fortführung setzt sich jenseits des Stromes in einer beschaulichen Wald- und Parklandschaft bis mitten in die Großstadt Karlsruhe fort.

Charakteristik

Start: Hinterweidenthal, Bahnhof
Ziel: Karlsruhe, Hauptbahnhof
Wegbeschaffenheit: asphaltierte Wege, gelegentlich schottergebundene Waldwege
Verkehr: überwiegend Radwege, gelegentlich auf der Straße
Steigungen: tendenziell abwärts ohne nennenswerte Steigungen
Beschilderung: in Deutschland einheitlich mit Pamina-Lauter-Euroradler, in Frankreich ähnliche Beschilderung; der Dt.-frz. Pamina-Radweg Lautertal endet in Neuburg am Rhein; die Verlängerung nach Karlsruhe ist nicht durchgängig beschildert
Anschlusstouren: 1, 2, 7, 8, 9

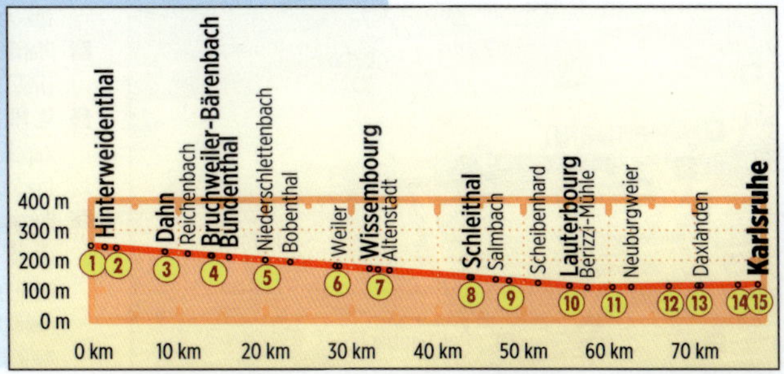

Hinterweidenthal s. S. 24

Von Hinterweidenthal nach Bundenthal 15,5 km

1 Vom **Bahnhof Hinterweidenthal** links hinab zur Bundesstraße **B 10**, diese rechts unterqueren und dahinter rechts ~ links abbiegen in die **Hauptstraße** ~ gleich nach dem Bahnübergang rechts in die **Bahnhofstraße**.

AUSFLUG: Für einen Abstecher hinauf zum imposanten Teufelstisch biegen Sie vor dem Bahnhof rechts ab in die Straße Im Handschuhteich.

Links der Bahnlinie weiter und am Bahnhof Hinterweidenthal-Ort vorbei, von hier aus hat man eine gute Sicht auf den Teufelstisch ~ neben der Straße fließt die Wieslauter ~ wiederum über die Schienen ~ kurz nach dem **Seniorenpark** links und gleich links halten ~ durch die Wiesen ~ **2** vor der Bahn rechts ~ unter schatti-

gen Bäumen bis nach Dahn ~ nach den ersten Häusern erblicken Sie linker Hand den Jungfernsprung ~ in Dahn durch die **Schillerstraße** ~ an der Kneippanlage vorbei ~ nach rechts in die **Ludwigstraße**.

Dahn

Vorwahl: 06391

- **Tourist-Information Dahner Felsenland**, Schulstr. 29, ✆ 9196222, @ iom826
- **Burgenmuseum**, Verlängerte Schlossstr., in der Ritterburg Altdahn, ✆ 3650, ✆ 993543. Ausgrabungsfunde, Ritterrüstungen, Taschensonnenuhr, Kinderspielzeug aus der Ritterzeit. @ jgs318
- **Pfarrkirche St. Laurentius**, Kirchg. Die Kirche (1789) hat einen Zwiebelturm.
- **St. Michael**, unterhalb der Hochsteinnadel. Zur Kapelle (vermutlich 14. Jh.) gehören ein Ehrenfriedhof und eine Kreuzwegstation.
- **Burgenmassiv Alt-Dahn** Die Burganlage (11.-13. Jh.) ist die größte der Pfalz. Zu sehen sind noch Teile des Pallas, Reste von Türmen, Ringmauern und in den Fels gehauene Gänge und Kammern. @ nyb133
- **Burgruine Neudahn**. Felsenburg (1230), von der u. a. noch die beiden Batterietürme, Teile der Kemenaten, zwei Treppentürme und das Burgtor der Unterburg erhalten blieben. Von der Burg hat man eine wundervolle Aussicht.
- **Dahner Sommerspiele**. Auskunft: Tourist-Information Dahner Felsenland, z. T. Freilichtaufführungen auf der Burg Altdahn. Vom Frühjahr bis weit in den Herbst. @ aks854
- **Jungfernsprung**. Ca. 70 m hoher Aussichtsfelsen mitten im Ort, mit schroffer Westseite und Aussichtsplattform neben dem Gipfelkreuz.

Landschaft bei Dahn

Kurpark, Weißenburger Str. Mit Elwetritsche-Brunnen und -Lehrpfad.

Wachtfelsen. Doppelfels am südwestl. Ortsausgang, besser bekannt als Braut und Bräutigam.

Felsland Badeparadies & Saunawelt, Eybergstr. 1, ✆ 9234211

Dichte Wälder und unzählige schroffe Felsengebilde umrahmen den Luftkurort Dahn, und selbst die Mitte der Stadt wird vom hoch aufragenden, sagenumwobenen Jungfernsprung dominiert. Zusammen mit der Vielzahl einst schwer bezwingbarer Burgen bieten die Felsen herrliche Aussichten auf den Wasgau und geben dem Dahner Felsenland eine unverwechselbare Prägung.

3 An der Kreuzung **Hasenbergstraße** auf die andere Bahnseite wechseln ~ am Ortsende über den unbeschrankten Bahnübergang ~ auf dem Radweg bis zum Waldrand ~ Sie radeln zwischen Fluss und Wald ~ vorbei am Industriegebiet ~ weiter am Waldrand ~ in den nächsten Ort ~ an der **Fabrikstraße** nach links ~ auf der leicht links abknickenden **Dorfstraße** bleiben.

Bruchweiler-Bärenbach

Tourist-Information Dahner Felsenland, Schulstr. 29, Dahn, ✆ 06391/9196222, @ iom826

Altes Mühlrad, Hauptstr. Und zahlreiche Fachwerkhäuser.

Freizeitanlage Spießwiesen, Wiesenstr. Grünanlage mit Kletterpyramide und Röhrenrutschen, Wasserspielplatz und Picknickplätzen.

Die vier mitten im Wasgau gelegenen Orte Bruchweiler-Bärenbach, Bundenthal, Niederschlettenbach und Bobenthal sind kleine Fremdenverkehrsorte in der waldreichen Umgebung des Wieslautertals. Die Architektur der typischen Steinhäuser wird bestimmt von rotem Sandstein aus den umliegenden Steinbrüchen, von denen es einst mehr als 300 in der westlichen Pfalz gab. Nahezu 50 Felsgebilde des Dahner Felsenlandes sind Naturdenkmäler, davon sind 24 Aussichtsfelsen.

4 Noch vor den Gleisen rechts in die **Gartenstraße** und nach der Kirche geradeaus in die **Wiesenstraße** ~ an der **Otto-Muck-Straße** links und gleich wieder rechts in die

Erlenbach, Burg Berwartstein

Industriestraße ~ am Ende rechts über die Lauter und gleich wieder links abbiegen.

Bundenthal

Vorwahl: 06394

- **Bundenthal Touristik e. V.**, Hauptstr. 22, ✆ 9933824, ✆ 0176/23494888, @ bdu433
- **Wehrkirche St. Peter und Paul.** Um die Kirche (1743) verläuft ein doppelter Mauerring des früheren Wehrfriedhofs.
- **Geologischer Lehrpfad**, Fladensteinstr. Am Naturdenkmal Felsmassiv Fladensteine mit Schautafeln zur Entstehung der skurrilen Buntsandsteingebilde im Dahner Felsenland. Start ist am Sportplatz.

Von Bundenthal nach Wissembourg — *16,5 km*

Ein kurzes Stück am Waldrand entlang ~ durch die **Finsternheimer Straße** ~ an der T-Kreuzung links und gleich wieder rechts in die **Friedhofstraße** ~ den Ort verlassen ~ zwischen Wieslauter und Mischwald weiter ~ die K 46 nach Nothweiler queren ~ nach ca. 1 km am Abzweig vorbei.

AUSFLUG: Pedalrittern mit einem Hang zu gut ausgestatteten Ritterburgen, die einen kleinen Abstecher von 4 km nicht scheuen, sei eine Besichtigung der einzigen noch bewohnten Burganlage in der Pfalz empfohlen. Biegen Sie dafür links nach Niederschlettenbach ab und folgen der Route im Tal des Erlenbachs zur Burg Berwarstein.

Niederschlettenbach

- **Tourist-Information Dahner Felsenland**, Schulstr. 29, Dahn, ✆ 06391/9196222, @ iom826
- **St. Anna.** Gotische Bergmannskirche (1457-1462), umfassend renoviert 1910, Grabstätte des Raubritters Hanns von Drot, auch Hans Trapp genannt.
- **Gepflegte Fachwerk- und Steinhäuser**

Erlenbach bei Dahn

Vorwahl: 06398

- **Burg Berwartstein**, ✆ 210 7d Die ehemalige Raubritterburg Berwartstein wurde von Kaiser Friedrich I. Barbarossa erbaut und 1152 dem Bischof von Speyer geschenkt. @ ipi862

5 Auf der Hauptroute fahren Sie weiter geradeaus ~ auf dem Radweg am Waldrand parallel zum Fluss bleiben ~ an der T-Kreuzung links nach Bobenthal ~ halbrechts in den Bogen der **Hauptstraße**.

Bobenthal

- **Tourist-Information Dahner Felsenland**, Schulstr. 29, Dahn, ✆ 06391/9196222, @ iom826
- **Schöne Bauernanwesen.** Im Fachwerkstil mit Sockeln aus Sandstein.

Rechts in die **Mühlstraße**, dann nach links in die **Lauterstraße** und den Ort verlassen ~ auf asphaltiertem Radweg zwischen Wieslauter und Wald weiter ~ langsam nähert sich die Route der Landstraße **L 478** und folgt parallel dazu deren Windungen.

TIPP: Über eine Brücke wird die Grenze nach Frankreich passiert. Der Begriff „grenzenloses Radeln" gewinnt hier die richtige Bedeutung.

St. Germanshof (Bobenthal)

- **Europadenkmal**, St. Germanshof. Gedenkstätte (2007) an das historische Ereignis am 6. Aug. 1950, als Demonstranten aus neun Nationen an dieser Stelle die Grenzanlagen zwischen Deutschland und Frankreich für ein vereintes Europa niederrissen. Zwölf im Kreis angeordnete Sandsteinsäulen symbolisieren den Sternenkranz der Europafahne.
- **Ehemalige Benediktinerprobstei St. Germanshof**, St. Germanshof 10, ✆ 03694/1455. Die Probstei (1055) gehört zur Reichsabtei Weißenburg im gleichnamigen Ortsteil. Große viereckige Hofanlage, heute ein Hotel mit Restaurant.

6 Kurz nach dem **St. Germanshof**, der linker Hand etwas oberhalb liegt, verläuft der Fahrradweg unmittelbar neben der Straße ~ nach Weiler hinein.

Weiler (Wissembourg) (F)

Durch den Ort in leichtem Auf und Ab auf der Straße ~ ab dem Ortsende auf dem Radweg bis nach Wissembourg ~ ca. 100 m nach dem Ende des Radweges rechts ab (schmales weißes Schild mit Aufschrift Centre Ville und Fahrrad), dann den ersten Weg links ~ an einem Angelteich und der Mühle **Moulin de la Walk** entlang ~ die **Route de Weiler** überqueren ~ rechts das Schwimmbad und der

Husgenossenturm ⁓ an der nächsten Straße rechts versetzt in die **Faubourg de Bitche** durch Alt-Wissembourg ⁓ über den Kanal, dann dem Rechtsbogen der Straße folgen ⁓ links ab in die **Rue du Marché aux Poissons** und zum **Place de la République**.

Wissembourg (Weißenburg) Ⓕ s. S. 100

Von Wissembourg nach Lauterbourg — *23 km*

VARIANTE Für eine Weiterfahrt auf der nördlichen Route des Dt.-frz. Pamina-Radwegs Lautertal fahren Sie geradeaus (s. Karten 12c/12d). Wegen des zeitweise starken Verkehrsaufkommens empfehlen wir jedoch, den Weg nach Scheibenhardt auf der südlichen Route fortzusetzen.

Für die Weiterfahrt auf der südlichen Strecke am **Place de la République** biegen Sie rechts ab in die **Rue de la République** ⁓ an der Kreuzung nach der Brücke über die Lauter links ⁓ noch vor dem großen Kreisverkehr links in die **Rue du Tribunal** ⁓ nach wenigen Metern rechts durch das Stadttor und nach rechts über die Lauter ⁓ an der **Avenue de la Gare** nach links auf den Radweg ⁓ **7** am Bahnhof (Gare S.N.C.F.) vorbei ⁓ geradeaus über die beiden Kreisverkehre.

Altenstadt (Wissembourg) Ⓕ

Autocars anciens de France (Französische Oldtimerbusse), 1 Rue de Lauterbourg, ✆ 620409466 Die Sammlung umfasst zahlreiche Busse und LKWs von französischen Herstellern. @ mpd441

Sie radeln auf dem Schutzstreifen und überqueren die Gleise ⁓ an der nächsten Kreuzung rechts Richtung Hippodrom,

nach links besteht die Möglichkeit auf die nördliche Route zu wechseln ⁓ die Rennbahn links umrunden ⁓ nochmals links auf den breiten Asphaltweg bis kurz vor die Straße ⁓ links am Wald entlang ⁓ weiter auf einem Wirtschaftsweg durch Felder bis an den nördlichen Teil von Schleithal ⁓ die Straße überqueren ⁓ geradeaus weiter ⁓ 8 halbrechts versetzt in der **Rue de La Paix** weiter.

Schleithal Ⓕ

Am Ende links und gleich wieder rechts ⁓ auf dem Wirtschaftsweg nach Salmbach ⁓ an der Kreuzung geradeaus.

Salmbach Ⓕ

Am Ortsrand entlang ⁓ über die nächste Kreuzung ⁓ auf dem Wirtschaftsweg nach Niederlauterbach.

Niederlauterbach Ⓕ

9 An der T-Kreuzung rechts und gleich wieder links ⁓ durch ein Wohngebiet ⁓ die nächste Straße überqueren ⁓ nach 1,5 km beim Industriegebiet links ⁓ die D 3 überqueren und nach Scheibenhard hinein.

Scheibenhard Ⓕ

- **Office de Tourisme**, 21 Rue de la 1ère Armée, Lauterbourg, ✆ 0388055979, @ gti683
- **Fête du Pont (Brückenfest)**. Deutsch-französisches Brückenfest an einem Wochenende im Mai oder Juni.

An der Lauterbrücke treffen sich die beiden Dörfer Scheibenhardt in der Pfalz und Scheibenhard im Elsass, die ursprünglich einmal eine Gemeinde bildeteten, aber im Zweiten Pariser Frieden (1815) geteilt wurden.

Durch die **Rue de la 6. Compagnie**, bald steiler abwärts ⁓ bis zum Grenzübergang an der Lauter, wo das deutsche Scheibenhardt beginnt.

Scheibenhardt

- **Bienwaldmühle**, Bienwaldmühle 4a, ✆ 06340/8980. Im Jahre 1152 erstmals erwähnt. Sie gehörte früher zum Kloster Weißenburg (Wissembourg). Mitte des 18. Jhs. wurde ein 6-stöckiges, spätbarockes Mansardengebäude errichtet, das nach Beschädigung 1942 im ursprünglichen Stil wieder aufgebaut wurde. Die heute denkmalgeschützte Roggen- und Weizenmühle erzeugt auch Strom für das örtliche Netz. Verkauf von Getreide- und Naturkostprodukten.
- **Deutsch-französisches Brückenfest**. An einem Wochenende im Mai oder Juni.

Der Ort wurde 1204 erstmalig als Scheibenhart urkundlich erwähnt und gehörte bis Ende des 18. Jahrhunderts zum Hochstift Speyer. Seit dem Wiener Kongress bzw. dem Zweiten Pariser Frieden von 1814/15, als die Lauter Grenze zwischen Deutschland und Frankreich wurde, ist Scheibenhardt (deutsch) und Scheibenhard (französisch) eine geteilte Gemeinde. Die nach dem Kriegsende 1945 gewachsene und inzwischen gelebte Völkerverständigung findet ihren Ausdruck in der gelungenen Zusammenarbeit und der gemeinsamen Nutzung öffentlicher Einrichtungen.

Nach Überqueren der Lauter direkt nach dem Schlagbaum rechts ⁓ auf sandbefestigtem Weg um den Ort ⁓ vorbei am Friedhof ⁓ an der **L 545** rechts auf den linksseitigen Radweg ⁓ bis zum ehemaligen **Grenzübergang Neulauterburg/Lauterbourg** sind es 2,7 km ⁓ vor der Kreuzung auf die rechte Straßenseite wechseln

Neulauterburg (Berg (Pfalz))

- **Zollpavillon**, Hagenbacher Str. 5a, direkt am dt.-frz. Grenzübergang. Informationsstelle zur Geschichte des ehemaligen Zollpavillons und des Grenzübergangs. ÖZ sind mit denen der Gaststätte identisch.

INS ZENTRUM

Ins gastliche französische Städtchen Lauterbourg ist es nur ein Katzensprung. Es spricht nichts dagegen, sich dort mit knusprigen Baguettes, frischem Käse und einer Flasche Rotwein einzudecken und sich auf dem letzten Stück des Lautertalwegs mit einem Picknick zu belohnen.

Lauterbourg (Lauterburg) Ⓕ

- **Office de Tourisme**, 21 Rue de la 1ère Armée, ✆ 0388055979, @ gti683
- **L'Eglise de la Sainte Trinité (Dreifaltigkeitskirche)**, 1 Pl. de l'Elglise, ✆ 0388948185 Gotischer Chor (1467), Stieffel-Orgel (1777). @ yuu647
- **Pulverkirche**, Rue du Temple, ✆ 0665313360, n. V. Ehemals Pulvermagazin (1708), seit 1888 protestantische Kirche. @ elw611
- **Metzgerturm und Stadtmauer**, 1 Rue de la Gare Einziger noch erhaltener Turm von 15 Türmen der Ringmauer (13./14. Jh.). @ ogo314
- **Ancienne Résidence Episcopale (Alte Bischöfliche Residenz)**, Place du Chateau, gegenüber des Hôtel de Ville, ✆ 0388055979. Ehemalige Vogtei (1592), später Residenz der Fürstbischöfe von Speyer (1716) mit schönem Renaissance-Treppenturm, heute Schule. @ eht137
- **Hôtel de Ville (Rathaus)**, 21 Rue de la 1ère Armée, ✆ 0388946610. Das Rathaus wurde im Jahre 1731 errichtet und verfügt über ein repräsentatives Rathausportal.
- **Landauer Tor**, Rue Vauban, ✆ 0388055979. Das Landauer Tor stammt aus dem Jahre 1708 und zeigt das Strahlenhaupt des Sonnenkönigs. Geplant wurde es von Architekt Vauban. @ oil176

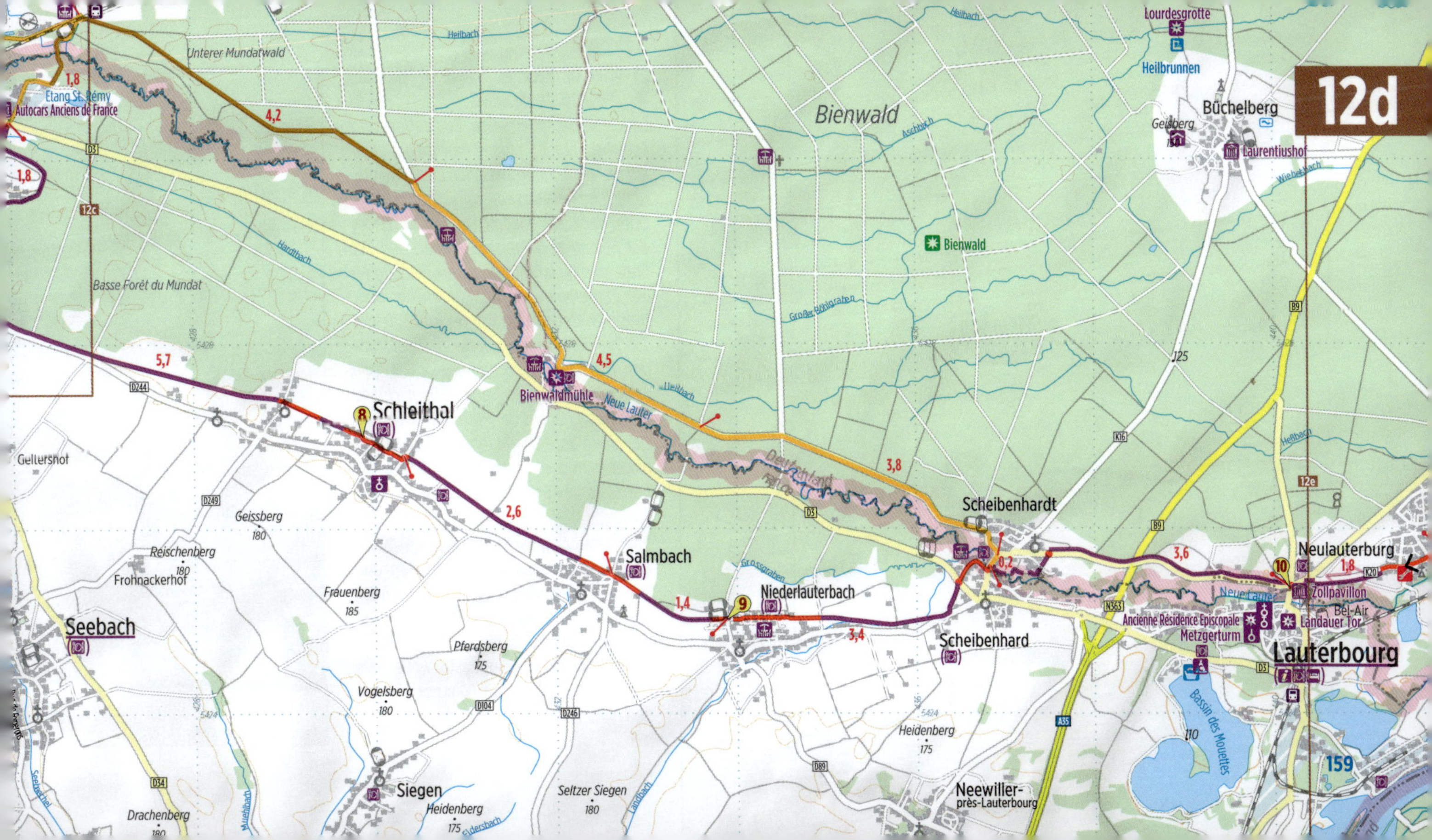
12d
Bienwald
Unterer Mundatwald
Etang St. Rémy
Autocars Anciens de France
Basse Forêt du Mundat
Heilbach
Hardtbach
Aschbach
Wieberbach
Großer Bohlgraben
Heßbach
Lourdesgrotte
Heilbrunnen
Büchelberg
Geisberg
Laurentiushof
Bienwald
Bienwaldmühle
Neue Lauter
Deutschland
France
Schleithal
Gellershof
Geissberg
180
Reischenberg
180
Frohnackerhof
Frauenberg
185
Seebach
Salmbach
Niederlauterbach
Scheibenhardt
Scheibenhard
Pferdsberg
175
Vogelsberg
180
Siegen
Heidenberg
175
Seltzer Siegen
180
Drachenberg
180
Neewiller-près-Lauterbourg
Heidenberg
175
Neulauterburg
Zollpavillon
Bel-Air
Landauer Tor
Ancienne Résidence Episcopale
Metzgerturm
Lauterbourg
Bassin des Mouettes
110
Grossgraben
Seebächel
Muehlbach
Eldersbach
Landbach
1,8
4,2
1,8
5,7
4,5
3,8
2,6
1,4
3,4
0,2
3,6
1,8
8
9
10
D3
D244
D249
D104
D246
D89
D34
A35
N363
K16
K20
B9
12c
12e
125

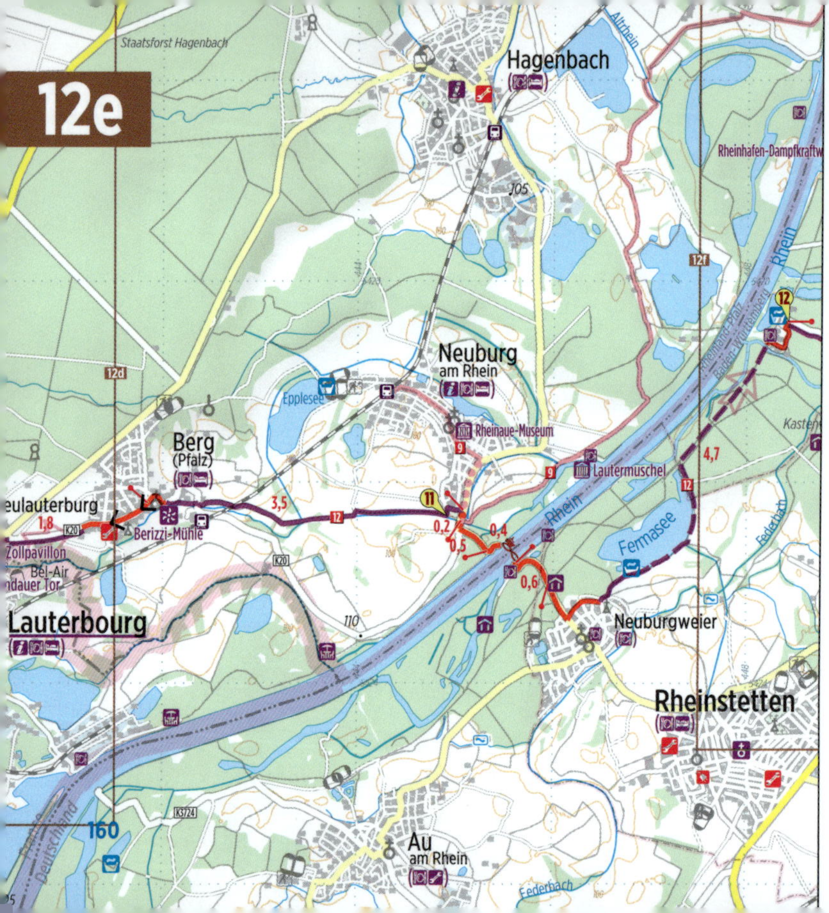

Plage Les Mouettes, Chemin des Mouettes, 0388546860, @ ufn143

Lauterbourg, ehemalige Zollstation und östlichste Stadt Frankreichs, ruht auf einer länglichen Anhöhe zwischen Lautertal und Rhein und war einst eine römische Siedlung. Unter dem Sonnenkönig Ludwig XIV. baute der Festungsbaumeister Vauban den Ort Ende des 17. Jahrhunderts zur Festung an der Lauterlinie aus. Als Folge ihrer militärischen Bedeutung kam es im Laufe der Jahrhunderte immer wieder zu Zerstörungen. Das heutige Lauterbourg lockt wegen seiner unmittelbaren Nähe zu Deutschland viele Besucher aus der Pfalz und Baden an. Der charmante Charakter seines Zentrums bietet dem Gast etwas für die Augen, die französische Küche für den Gaumen.

Von Lauterbourg nach Karlsruhe *22 km*

10 Die Vorfahrtsstraße überqueren und links am **Zollpavillon** vorbei ~ vorbei am Kreisverkehr, dann entlang der **K 20** ~ uf der **Ludwigstraße** durch Berg ~ auf dem abschüssigen Kopfsteinpflaster werden Sie kurz vor Abschluss Ihrer Tour noch kräftig durchgeschüttelt.

Lauterbourg, Sainte Trinité

Berg (Pfalz)

Berizzi-Mühle mit Fischpassage, Ludwigstr. 32. Mithilfe dieser Fischtreppe können Lachse aus dem Rhein Laichplätze auch in der Lauter finden.

Im Dreiländereck zwischen Rheinland-Pfalz, Baden-Württemberg und dem Elsass gelegen, ist Berg die südlichste Gemeinde der Pfalz. Die Geschichte des Ortes reicht weit in die Vergangenheit zurück, zumal Berg an einem bedeutenden Handelsweg entstand, der schon in keltischer Zeit benutzt und von den Römern ausgebaut wurde.

Nach einer S-Kurve der Ludwigstraße zwischen der **Berizzi-Mühle** und dem **Alten Schulhaus** rechts abbiegen ~ auf dem Rheinhauptdeich bis zur K 20.

ZUM BAHNHOF Möchten Sie zum Bahnhof von Berg, fahren Sie rechts über die Lauterbrücke und nach 150 m erneut rechts.

Auf der Hauptroute rechts versetzt über die **K 20** und weiter auf dem Rheinhauptdeich links der Neuen Lauter ~ über die Bahnlinie ~ bis zum südlichen Ortsrand von Neuburg.

Neuburg am Rhein s. S. 120

11 Vor dem **Friedhof** links, dann kurz hintereinander zweimal rechts in die **Rheinstraße** ~ zum Übersetzen ins Badische nach der Lauterbrücke links bis zur Anlegestelle der **Rheinfähre** ~ auf der anderen Rheinseite dem Verlauf der Straße folgen ~ nach dem Ortseingang von **Neuburgweiher** links in die **Marienstraße** ~ am Ende der Straße vor dem Friedhof links abbiegen und der Hauptstraße zum **Fermasee** folgen ~ immer am Seeufer entlang ~ an

der T-Kreuzung im Auwald rechts ⇝ auf dem Dammweg schnurgerade bis zu den Vereinshäusern ⇝ danach auf dem asphaltierten Weg rechts und sogleich links bis vor zum Rheinstrandbad.

Rappenwört (Karlsruhe)

Naturschutzzentrum Karlsruhe-Rappenwört, Hermann-Schneider-Allee 47, ✆ 0721/950470 Natur der Rheinaue, Sonderausstellungen. @ dyr668

Rheinstrandbad Rappenwört, Hermann-Schneider-Allee 50-54, ✆ 0721/1335229. Eines der landschaftlich schönsten und größten Freibäder Deutschlands mit altem Baumbestand auf 16 ha Grundfläche. @ myo432

12 Rechts auf den Radweg der **Hermann-Schneider-Allee** und kurz darauf die Straßenbahngleise überqueren ⇝ rechts der Schienen, bis der Weg leicht ansteigt ⇝ erneut über die Schienen und geradeaus auf dem Radweg der **Daxlander Straße** bleiben ⇝ an der Ampelkreuzung rechts versetzt in die **Willi-Egler-Straße** ⇝ bei einem Strommast den linken Radweg am Rande der Grünflache wählen.

Daxlanden (Karlsruhe)

13 Mittels der Ampel über die Rheinhafenstraße ⇝ sofort nach Überqueren des Flüsschens Alb rechts hinunter ⇝ bis zum **Kornweg**, rechts auf die andere Uferseite und an der Appenmühle halblinks in den **Willi-Kastin-Weg** ⇝ der idyllische Grüngürtel der Alb begleitet Sie nun bis fast zum Hauptbahnhof ⇝ auf dem **Willi-Kastin-Weg** die Alb abermals queren, dann gleich rechts ⇝ unter einer großen Straßenbrücke hindurch ⇝ an der **Albkapelle** vorbei ⇝ vor der Straßenbrücke rechts über den Steg und gleich wieder links unter ebenjener Brücke hindurch ⇝ immer am rechten Ufer der Alb entlang und unter Handvoll weiteren Brücken hindurch ⇝ nach einer weiteren Brückenunterquerung ans linke Ufer wechseln ⇝ dem Verlauf des Radwegs durch die lang gezogene **Günther-Klotz-Anlage** folgen ⇝ **14** unter der Bahnbrücke hindurch ⇝ bald darauf die Brücken des Bulacher Kreuzes unterqueren ⇝ nach der folgenden Brückenunterquerung auf dem Steg wieder ans rechts Ufer ⇝ an einem interessant gestalteten Kaskadenbrunnen vorüber ⇝ die erste Straße an einer Fußgängerampel überqueren ⇝ während sich die Alb nach rechts verabschiedet, fahren Sie geradeaus vorbei hinter der Paul-Gerhardt-Kirche, dann durch eine Kleingartenanlage ⇝ nach den Straßenbahngleisen rechts ⇝ kurz vor der großen **Straßenbahnhaltestelle Albtalbahnhof** rechts durch die Sicherheitsbarriere ⇝ an der nächsten Kreuzung geradeaus in die **Victor-Gollancz-Straße** ⇝ **15** die Tour endet am Hauptbahnhof von Karlsruhe.

INS ZENTRUM

Einen Abstecher ins Zentrum der Fächerstadt sollten Sie sich nicht entgehen lassen. Fahren Sie dazu vom Bahnhofsgebäude geradeaus in die Poststraße und zweigen an der Ampelkreuzung links in die Ettlinger Straße ab. Immer geradeaus erreichen Sie nach 1,6 km den Marktplatz mit der Pyramide. Hinter dem Wahrzeichen der Stadt öffnet sich der Blick auf das imposante Schloss.

Karlsruhe

Vorwahl: 0721

Tourist-Information, Kaiserstr. 72-74, ✆ 602997580, @ ypl367

Badisches Landesmuseum im Schloss, Schlossbezirk 10, Schlossplatz, ✆ 9266514 Mit der „Expothek: Archäologie in Baden" folgt die neue Sammelausstellung einer revolutionären Museumskonzeption und lässt Besucher dank modernster Techniks zu Nutzern des Museums werden. @ ljo814

Staatliche Kunsthalle und Orangerie, Hans-Thoma-Str. 2-6, ✆ 9262696 Gemäldegalerien europäischer Meisterwerke vom 14. bis zum 20. Jh. @ xop545

Stadtmuseum, Karlstr. 10, Prinz-Max-Palais, ✆ 1334230 Karlsruher Stadt- und Baugeschichte von 1715 bis heute, bürgerliche Kultur, berühmte Persönlichkeiten. Eine Original-Draisine, der Vorläufer des Fahrrads, sowie ein 1:5-Modell des ersten Automobils von Carl Benz sind weitere bedeutende Exponate. @ ubh542

ZKM Zentrum für Kunst und Medien, Lorenzstr. 19, ✆ 81000 Einzigartige Kulturinstitution rund um das Thema Medienkunst mit interaktiven, erlebnisorientierten wechselnden Ausstellungen und Veranstaltungen. @ gxc577

Badischer Kunstverein, Waldstr. 3, ✆ 28226 In dem - 1901 im neubarocken Stil erbauten - Gebäude finden Wechselausstellungen zeitgenössischer Kunst statt. @ ggg874

Museum beim Markt, Karl-Friedrich-Str. 6, ✆ 9266514 Zwischen Pyramide und Schloss werden Werke der angewandten Kunst des 20. Jhs. präsentiert. @ tqo452

Museum für Literatur am Oberrhein, Karlstr. 10, Prinz-Max-Palais, ✆ 1334087 Bilder, Bücher und Handschriften aus einem Jahrtausend dichterischen Schaffens am Oberrhein. @ mdi472

Naturkundemuseum, Erbprinzenstr. 13, ✆ 1752111 Schausammlungen mit Versteinerungen und Mineralien, Vivarium mit Kriechtieren, Fischen, etc. @ yte678

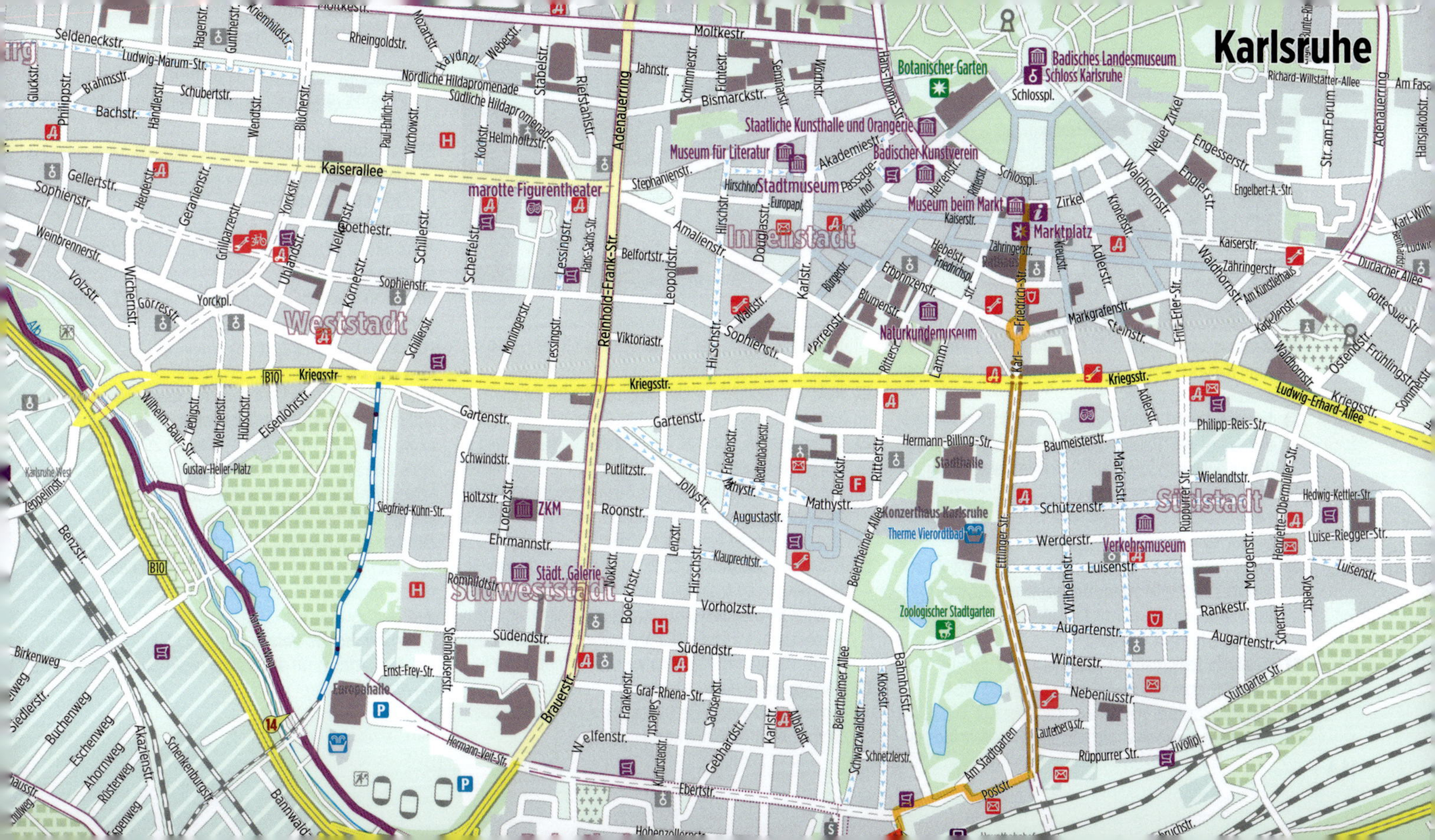
Karlsruhe
Badisches Landesmuseum
Schloss Karlsruhe
Botanischer Garten
Schlosspl.
Staatliche Kunsthalle und Orangerie
Museum für Literatur
Badischer Kunstverein
Stadtmuseum
marotte Figurentheater
Museum beim Markt
Marktplatz
Innenstadt
Weststadt
Naturkundemuseum
Kaiserallee
Kriegsstr.
Ludwig-Erhard-Allee
Adenauerring
Reinhold-Frank-Str.
Stadthalle
Konzerthaus Karlsruhe
Therme Vierordtbad
ZKM
Städt. Galerie
Südweststadt
Südstadt
Verkehrsmuseum
Zoologischer Stadtgarten
Europahalle
Karlsruhe West
Moltkestr.
Kaiserstr.
Zirkel
Karl-Friedrich-Str.
Ettlinger Str.
Rüppurrer Str.
Brauerstr.
Gartenstr.
Hermann-Billing-Str.
Schützenstr.
Werderstr.
Augartenstr.
Südendstr.
Ebertstr.
Stuttgarter Str.
Durlacher Allee
B10

Städtische Galerie, Lorenzstr. 27, ✆ 1334401 Ⓔ Hier finden sich vor allem Werke Karlsruher und regionaler Maler, aber auch Sonderausstellungen. @ ejm315

Schloss Karlsruhe, Schlosspl., ✆ 9266514. Das Schloss wurde in den Jahren von 1715-1718 errichtet. Nach absolutistischem Vorbild laufen vom Schloss aus 32 Straßen strahlenförmig „der Sonne entgegen". Dieses Raster bestimmte in beeindruckender Weise auch in der Folgezeit den Ausbau von Karlsruhe. @ wox765

Schloss Gottesaue, Am-Schloss-Gottesaue 7. Von Markgraf Karl II. am Platz einer zerstörten Benediktinerabtei errichtet, nach mehrfacher Zerstörung 1989 wieder aufgebaut, heute Sitz der Staatlichen Hochschule für Musik. @ vya773

Rheinhafen-Dampfkraftwerk, EnBW-Infopark, ✆ 6305 Ⓔ Spannende Führungen rund um das Thema Energie. @ ofn347

Denkmalgeschütztes Theaterhaus, Kaiserallee 11, ✆ 841555. Das Theaterhaus vereint gleich drei Bühnen unter seinem Dach: marotte Figurentheater, Das Sandkorn - Theater & Mehr sowie das Jakobus-Theater. @ wgj812

Marktplatz, Marktpl. Pyramide, Rathaus und Stadtkirche, im klassizistischen Stil erbaut, prägen den Platz. @ kao781

Schlosslichtspiele, Schlosspl. Der Karlsruher Schlossplatz wird in den Sommermonaten durch die allabendlichen Lichtprojektionen zum Erlebnismittelpunkt der Stadt. Durch atemberaubende Projektionen wird die Fassade des Karlsruher Schlosses zum größten digitalen Kunstwerk Europas. @ lmb434

Zoologischer Stadtgarten, Ettlinger Str. 6, ✆ 1336801 Ⓣ Mehr als 1.000 Tiere und 150 Arten; einmaliges Projekt der Altersresidenz für Asiatische Elefanten, bietet sogar Doppelnutzung (untertags Elefanten, abends/nachts Flusspferde); 800 Bäume aus zahlreichen Ländern und 300 Rosensorten bilden einen herrlichen Rahmen. @ sna584

Schlossgarten Ⓩ Die Freizeitanlage im Seerosengarten und Fasanengarten wartet mit einem Abenteuerspielplatz und einer Kleinbahn auf. Rasen betreten erwünscht! @ hwy656

Botanischer Garten, Hans-Thoma-Str. 6, hinter der Kunsthalle, ✆ 9263008 Ⓔ Schauhäuser mit Kakteen und tropischen Pflanzen. @ sdm384

Europabad, Herrmann-Veit-Str. 5, ✆ 16022400. Saunagarten mit Blockhaussauna in großzügiger Außenanlage. @ unl536

Fächerbad, Am Sportpark 1, ✆ 9670120, @ exp153

Vierordtbad, Ettlinger Str. 4, ✆ 1335225, @ dmh886

Karlsruhe ist geprägt durch seine barocke Stadtgründung mit dem berühmten Fächergrundriss und die klassizistische Strenge der Bauten Friedrich Weinbrenners. 1715 legte Markgraf Karl Wilhelm den Grundstein für die spätere Residenz, von der aus noch heute die 32 strahlenförmigen Straßen in die Stadt führen:

In die Kulturstadt mit Staatstheater, vielen weiteren Bühnen und vielen Museen, auch mit Weltranglisten-Status.

In die Stadt der Medienkunst, die seit 2019 Deutschlands erste UNESCO City of Media Arts ist, mit dem ZKM, den Schlosslichtspielen und den Seasons of Media Arts.

In die Stadt des Rechts mit Sitz der höchsten Gerichte Deutschlands, dem Bundesverfassungsgericht, dem Bundesgerichtshof und der Bundesanwaltschaft und nicht zuletzt in die Technologiestadt mit Excellenz-Universität und den Zweisystem-Stadtbahnlinien, dem berühmten Karlsruher Modell, dass es ermöglicht, von Karlsruhe aus mit der Stadtbahn in den Schwarzwald, das Kraichgau und die Pfalz zu fahren.

Übernachtungs- und Serviceverzeichnis

Übernachtungsadressen

Dieses Verzeichnis beinhaltet folgende Übernachtungskategorien:

Kategorien

- i Tourist-Information
- H Hotel
- Hg Hotel garni
- Gh Gasthof, Gasthaus
- P Pension, Gästehaus
- Pz Privatzimmer
- Ho Hostel
- Mo Motel
- NF Naturfreundehaus
- AH Apartmenthotel
- B&B Bed and Breakfast
- B Bungalow
- Fw Ferienwohnung (Auswahl)
- Bh Bauernhof
- Hh Heuhotel
- S Sonstiges
- Jugendherberge, -gästehaus
- Campingplatz
- Zeltplatz (Naturlagerplatz)

Die Auflistung stellt keine Empfehlung einzelner Betriebe dar und erhebt keinen Anspruch auf Vollständigkeit. Um das Verzeichnis stets aktuell zu halten, sind wir für Mitteilungen bezüglich Änderungen jeder Art dankbar. Der einfache Eintrag erfolgt für die Betriebe natürlich kostenfrei, aus Platzgründen können wir diesen allerdings nicht garantieren. Vor allem in Tourismusgebieten mit großem Übernachtungsangebot muss die Liste aus Platzgründen automatisiert leicht gekürzt werden.

Kennzeichnung

I	Preiskategorie	unter € 25,–
II	Preiskategorie	€ 25,– bis € 35,–
III	Preiskategorie	€ 35,– bis € 50,–
IV	Preiskategorie	€ 50,– bis € 70,–
V	Preiskategorie	€ 70,– bis € 100,–
VI	Preiskategorie	über € 100,–

- o.F. kein Frühstück angeboten
- HP mit Halbpension
- nur Zimmer mit Etagenbad
- Bett+Bike Betrieb
- 2.5 Entfernung vom Weg in Kilometer Luftlinie

Preise

Die Preise gelten als Richtwert pro Person in einem Doppelzimmer mit Dusche oder Bad inkl. Frühstück.

Die angegebenen Preiskategorien entsprechen dem Stand des Erhebungs- bzw. Überarbeitungszeitraumes und können sich von den tatsächlichen Preisen unterscheiden. Besonders während Messezeiten, aufgrund von unterschiedlichen Zimmertypen und nicht zuletzt saisonal bedingt sind preisliche Schwankungen möglich.

Radwerkstätten u. -vermietung

- Fahrradwerkstatt
- Fahrradvermietung
- Servicestation od. -automat
- E-Bike Ladestation
- E-Bike Verleih
- abschließbare Abstellanlagen

bett+bike adfc

Alle mit dem Bett+Bike-Logo gekennzeichneten Betriebe erfüllen die vom ADFC vorgeschriebenen Mindestkriterien als „Fahrradfreundliche Gastbetriebe" und bieten darüber hinaus so manche Annehmlichkeit für Radfahrer. Detaillierte Informationen finden Sie unter ***www.bettundbike.de***.

adfc Allgemeiner Deutscher Fahrrad-Club

Entfernung

Die blaue Zahl (2.5) beim Betrieb gibt die Entfernung zur Route in Kilometern an. Bitte beachten Sie, dass sich diese Zahl auf die Luftlinie bezieht, ohne Berücksichtigung der Höhenmeter und der tatsächlichen zurückzulegenden Strecke.

Updates

Aktuelle Korrekturen zum Übernachtungsverzeichnis erhalten Sie über das LiveUpdate auf ***www.esterbauer.com***.

Tour 1 - Pfälzerwald-Tour

Kaiserslautern

Vorwahl: 0631

i Tourist Information, Fruchthallstr. 14, ✆ 3652317 0.5

H SAKS, Stiftspl. 11, ✆ 361250, V 1

Hg Heymann, Mühlstr. 6, ✆ 70267, IV-V 0.5

Hg Stadthotel, Friedrichstr. 39, ✆ 362630, III 1

Fahrradhaus Kaufmann, Königstr. 37, ✆ 21683 0.5

Velo Projekt, Vogelwoogstr. 50, ✆ 37100606 1.5

Hohenecken (Kaiserslautern)

Vorwahl: 0631

H Ari, Burgherrenstr. 99, ✆ 84298701 0

H Burgschänke, Schlossstr. 1, ✆ 351530, IV 0

Gelterswoog, Gelterswoog 2, ✆ 3107007 0.5

Dansenberg (Kaiserslautern)

Vorwahl: 0631

H Fröhlich, Dansenberger Str. 10, ✆ 357160, IV 2

Queidersbach

Vorwahl: 06371

i Tourist-Information, Hauptstr. 3a, Landstuhl, ✆ 1300012 6

P Gästehaus Felsenkopf, Zum Winterberg 12, ✆ 9460184 0

Radsport Wolsiefer, Mittelfeldstr. 31, ✆ 16371 0.5

Horbach

Vorwahl: 06333

i Tourist-Information Waldfischbach-Burgalben, Friedhofstr. 3, Waldfischbach-Burgalben, ✆ 925160 0

Steinalben

Vorwahl: 06333

Moosalbtal, Geiselberger Mühle 1, ✆ 06307/993618, I 1

Waldfischbach-Burgalben

Vorwahl: 06333

i Tourist-Information Waldfischbach-Burgalben, Friedhofstr. 3, ✆ 925160 0

H Zum Schwan, Hauptstr. 119, ✆ 92420, III-IV 0

P Haus Maria Rosenberg, Rosenbergstr. 22, ✆ 923200, IV 1

Pz Gästehaus Scherer, Höheinöder Str. 1, ✆ 5810, III 0

Thaleischweiler-Fröschen

Vorwahl: 06334

Pz Gästehaus Ursalix Raquet, Höheinöder Str. 11, ✆ 4490307, II 2

Rodalben

Vorwahl: 06331

i Tourist-Information Gräfensteiner Land, Am Rathaus 9, ✆ 234180 0

H Café Pfälzer Hof, Hauptstr. 108, ✆ 17123, III 0

H Zum grünen Kranz, Pirmasenser Str. 2, ✆ 23170, III 0

P Villa Bruderfels, Baumbuschstr. 58, ✆ 23350, III 0.5

Ht Hilschberghaus, Fichtenstr. 1b, ✆ 10669, ✆ 18020, III 0.5

Bike-Shop Germann, Hauptstr. 146, ✆ 1481981 0

Münchweiler an der Rodalb

Vorwahl: 06395

i Tourist-Information Gräfensteiner Land, Am Rathaus 9, Rodalben, ✆ 06331/234180 0

Merzalben

Vorwahl: 06395

i Tourist-Information Gräfensteiner Land, Am Rathaus 9, Rodalben, ✆ 06331/234180 0

Fw Feriendorf Merzalben, Zum Schäferkreuz, ✆ 06396/1761, ✆ 06396/1680013, ✆ 0160/8020366, III-IV 0.5

Hinterweidenthal

Vorwahl: 06396

i Tourist-Info-Zentrum Pfälzerwald, Schuhmeile 1, Hauenstein, ✆ 06392/9233380 6

Gh Am Teufelstisch, Im Handschuhteich 29, ✆ 369, III-IV 1

Gh Landgasthaus Am Frauenstein, Kaltenbach 12, ✆ 245, III-IV 1.5

Tour 2 - Pirminius-Radweg

Hornbach

Vorwahl: 06338

i Tourist-Information, Im Klosterbezirk 1, ✆ 809153 0

H Kloster Hornbach, Im Klosterbezzirk, ✆ 910100, III-V 0

Pz Martinas Gästehaus, Zinselstr. 3, ✆ 1080, III 0

B&B Gästehaus Monika, Butterweg 4a, ✆ 993119, ✆ 0152/33956527, III 0.5

Zweibrücken

Vorwahl: 06332

i Kultur- und Fremdenverkehrsamt, Maxstr. 1, ✆ 871471 0

H Romantik Hotel Landschloss Fasanerie, Fasanerie 1, ✆ 9730, IV-V 1

H Rosengarten am Park, Rosengartenstr. 60, ✆ 9770, IV 0

H Rosenhotel, Von-Rosen-Str. 2, ✆ 9190, IV 0.5

Niederauerbach (Zweibrücken)

Vorwahl: 06332

Fw S Haus Regenbogen, Schlesienstr. 11, ✆ 77782, ✆ 0172/1038633, I-II 1

Contwig

Vorwahl: 06332

H Bärmann, Hauptstr. 132, ✆ 5752, III 0

Rieschweiler-Mühlbach

Vorwahl: 06336

H Birkenhof, Bahnhofstr. 34, ✆ 206, II-III 0

Thaleischweiler-Fröschen siehe Tour 1

Rodalben siehe Tour 1

Pirmasens

Vorwahl: 06331

i Südwestpfalz Touristik e. V., Unterer Sommerwaldweg 40-42, ✆ 809126 0

i Tourist-Information, Fröhnstr. 8, im Rheinberger, ✆ 2394321 0.5

🄷 Alt Pirmasens, Wittelsbacher Str. 26, ☎ 063315/55450, III-IV 0.5
🄷 Best Western City Hotel Pirmasens, Bahnhofstr. 35, ☎ 216920, III-IV 0.5
🄷 Martz, Blumenstr. 8, ☎ 508813, III 0.5
Ht Waldhaus Starkenbrunnen, ☎ 46597, III 2.5
CityStar-Jugendherberge, Schützenstr. 12-14, ☎ 808180, II 0.5
Zweirad Stocker, Pirminiusstr. 2, ☎ 98034 0

Winzeln (Pirmasens)
Vorwahl: 06331
🄷 Dorfschenke, Bottenbacher Str. 64, ☎ 6981777, III-IV 3
🄷 Kunz, Bottenbacher Str. 74, ☎ 8750, IV-V 3.5

Ruppertsweiler
Vorwahl: 06395
🄷 Ständenhof, Ständenhof 1, ☎ 6276, IV 1

Münchweiler an der Rodalb
siehe Tour 1

Hinterweidenthal
siehe Tour 1

Hauenstein
Vorwahl: 06392
Tourist-Info-Zentrum Pfälzerwald, Schuhmeile 1, ☎ 9233380 0
🄷 Hauensteiner Hof, Burgstr. 18, ☎ 409596, IV 0.5
🄷 Waldhotel Felsentor, Bahnhofstr. 88, ☎ 4050, IV 0
Ht Wanderheim Dicke Eiche, ☎ 3596, I 3
Herberge Hauenstein, Landauer Str. 69, ☎ 1346, I-II 0.5
Südpfalz Adventures, Prälat-Sommer-Str. 46, ☎ 2390 0.5

Wilgartswiesen
Vorwahl: 06392
Tourist-Info-Zentrum Pfälzerwald, Schuhmeile 1, Hauenstein, ☎ 9233380 0
🄷 Am Hirschhorn, Am Hirschhorn 12-14, ☎ 581, IV-V 0.5

Tour 3 - Glan-Blies-Radweg

Zweibrücken
siehe Tour 2

Einöd (Homburg)
Vorwahl: 06848
🄷 Hotel Restaurant Saigon, Webenheimer Str.1, ☎ 7190333, II 0
Hg Brünnler, Hauptstr. 8, ☎ 70050, III 0.5
Active Bikes, Hauptstr. 59, ☎ 06841/701785 0.5

Schwarzenacker (Homburg)
Vorwahl: 06848
Fw Historische Schuhfabrik, Am Ohligberg 10, ☎ 2073750, II 0.5

Schwarzenbach (Homburg)
Vorwahl: 06841
🄿 Gästehaus Petit Château, Alte Reichsstr. 4, ☎ 15211, IV 0.5

Beeden (Homburg)
Vorwahl: 06841
Pz Pension Lisa, Brückenstr. 1, ☎ 64632, ☎ 0171/7891960, o.F., I 1
Fw Marianne Kuhlmann, Flurstr. 4, ☎ 62334, III 1

Homburg
Vorwahl: 06841
Tourist-Info Homburg, Talstr. 57a, ☎ 101820 0
🄷 Schlossberg, Schloßberg-Höhenstr. 1, ☎ 6660, V-VI 0.5
Fw Maison Homburg, Warburgring 74, ☎ 9738851, ☎ 0176/84113776, II 1
Hohenburg-Jugendherberge, Am Mühlgraben 30, ☎ 3679, II 0
Kardinal-Wendel-Haus, Kardinal-Wendel-Str. 10, ☎ 4181, I 0.5
Sport H2, Kastanienweg 2, ☎ 68537 0.5

Erbach (Homburg)
Vorwahl: 06841
🄷 Bubis Raststätte, Berliner Str. 132a, ☎ 79461, III 1
🄷 Landhaus Roth, Steinbachstr. 92, ☎ 70000, III 1.5
🄷 Ruble, Dürerstr. 164, ☎ 97050, III 1.5
Pz Hartmann, Preußenstr. 47, ☎ 74469, II 2.5
Saar-Rad, Vogelbacher Weg 50, ☎ 96020 1

Sanddorf (Homburg)
Vorwahl: 06841
Fw Ferienwohnung Panter, Heidebruchstr. 116, ☎ 9968100, II 0.5
Königsbruch, An der L 223, ☎ 3625 1.5

Bruchhof (Homburg)
Vorwahl: 06841
Fw Ferienwohnung Hanne, Distelweg 18, ☎ 1884888, I 0.5

Jägersburg (Homburg)
Vorwahl: 06841
🄷 Peters Hotel & Spa, Kleinottweilerstr. 112, ☎ 189330, V-VI 2.5
Fw Zum Altbreitenfelder Hof, Dorfstr. 63, ☎ 71904, II 4

Waldmohr
Vorwahl: 06373
Stadt Waldmohr, Rathausstr. 14, ☎ 504220 1.5
🄷 Landhaus Waldziegelhütte, Waldziegelhütte 35, ☎ 2411, II-III 3
🄷 Waldmohrer Hof, Saarpfalzstr. 2, ☎ 506599, ☎ 0171/7700508, II-III 1.5

Schönenberg-Kübelberg
Vorwahl: 06373
Verbandsgemeindeverwaltung Oberes Glantal, Rathausstr. 8, ☎ 5040 0.5

Kübelberg (Schönenberg-Kübelberg)
Vorwahl: 06373
Gh Schleppi, Saarbrücker Str. 80, ☎ 2785, II-III 0.5

Schönenberg (Schönenberg-Kübelberg)
Vorwahl: 06373
🄷 Campingpark Ohmbachsee mit Landgut Jungfleisch, Campingpark Ohmbachsee 1, ☎ 4001, III-IV 0.5

Elschbach (Bruchmühlbach-Miesau)
Vorwahl: 06372

[Z] Hasenhübel, Schanzerstr. 26, ✆ 9220305, ✆ 0172/2568478 1.5

Glan-Münchweiler

Vorwahl: 06383

[i] Bürgerbüro Glan-Münchweiler, Bahnhofstr. 2, ✆ 06373/504126, ✆ 06373/504125 0

[Fw] Anja, Marktstr. 14, ✆ 0176/96602517, II-III 0.5

Altenglan

Vorwahl: 06381

[i] Verbandsgemeinde Kusel-Altenglan, Schulstr. 3-7, ✆ 60800 0.5

[Gh] Zum Remigiusland, Glanstr. 21, ✆ 2431, III 0.5

[Fw] Atelier Ferienwohnung, Glanstr. 30, ✆ 40142, II 0.5

[Fw] Sonnengarten, Ober dem Reitweg 1a, ✆ 429120, ✆ 0157/30202471, I 0.5

Ulmet

Vorwahl: 06387

[H] Waldhotel Felschbachhof, Felschbachhof, ✆ 9110, IV 0.5

[Gh] Landgasthof Zum Steinernen Mann, Zweibrücker Str. 13, ✆ 1827, II-III 0

Lauterecken

Vorwahl: 06382

[i] Verbandsgemeinde Lauterecken-Wolfstein, Schulstr. 6a, ✆ 791116 0.5

[H] Pfälzer Hof, Hauptstr. 12, ✆ 7338, ✆ 0170/2274750, III-IV 0

[Fw] Brauhaus, Bahnhofstr. 1, ✆ 8588, II-III 0

Meisenheim

Vorwahl: 06753

[i] Tourist-Information, Unterg. 16, ✆ 06751/811173 0

[H] Barth, Lindenallee 23, ✆ 5477, III 0

[H] Landhotel Am Wasserrad, Am Wehr 2, ✆ 964290, III 0

[P] Gästehaus im Tal, Starenweg 7, ✆ 964427, III 0.5

[Fw] Schillinger, Hans-Franck-Str. 29, ✆ 94690, I 0.5

Odernheim am Glan

Vorwahl: 06755

[i] Ortsgemeinde Odernheim, Hauptstr. 17, ✆ 203 0.5

[Pz] Hartmann, Maxdorf 26, ✆ 364, II 1

Staudernheim

Vorwahl: 06751

[P] Rosenschlösschen & Tanneneck, Bergstr. 15-19, ✆ 2655, III 0.5

Schloßböckelheim

Vorwahl: 06758

[i] Ortsgemeinde Schlossböckelheim, Nahetalstr. 11, ✆ 7135 0.5

[H] [Bh] Niederthäler Hof, An der Nahe 1, ✆ 969391, III-IV 0

[P] Bohn, Schloßstr. 22, ✆ 8425, ✆ 0176/43117350, II 0.5

Oberhausen an der Nahe

Vorwahl: 06755

[P] Weingut Weck, Naheweinstr. 21, ✆ 604, III 0.5

[Fw] Wolf, Naheweinstr. 24, ✆ 330, III 0.5

Niederhausen (Nahe)

Vorwahl: 06758

[Pz] Weingut-Gästehaus Franzmann, Winzerstr. 22, ✆ 6768, III 0.5

[BB] Bed & Breakfast Zum Stausee, Am Stausee 28, ✆ 969661, III 0

Norheim

Vorwahl: 0671

[Fw] Gebhard, Adalgerstr. 1, ✆ 41983, I 0.5

Traisen

Vorwahl: 0671

[Gh] Rotenfelsstube, Rotenfelsstr. 25, ✆ 35917, II 1

[Gh] Zur Bastei, Auf dem Rotenfels 4, ✆ 31701, II 1

Bad Münster am Stein-Ebernburg (Bad Kreuznach)

Vorwahl: 06708

[i] Tourist-Information, Berliner Str. 60, ✆ 641780 0.5

[H] Krone, Berliner Str. 73-75, ✆ 840, III 0.5

[H] Land-gut-Hotel BurgBlick, Schlossgartenstr. 33, ✆ 62940, III-IV 0.5

[H] Naheschlösschen, Berliner Str. 69, ✆ 661031, III 0.5

[H] Weinhotel Schneider, Gartenweg 2, ✆ 2043, III 0

[P] Gästehaus Schönbein, Fischerhof 2, ✆ 1051, ✆ 3478, ✆ 0177/2892265, II 0.5

[P] Heinz, Berliner Str. 51, ✆ 1449, ✆ 0170/3842015, III 0.5

[P] Urschel, Kurhausstr. 5, ✆ 1345, ✆ 4538, III 0.5

[P] Zum Schlossgarten, Schlossgartenstr. 34, ✆ 2260, III 0.5

[Z] Nahe-Alsenz-Eck, Speckerbrücke 1a, (Anfahrt über Berliner Straße 83/87), ✆ 2453, ✆ 0171/2421212, I 0.5

Tour 4 - Barbarossa-Radweg

Glan-Münchweiler

siehe Tour 3

Niedermohr

Vorwahl: 06383

[H] Sankt Paulushof, Kirchmohr 2, ✆ 92560, IV 0

Steinwenden

Vorwahl: 06371

[H] Raisch, Moorstr. 40, ✆ 59060, III 0.5

Ramstein (Ramstein-Miesenbach)

Vorwahl: 06371

[i] Info-Center, Miesenbacher Str. 1, ✆ 838186 0.5

[H] America, Reichswaldstr. 1c, ✆ 46810, III-IV 1

[H] Atlantis, Ziegelhütte 1, ✆ 46510, III 2.5

[H] Circle Inn, Kindsbacher Str. 58, ✆ 6160, IV-V 1.5

[H] Pirsch, Auf der Pirsch 12, ✆ 5930, III 1

[H] Ramsteiner Hof, Miesenbacher Str. 26, ✆ 9720, IV-V 0.5

[R] Fahrradladen Ramstein, Spesbacherstr. 61f, ✆ 62555 1

Weilerbach

Vorwahl: 06374

i Verbandsgemeindeverwaltung Weilerbach, Rummelstr. 15, ✆ 9220 1.5

H Degen, Mackenbacher Str. 2, ✆ 2013, IV 1.5

P Bauer Schmidt, Hauptstr. 45, ✆ 9453410, ✆ 0151/66345050, II 1

Nocke's 2 Rad, Hauptstr. 22, ✆ 993507 1

Rodenbach

Vorwahl: 06374

Hg Gästehaus Steil, Friedhofstr. 75-77, ✆ 91390, o.F., III 0

Engelshof (Kaiserslautern)

Vorwahl: 0631

P B Galappmühle, An der Galappmühle 3, ✆ 3163633, II 0

Kaiserslautern

siehe Tour 1

Morlautern (Kaiserslautern)

Vorwahl: 0631

H Hasselberg, Otterbacherstr. 11, ✆ 371660, III 1

Eselsfürth (Kaiserslautern)

Vorwahl: 0631

H Barbarossahof, Eselsfürth 10, ✆ 41440, III-V 0.5

H Idyll, Dauborner Weg 41, ✆ 46025, III 0

Enkenbach-Alsenborn

Vorwahl: 06303

i Verbandsgemeindeverwaltung Enkenbach-Alsenborn, Hauptstr. 18, im Rathaus, ✆ 913168 0

H Kölbl, Hauptstr. 3, ✆ 80790/3071, IV 0

Pz Eller, Grünstadter Str. 26, ✆ 6698, I 0.5

Eiswoog (Ramsen)

Vorwahl: 06356

H Seehaus Forelle Haeckenhaus, Eiswoog 1, ✆ 60880, III-IV 0

Ramsen

Vorwahl: 06351

Gh Landgasthof zum Hirsch, Gänsberg 1, ✆ 7404, III 0

Bh Louise, Ripperter Hof 4, ✆ 8304, ✆ 0176/22026461, III 2

Ochsenbusch (Eisenberg (Pfalz))

OPC Ochsenbusch Park Camping, Ochsenbusch 3, ✆ 0176/43396044 0.5

Stauf (Eisenberg (Pfalz))

Vorwahl. 06351

P Burghof Stauf, Burgweg 1, ✆ 9372225, III-IV 1

P Zur schönen Aussicht, Ebersteinstr. 16, ✆ 8174, III 1

Eisenberg (Pfalz)

Vorwahl: 06351

i Donnersberg-Touristik-Verband, Uhlandstr. 2, Kirchheimbolanden, ✆ 06352/1712 13

i Verbandsgemeinde Eisenberg, Hauptstr. 86, ✆ 407440 0

H Waldhotel, Martin-Luther-Str. 20, ✆ 124703, III-IV 1

H Zum Engel, Hauptstr. 114, ✆ 3988267, III 0

P Mielke, Kinderdorfstr. 25, ✆ 1319017, ✆ 0176/78857797, III 1

Mertesheim

Vorwahl: 06359

P Villagio, Eistalstr. 90, ✆ 9298134, ✆ 0178/3281162, II 0

Asselheim (Grünstadt)

Vorwahl: 06359

H Pfalzhotel, Holzweg 6-8, ✆ 80030, IV-V 0

P Metzger, Langg. 34, ✆ 5335, III 0

Grünstadt

Vorwahl: 06359

i Touristinformation, Hauptstr. 84, im Alten Rathaus, ✆ 9297234 0.5

Pz Via Eberle, Schlachthofstr. 17, ✆ 5817, III 0.5

Bockenheim a. d. Weinstraße

Vorwahl: 06359

i Tourist-Information, Weinstr. Nord 91b, Haus der Deutschen Weinstraße, ✆ 80013002 0

P Brunnett, Haldenweg 5, ✆ 946430, II-III 0.5

Pz Winzerhof Wendel, Leininger Ring 6, ✆ 4130, III 0

Hohen-Sülzen

Vorwahl: 06243

Pz Gästehaus Maurer, Offsteinerstr. 15a, ✆ 8421, ✆ 0179/2968550, III 0

Pz Gästehaus Weingut Blasius, Bahnhofstr. 25, ✆ 377 0

Pz Gästehaus Weingut Nettelbeck, Hof Nettelbeck 1, ✆ 312, III 0

Offstein

Vorwahl: 06243

Pz Weingut Keth, Wormser Str. 33, ✆ 7522, IV-V 0

Worms

Vorwahl: 06241

i Tourist-Information, Neumarkt 14, ✆ 8537306 0

Hg **Hüttl, Petersstr. 5-7, ✆ 90590, III** 0.5

H Boos, Mainzer Str. 5, ✆ 947639, IV 0.5

Jh Nibelungen-Jugendherberge Familien- und JGH, Dechaneig. 1, ✆ 25780, II 0

Röding, Kranzbühlerstr. 3, ✆ 23626 0.5

Zweirad Gölz, Bensheimer Str. 18-20, ✆ 45342 1

Tour 5 - Lautertal-Radweg

Kaiserslautern

siehe Tour 1

Engelshof (Kaiserslautern)

siehe Tour 4

Otterbach

Vorwahl: 06301

i Tourist-Information, Hauptstr. 54, Rathaus, Otterberg, ✆ 607800 0

H Parthenon, Lauterstr. 22, ✆ 1426, II-III 0

Otterberg

Vorwahl: 06301

i Tourist-Information, Hauptstr. 54, Rathaus, ✆ 607800 0

H Badstube, Badstube 1, ✆ 9369, II 0.5

H Blaues Haus, Kirchstr. 2, ✆ 716660,

✆ 0172/9476293, III 0
H Schippke, Schloßberg 5, ✆ 1205, III 0.5
CVJM-Haus Johannishöhe, Johannisstr. 31, ✆ 71500 0.5
Gänsedell, In der Gänsedell 1, ✆ 5537 1

Sambach (Otterbach)

Vorwahl: 06301
Gh Zum kühlen Grund, Katzweiler Str. 36, ✆ 9892, II-III 0

Roßbach (Wolfstein)

Vorwahl: 06304
Rad-Lager, Roßbacher Str. 21, Roßbach, ✆ 639 0

Wolfstein

Vorwahl: 06304
i Verbandsgemeinde Lauterecken-Wolfstein, Schulstr. 6a, Lauterecken, ✆ 06382/791116 0.5
H Reckweilerhof, Reckweilerhof 8, ✆ 618, ✆ 619, II-III 0.5
Königsland-Jugendherberge Familien- und JGH, Röther Weg 24, ✆ 1408, II 1
Camping Am Königsberg, Am Schwimmbad 1, ✆ 4143 0

Lauterecken siehe Tour 3

Tour 6 - Alsenz-Radweg

Bad Münster am Stein-Ebernburg (Bad Kreuznach) siehe Tour 3

Hochstätten

Vorwahl: 06708
Bh Bio-Weingut Laubenstein, Enteng. 2, ✆ 993120, II 0

Alsenz

Vorwahl: 06362
i Verbandsgemeinde Nordpfälzer Land, Bezirksamtsstr. 7, Rockenhausen, ✆ 06361/4510 0

Kalkofen

Vorwahl: 06362
Bh Pz Weingut Buhrmann-Becher, Talweg 7, ✆ 3512, II 1.5

Mannweiler-Cölln

Bh Multyfarm, Alsenzstr. 16, ✆ 06362/6819919, III 0.5

Rockenhausen

Vorwahl: 06361
i Verbandsgemeinde Nordpfälzer Land, Bezirksamtsstr. 7, ✆ 4510 0
H PRIMA Hotel Schloss Rockenhausen, Schlossstr. 8, ✆ 92920, III 0
H Pfälzer Hof, Kreuznacher Str. 30d, ✆ 458980, III 0.5

Winnweiler

Vorwahl: 06302
i Tourismusbüro, Jakobstr. 29, ✆ 6020, ✆ 60261 0.5
P San Marco, Marktpl. 6, ✆ 609262, III 0.5

Münchweiler an der Alsenz

Vorwahl: 06302
H Klostermühle, Mühlstr. 19, ✆ 92200, IV-V 0
P Zum Hirsch, Hauptstr. 8, ✆ 2249, II 0

Enkenbach-Alsenborn siehe Tour 4

Tour 7 - Radweg Deutsche Weinstraße

Bockenheim a. d. Weinstraße siehe Tour 4

Asselheim (Grünstadt) siehe Tour 4

Grünstadt siehe Tour 4

Bobenheim am Berg

Vorwahl: 06353
i i-Punkt Freinsheim, Hauptstr. 2, im Rathaus, Freinsheim, ✆ 989294 0.5
H Exquisite, Kleinkarbacher Str. 5, ✆ 06322/1744, III-IV 0

Weisenheim am Berg

Vorwahl: 06353
i i-Punkt Kallstadt, Weinstr.111, Kallstadt, ✆ 06322/667838 1
H Speeter, Leistadter Str. 8a, ✆ 93660, IV 0
H Zum Winzergarten, Am Nussbaum 6, ✆ 507223, II-III 0.5
P Alter Winzerhof, Hauptstr. 61, ✆ 507276, ✆ 0175/5906934, III 0
P Gästehaus Messer-Krämer, Leistadter Str. 12, ✆ 8069, III 0
Fw Haus Helga, Hauptstr. 36, ✆ 8805, II 0

Leistadt (Bad Dürkheim)

Vorwahl: 06322
P Pension Fink, Freinsheimerstr. 7a, ✆ 66880, ✆ 9896133, ✆ 0170/7303332, III 0
P Pension Helga, Waldstr. 6, ✆ 5260, III 0

Kirchheim a. d. Weinstraße

Vorwahl: 06359
Pz Weingut Ellbrück, Bruchmühle 1, ✆ 3251, II-III 0.5

Herxheim am Berg

Vorwahl: 06353
Gh Gasthaus Honigsack, Weinstr. 22, ✆ 7316, IV 2
Pz Gästehaus Goldberghof, Raiffeisenstr. 30, ✆ 8167, III 1.5
Pz Weinbau Walter Reiß, Dackenheimer Weg 28, ✆ 8449, III 1.5

Freinsheim

Vorwahl: 06353
i i-Punkt Freinsheim, Hauptstr. 2, im Rathaus, ✆ 989294 0.5
H Weingut Weisbrod, Gewerbestr. 7, ✆ 7776, III 1
H Weinheber, Hauptstr. 18, ✆ 95960, IV 0.5
Pz Weingut Reibold, Wallstr. 19, ✆ 1821, II 0.5

Kallstadt

Vorwahl: 06322
i i-Punkt Kallstadt, Weinstr.111, ✆ 667838 1

Ungstein (Bad Dürkheim)

Vorwahl: 06322

H Bettelhaus, Weinstr. 89, ✆ 620109, ✆ 0172/6684095, III 0.5
P Gästehaus Dehn, Weinstr. 22, ✆ 5402

Bad Dürkheim

Vorwahl: 06322

i Tourist-Information Bad Dürkheim, Kurbrunnenstr. 14, ✆ 9354500 0
H Fronmühle, Salinenstr. 15, ✆ 94090, IV 0
H Gartenhotel Heusser, Seebacher Str. 50-52, ✆ 9300, V-VI 1
H Kurpark-Hotel, Schlosspl. 1-4, ✆ 7970, V 0.5
H Marktschänke Bad Dürkheim, Marktg. 1, ✆ 95260, III-IV 0.5
H Mercure Hotel Bad Dürkheim An den Salinen, Kurbrunnenstr. 30-32, ✆ 6010, III-IV 0
Hg An den Salinen, Salinenstr. 40, ✆ 94040, III-IV 0
Jugend- und Freizeitheim Martin-Butzer-Haus, Martin-Butzer-Str. 36, ✆ 95220, III 2.5
Jugendhaus St. Christophorus, Schillerstr. 151, ✆ 63151, II 1.5
S Knaus Campingpark Bad Dürkheim, In den Almen 1, ✆ 61356, I 1

Hardenburg (Bad Dürkheim)

Vorwahl: 06322

H Waldschlössl, Kaiserslauterer Str. 393, ✆ 9872450, ✆ 01525/8780303, II 3.5

Wachenheim a. d. Weinstraße

Vorwahl: 06322

i Tourist-Information Wachenheim, Weinstr. 15, im Wachhaisel, ✆ 9580801 0
H Goldbächel, Waldstr. 99, ✆ 94050, IV 1.5
P Altstadt-Residenz, Weinstr. 34, ✆ 2001, III-IV 0
P Weingut Peter, Burgstr. 10, ✆ 2010, III 0.5
Campingplatz Wachenheim an der Weinstrasse, Waldstr. 105, ✆ 2689, I 2

Forst a. d. Weinstraße

Vorwahl: 06326

H Weingut & Landhotel Lucashof, Wiesenweg 1a, ✆ 336, III 0.5
Gh Oswald, Pfarracker 1, ✆ 6775, III 0

Deidesheim

Vorwahl: 06326

i Tourist Service GmbH Deidesheim, Bahnhofstr. 5, ✆ 96770 0.5
H Deidesheimer Hof, Marktpl. 1, ✆ 96870, VI 0
H MAXX by Steigenberger Deidesheim, Am Paradiesgarten 1, ✆ 9700, IV-V 0.5
H Ritter von Böhl, Weinstr. 35-39, ✆ 972201, III-IV 0
Hg Gästehaus Deidesheim, Kathrinenstr. 1, ✆ 96700, III-IV 0.5
AH Reb-Art, Kirschgartenstr. 6, ✆ 1250, ✆ 0173/5111280, IV 0
Fahrradvermietung Deidesheim, Weinstr. 63, ✆ 982284, ✆ 0176/57945715 0

Ruppertsberg

Vorwahl: 06326

Fahrradkeller Müller, Haßlocher Str. 18, ✆ 8927 1

Gimmeldingen (Neustadt a. d. Weinstraße)

Vorwahl: 06321

H Weinhotel Mugler, Peter Koch-Str. 50, ✆ 66062, IV-V 0

Mußbach (Neustadt a. d. Weinstraße)

Vorwahl: 06321

P Gästehaus Weingut Klohrer Winzerhof, An der Eselshaut 67, ✆ 66439, III 1.5
P Gästehaus am Herrenhof, info@weingut-klohr.de, ✆ 68548 1.5

Haardt an der Weinstraße (Neustadt a. d. Weinstraße)

Vorwahl: 06321

H Müller-Pressler, Mandelring 112, ✆ 6287, III 0
H Tenner, Mandelring 216, ✆ 9660, IV 0.5

Neustadt a. d. Weinstraße

Vorwahl: 06321

i Tourist-Information, Hetzelpl. 1, ✆ 926892 0
NF Naturfreundehaus Heidenbrunnertal, Siedlerstr. 100, ✆ 88169, I 3.5
Pfalz-Jugendherberge Familien- und JGH, Hans-Geiger-Str. 27, ✆ 2289, II 0
Fahrradfachmarkt Trimpe, Adolf-Kolping-Str. 126, ✆ 952790 1.5

Hambach an der Weinstraße (Neustadt a. d. Weinstraße)

Vorwahl: 06321

i Tourist-Information, Hetzelpl. 1, Neustadt a. d. Weinstraße, ✆ 926892 0
i Ortsverwaltung Hambach, Weinstr. 264, ✆ 2831 0
H Andergasser Stubb', Anderg. 94, ✆ 86670, II-III 0.5
H Hambacher Winzer, Weinstr. 100, ✆ 32643, III 0.5
Gh Landgasthof Jägerstübchen, Anderg. 84, ✆ 2544, II 0.5
P Gästehaus Schlossblick, Anderg. 67, ✆ 86490, II-III 0.5
P Wein- und Sektgut Rebenhof, Anderg. 93, ✆ 4813300 0.5

Diedesfeld (Neustadt a. d. Weinstraße)

Vorwahl: 06321

i Tourist-Information, Hetzelpl. 1, Neustadt a. d. Weinstraße, ✆ 926892 0
P Rebstöckel, Kreuzstr. 11, ✆ 0171/9555995, III 0
P Weingut Helbighof, Anderg. 40-40a, ✆ 32781, III 0.5

Maikammer

Vorwahl: 06321

i Büro für Tourismus, Weinstr. Süd 40, ✆ 952768. Mitte 2023 wird das Büro für Tourismus an einen neuen Standort umziehen. 0.5
H Immenhof, Immengartenstr. 26, ✆ 9550, V 0.5
H La Corona, Weinstr. Nord 21, ✆ 5790061
H Zum Goldenen Ochsen, Marktstr. 4, ✆ 58101, III 0.5
Hg Weinhaus Ludwig Wagner & Sohn, Weinstr. Süd 12, ✆ 5172, III-IV 0.5

Fw Weinh- und Sekthaus Schreieck, Hartmannstr. 38, ✆ 5067

Weigenand, Frantzpl., ✆ 58445 0.5

St. Martin

Vorwahl: 06323

Tourist-Information, Kellereistr. 1, ✆ 5300 0.5

H Arens Hotel 327m NN, Oberst-Barrett-Str. 1, ✆ 9450, IV-V 0.5

H Gernert, Maikammererstr. 39, ✆ 2794, V 0

H St. Martiner Castell, Maikammerer Str. 2, ✆ 9510, IV 0

H Winzerhof, Maikammerer Str. 22, ✆ 94440 0

Gh Wirtshaus im Wolsel, An der Totenkopfstr., ✆ 5545, III-IV 2

P Weingut Ziegler, Jahnstr. 11, Haus Palatinum, ✆ 5337, III-IV 0

Camping Wappenschmiede, Talstr. 60, ✆ 6435, I 1

Edenkoben

Vorwahl: 06323

Büro für Tourismus, Poststr. 23, ✆ 959222 0.5

Tourist-Information i-Punkt, Weinstr. 81, ✆ 9897858 0

H Klimahotel Gutshof Ziegelhütte, Luitpoldstr. 75-79, ✆ 94980, IV 1

H Weinkeller Pfälzer Hof, Weinstr. 85, ✆ 938910, IV-V 0

P Weingut Fitz-Schneider, Klosterstr. 157a, ✆ 5210 0.5

Pz Gästehaus Berggasse, Bergg. 2, ✆ 5200, I 0

Ht Edenkobener Hütte am Hüttenbrunnen, Schänzelstr. 2, am Hüttenbrunnen, ✆ 2827, II 3

NF Naturfreundehaus Edenkoben, Schänzelstr. 4, ✆ 1851, I 3.5

Fw Blaues Haus, Spitalstr. 7, ✆ 3165, ✆ 0157/54823556, III-IV 0.5

Rhodt unter Rietburg

Vorwahl: 06323

Gäste- und Bürgerinfo Rhodt, Weinstr. 44, im historischen Durlacher Hof, ✆ 980079 0

H Alte Rebschule, Theresienstr. 200, ✆ 70440, VI 0

P Gästehaus Blank, Weinstr. 79, ✆ 2956, II-III 0

P Weingut & Gästehaus Seelos, Theresienstr. 1, ✆ 2676, IV 0

P Weingut Krieger, Edesheimer Str. 7, ✆ 5411, III 0

Pz Pabst, Theresienstr. 29, ✆ 81191, IV 0

Edesheim

Vorwahl: 06323

H Schloss Edesheim, Luitpoldstr. 9, ✆ 94240, V 1.5

H Wein-Castell Diehl, Staatsstr. 21, ✆ 938940, III 1.5

Pz Bourdy, Ruprechtstr. 30, ✆ 5875, III-IV 1.5

Weyher in der Pfalz

Vorwahl: 06323

P Gästehaus Herrmann, Oberdorf 42, ✆ 5172, II 0

P Gästehaus Jäger, Modenbachstr. 25, ✆ 7693 0.5

P Gästehaus Nossek, Oberdorf 46, ✆ 93131, III 0

P Gästehaus Siener, Froelichstr. 5, ✆ 4467, II-III 0

Hainfeld

Vorwahl: 06323

Fw Am Schlossberg, Am Schlossberg 10, ✆ 9888505, ✆ 0175/4350319, III 0

Burrweiler

Vorwahl: 06345

Tourist-Information i-Punkt, Weinstr. 81, Edenkoben, ✆ 06323/9897858 0

H Sankt Annagut, St.-Anna-Str. 203, ✆ 3258, IV 1

Hg Weinhotel Am Schlossberg, Am Schlossberg 1, ✆ 2976, ✆ 949420, IV 0

Pz Am Schäwer, Am Schäwer 4, ✆ 8700, III 0

Gleisweiler

Vorwahl: 06345

Verkehrsverein Gleisweiler e. V., Hainbachtalstr. 3, ✆ 3000 0

Gh Zickler, Badstr. 4, ✆ 93139, III-IV 0.5

Frankweiler

Vorwahl: 06345

Südliche Weinstraße Landau-Land e. V., Hauptstr. 4, Leinsweiler, ✆ 3531 0

P Brand, Weinstr. 28, ✆ 1531, III 0

NF Naturfreundehaus Kiesbuckel, ✆ 06341/88642, I 2

Siebeldingen

Vorwahl: 06345

Südliche Weinstraße Landau-Land e. V., Hauptstr. 4, Leinsweiler, ✆ 3531 0

H Villa Königsgarten, Bismarckstr. 1, ✆ 5129, III 0

Hg Sonnenhof, Mühlweg 2, ✆ 3311, III 0

Birkweiler

Vorwahl: 06345

Südliche Weinstraße Landau-Land e. V., Hauptstr. 4, Leinsweiler, ✆ 3531 0

P Gästehaus St. Laurentiushof, Hauptstr. 21, ✆ 9199431, IV 0

Ranschbach

Vorwahl: 06345

Südliche Weinstraße Landau-Land e. V., Hauptstr. 4, Leinsweiler, ✆ 3531 0

P Rosenhof, Weinstr.2, ✆ 2850 0

Pz Gästehaus Bildstock, Sportplatzstr. 1, ✆ 1230, II 0

Pz Weingut Müller, Weinstr. 68, ✆ 1041, II 0

Leinsweiler

Vorwahl: 06345

Südliche Weinstraße Landau-Land e. V., Hauptstr. 4, ✆ 3531 0

H Castell, Hauptstr. 32, ✆ 94210, IV 0

H Leinsweiler Hof, Leinsweiler Hof 1, ✆ 4090, HP, VI 0.5

H Rebmann, Weinstr. 8, ✆ 95400, IV 0

P Lauras Weinherberge, Hauptstr. 2, ✆ 9545858, IV 0

Eschbach
Vorwahl: 06345

i Südliche Weinstraße Landau-Land e. V., Hauptstr. 4, Leinsweiler, ✆ 3531 0

P Weingut Erhart, Weinstr. 2, ✆ 7474 0

Göcklingen
Vorwahl: 06349

i Südliche Weinstraße Landau-Land e. V., Hauptstr. 4, Leinsweiler, ✆ 06345/3531 0

P Weingut Schäferhof, Haupstr. 24, ✆ 1353, III 2

Pz Weingut Altschuh, Hauptstr. 66, ✆ 6903, II 1.5

Pz Weingut Fischer-Brauner, Im Kreuz 11, ✆ 5777, III 1.5

Klingenmünster
Vorwahl: 06349

H Stiftsgut Keysermühle, Bahnhofsstr. 1, ✆ 99390, III 0.5

Heuchelheim-Klingen
Vorwahl: 06349

i Südliche Weinstraße Landau-Land e. V., Hauptstr. 4, Leinsweiler, ✆ 06345/3531 0

Pz Ehrhart, Am Pfarrgarten 2, ✆ 3181, II 2.5

Pz Weingut Junghof, Hauptstr. 21, ✆ 1881, III 2

Gleiszellen-Gleishorbach
Vorwahl: 06343

H Südpfalz-Terrassen, Winzerg. 42, ✆ 70000, IV-V 0

Gh Zum Lam, Winzerg. 37, ✆ 939212, III-IV 0

Pz Becker, Schulstr. 4, ✆ 92357, II-III 0

Pz Schwerdtfeger, Winzerg. 20, ✆ 8632, II 0

Pleisweiler-Oberhofen
Vorwahl: 06343

i Tourist-Information Bad Bergzaberner Land, Kurtalstr. 27, Bad Bergzabern, ✆ 989660 0.5

H Landhotel Hauer, Hauptstr. 31, ✆ 700700, IV 0.5

P Gästehaus Heil, Schlossstr. 49, ✆ 1764, II 0

Fw Das blaue Haus, Schlossstr. 35, ✆ 5336, ✆ 0172/7215353, III 0

Bad Bergzabern
Vorwahl: 06343

i Tourist-Information Bad Bergzaberner Land, Kurtalstr. 27, ✆ 989660 0.5

H Luisenpark & Villa Louise, Kurtalstr. 57, ✆ 92610, IV-V 0.5

H Pfälzer Wald, Kurtalstr. 77, Am Schwanenweiher, ✆ 989190, III-IV 1

P Gästehaus Hermsdorf, Wiesenstr. 19, ✆ 8334, III 0

P Gästehaus Schönblick, Petronellastr. 14, ✆ 1673, II 0

Südpfalz-Jugendherberge Familien- und JGH, Altenbergweg, ✆ 8383, II 0.5

Kapellen-Drusweiler
Vorwahl: 06343

H Kleines Landhaus Wendel, Obere Hauptstr. 8, ✆ 8245, ✆ 939668, III-IV 1.5

Pz Weingut und Gästehaus Nagel, Obere Hauptstr. 25, ✆ 2724, I 1.5

Dörrenbach
Vorwahl: 06343

P Sonnenhof, Kastanienstr. 4, ✆ 8168, III 1

Pz Hau, Im Rödelstal 10, ✆ 3605, III 1.5

Pz Fw Haus am Kastanienwald, Überg. 32, ✆ 931913, ✆ 0152/01065655, II-III 1.5

Oberotterbach
Vorwahl: 06342

H Schlössl, Weinstr. 6, ✆ 923230, V 0

Pz Dachstudio Metz, Friedhofstr. 9, ✆ 919519, II 0

Fw Apartment An der Weinstraße, In den Birken 4, ✆ 01575/2147113, II 0.5

Schweigen-Rechtenbach
Vorwahl: 06342

i Tourist-Information Schweigen-Rechtenbach, Weinstr. 5, in der Vinothek, ✆ 6321 0

H Schweigener Hof, Hauptstr. 2, ✆ 9250, III-IV 0

Hg Filoxenia am Deutschen Weintor, Bacchusstr. 1, ✆ 9239977, ✆ 01514/6611555, III 0

P Zur Traube, Gartenstr. 7, ✆ 7264, ✆ 01515/3857962, II 0

Wissembourg (F)

i Office de Tourisme, 11 Place de la République, ✆ 0333889410110.5

H Au Cygne, 3 Rue du Sel, ✆ 0388940016, III-V 0.5

H Weiss, 1 Rue Vauban, ✆ 0388941367, III-IV 0

Tour 8 - Kraut-und-Rüben-Radweg

Bockenheim a. d. Weinstraße siehe Tour 4

Asselheim (Grünstadt) siehe Tour 4

Grünstadt siehe Tour 4

Dirmstein
Vorwahl: 06238

H Kempf, Marktstr. 3-7, ✆ 98340

Gh Bengel, Marktstr. 15, ✆ 98430, II 0

Großkarlbach
Vorwahl: 06238

i Ortsverwaltung Großkarlbach, Kändelg. 15, ✆ 926414 0.5

H Morrhof, Hauptstr. 77, ✆ 7594026, IV 0.5

H Winzergarten, Hauptstr. 17, ✆ 926800, III-IV 0.5

Pz Weingut Wolf, Hauptstr. 29, ✆ 2593, III 0.5

Bissersheim
Vorwahl: 06359

P Gästehaus Eschment, Freinsheimer Weg 9, ✆ 9304-0, III-IV 0.5

Kirchheim a. d. Weinstraße siehe Tour 7

Freinsheim siehe Tour 7

Weisenheim am Sand
Vorwahl: 06353

i i-Punkt Freinsheim, Hauptstr. 2, im Rathaus, Freinsheim, ✆ 989294 0

P Hilzensauer, Wilhelm-Busch-Str. 1+2, ✆ 2349, III 1

P Weinstube Schubar, Göbelstr. 1, ✆ 8552, III 1

Erpolzheim
Vorwahl: 06353

i i-Punkt Freinsheim, Hauptstr. 2, im Rathaus, Freinsheim, ✆ 989294 0

Gh Zum Schwanen, Hauptstr. 11, ✆ 7409, II 0

Fw Landhaus Hilberth, Bahnhofstr. 12, ✆ 1587, ✆ 0160/90928531

Ellerstadt

Vorwahl: 06237

Pz Ferien am Kirchenstück, Speyerer Str. 26, ✆ 60109, o.F., V 0.5

Gönnheim

Vorwahl: 06322

P Hofgut Gönnheim, Ludwigstr. 52, ✆ 9886720, III-IV 0

Friedelsheim

Vorwahl: 06322

i Tourist-Information Wachenheim, Weinstr. 15, im Wachhaisel, Wachenheim a. d. Weinstraße, ✆ 9580801 1.5

Pz Weingut Reinhart, Gartenweg 22, ✆ 7251, III 0

Pz Weingut im Schlossgarten, Im Schlossgarten 21, ✆ 68679, III 1

Niederkirchen bei Deidesheim

Vorwahl: 06326

i Tourist Service GmbH Deidesheim, Bahnhofstr. 5, Deidesheim, ✆ 96770 1.5

Meckenheim

Vorwahl: 06326

Pz Alte Brennerei, Hauptstr. 36, ✆ 989300, III 0.5

Haßloch

Vorwahl: 06324

i Tourist-Information, Rathauspl. 1, ✆ 935225 0

H Pälzer Buwe, Rathauspl. 2, ✆ 982050, ✆ 9115693, III-IV 0

P Hubertushof, Lachener Weg 200, ✆ 2234, III-IV 1

Fahrrad Lindo, Kirchg. 80, ✆ 982787 0.5

Radladen Haßloch, Bahnhofstr. 23, ✆ 9800686 0.5

Lachen-Speyerdorf (Neustadt a. d. Weinstraße)

Vorwahl: 06327

H Mediterraneo, Theodor-Heuss-Str. 29, ✆ 978888, III 0

Pz Gästehaus Maria, Heinrichtstr. 3, ✆ 2525, III 0

Fw Gästehaus Anneliese, Theodor-Heuss-Str. 24, ✆ 960024, ✆ 0173/6648753, II-III 0

Duttweiler (Neustadt a. d. Weinstraße)

Vorwahl: 06327

i Tourist-Information, Hetzelpl. 1, Neustadt a. d. Weinstraße, ✆ 06321/926892 5

Altdorf

Vorwahl: 06327

Pz Gästehaus Holderle, Gartenstr. 13, ✆ 2341, III 0

Pz Gästehaus Seyfried, Wiesenstr. 1, ✆ 2698, II 0

Pz Gästehaus Vinetum, Raiffeisenstr. 4, ✆ 2807, III 0

Fw Spelzenhof, Hauptstr. 77, ✆ 845, ✆ 0175/7638456 0.5

Böbingen

Vorwahl: 07173

Pz Weingut Pfaffmann, Hauptstr. 43, ✆ 06327/3663, II 0

Freisbach

Vorwahl: 06344

i Südpfalz Tourismus, Luitpoldpl. 1, Germersheim, ✆ 07274/53300 7

Schwegenheim

Vorwahl: 06344

H Schwegenheimer Hof, Hauptstr. 27, ✆ 969798, III 0.5

Fw Ferienhaus Alte Heimat, Kirchstr. 24, ✆ 939826, II-III 0.5

Lustadt

Vorwahl: 06347

Pz Weingut Schäffer, Obere Hauptstr. 73, ✆ 70010, II-III 0.5

Fw Blumenschein, Am Sträßel 46, ✆ 8613, II 0.5

Zeiskam

Vorwahl: 06347

i Südpfalz-Tourismus Verbandsgemeinde Bellheim, Schubertstr. 18, Bellheim, ✆ 07272/7008103 1

H Zeiskamer Mühle, Hauptstr. 87, ✆ 97400, V-VI 0

Bellheim

Vorwahl: 07272

i Südpfalz-Tourismus Verbandsgemeinde Bellheim, Schubertstr. 18, ✆ 7008103 1

H Lindners Hotel, Postgrabenstr. 52-54, ✆ 972060, III-IV 0.5

P Gästehaus Bell Inn, Zeiskamer Str. 45, ✆ 9006646, II 1

Rudis Vehikel Shop, Waldstückerring 18, ✆ 71451 2.5

Knittelsheim

Vorwahl: 06348

i Südpfalz-Tourismus Verbandsgemeinde Bellheim, Schubertstr. 18, Bellheim, ✆ 07272/7008103 1

Gh Waldhaus Knittelsheimer Mühle, Knittelsheimer Mühle, ✆ 8366, III-IV 0

Ottersheim bei Landau

Vorwahl: 06348

i Südpfalz-Tourismus Verbandsgemeinde Bellheim, Schubertstr. 18, Bellheim, ✆ 07272/7008103 1

Offenbach a. d. Queich

Vorwahl: 06348

i Büro für Tourismus Offenbach, Konrad-Lerch-Ring 6, ✆ 9860 0.5

P Gästehaus Walter, Jakobstr. 47b, ✆ 6150790, ✆ 0151/22843461, II 0.5

Radsport Geil, Raiffeisenstr. 9, ✆ 6106873 0.5

Herxheim bei Landau/Pfalz

Vorwahl: 07276

i Büro für Tourismus Herxheim, Obere Hauptstr. 2, ✆ 501107 0

P Schönstatt-Zentrum Marienpfalz, Josef-Kentenich-Weg 1, ✆ 7618, ✆ 5702, II 1

P Seither, Untere Hauptstr. 147, ✆ 9660797, ✆ 0178/2014663, III 0

Bike Runner, Untere Hauptstr. 52, ✆ 6496 1

Hayna (Herxheim bei Landau/Pfalz)

Vorwahl: 07276

H Zur Krone, Hauptstr. 62-64, ✆ 5080, VI 0

Hatzenbühl

Vorwahl: 07275

Zweirad Kern, Im Gereut 4, ✆ 3399 1

Kandel

Vorwahl: 07275

i Südpfalz Tourismus Kandel e. V., Georg-Todt-Str. 2a, ✆ 619945 0.5

H Zum Riesen, Rheinstr. 54, ✆ 3437, II-IV 0

H Zum Rössel, Bahnhofstr. 9, ✆ 5001, II-III 0

H Zur Pfalz, Marktstr. 57, ✆ 98550, III-IV 0.5

H Naturfreundehaus Bienwald Kandel, Oberkandeler Deich, ✆ 2632, I 1

vertical ride, Gartenstr. 6, ✆ 619510 0

Minfeld

Vorwahl: 07275

i Südpfalz Tourismus Kandel e. V., Georg-Todt-Str. 2a, Kandel, ✆ 619945 0.5

Freckenfeld

Vorwahl: 06340

P Jakobshof, Hauptstr. 112, ✆ 2261216, II 0

Schaidt (Wörth am Rhein)

Vorwahl: 06340

Fw Frech, Hauptstr. 156, ✆ 5028, o.F., I 0

Fw Frech, Speckstr. 6, ✆ 8290, I 0.5

Steinfeld (Pfalz)

Vorwahl: 06340

i Tourist-Information Bad Bergzaberner Land, Kurtalstr. 27, Bad Bergzabern, ✆ 06343/989660 6

Schweighofen

Vorwahl: 06342

H Landhotel Windhof, Windhof 5, ✆ 7341, IV 1

Fw Fischer, Südring 11, ✆ 7741, I 0.5

Schweigen-Rechtenbach siehe Tour 7

Wissembourg (F) siehe Tour 7

Tour 9 - Rhein-Radweg

Neuburg am Rhein

Vorwahl: 07273

i Tourist-Information, Hauptstr. 50, ✆ 1226 0

P Fw Zur Linde, Bahnhofstr. 4, ✆ 2355, ✆ 0176/29453101, III 0

Maximiliansau (Wörth am Rhein)

Vorwahl: 07271

H Vater Rhein, Eisenbahnstr. 4, ✆ 94880, IV 0

Killer-Rad, Jacques-Offenbach-Str. 3, ✆ 971022 0.5

Wörth am Rhein

Vorwahl: 07271

i Südpfalz Tourismus, Luitpoldpl. 1, Germersheim, ✆ 07274/53300 0.5

Hg Zum Hirsch, Luitpoldstr. 9, ✆ 76000, III 0.5

Velocenter Hessert, Hartmannstr. 25, Nähe TÜV, ✆ 78033 0

Jockgrim

Vorwahl: 07271

i Südpfalz Tourismus, Luitpoldpl. 1, Germersheim, ✆ 07274/53300 0.5

i Verbandsgemeinde Jockgrim, Untere Buchstr. 22, ✆ 599180 0

H Victoria Living, In den Gruben 14, ✆ 9497710, V-VI 0.5

Gh Hotel zum Elefanten, Bahnhofstr. 2, ✆ 51836, II 0.5

P s'Fröschl, Buchstr. 5, ✆ 5478, o.F., III 0

Rheinzabern

Vorwahl: 07272

P Bäckerei Fischer, Außerdorf 49, ✆ 8365, II 0

Fw Ferienwohnung Rheinzabern, An der Ziegelei 3, ✆ 92092, IV 0

Fw Haus Türk, Flachsmarkt 19b, ✆ 4933, I 0.5

Neupotz

Vorwahl: 07272

i Verbandsgemeinde Jockgrim, Untere Buchstr. 22, Jockgrim, ✆ 07271/599180 0

Gh Chefs Gästezimmer, In den Krautstücken 8, ✆ 9725919, II 0.5

Gh Zur Pfalz, Hauptstr. 34, ✆ 8111, ✆ 8631, III 0.5

P Gehrlein, Hauptstr. 58, ✆ 2420, ✆ 5383, II 0.5

P Neupotz, Schmiedhof Aussiedlung 1, ✆ 955682, ✆ 0172/1311319, II 0.5

Leimersheim

Vorwahl: 07272

i Südpfalz Tourismus, Luitpoldpl. 1, Germersheim, ✆ 07274/53300 0.5

H Zum Anker, Unt. Hauptstr. 9, ✆ 2230, II 1

P Gästehaus am Otterbach, Schafgartendamm 6-7, ✆ 1526, o.F., II 1

Restaurant Müllers, Rheinstr. 42, ✆ 9556965 0.5

Rheinschänke, Rheinstr. 26, ✆ 2709 0.5

Sondernheim (Germersheim)

Vorwahl: 07274

H Gut Altbrand, Im Brand, ✆ 9709986, III-IV 2

Camping - Gimperlrhein, Germersheimer Str. 15, ✆ 960244, I 1

Germersheim

Vorwahl: 07274

i Besucherzentrum Weißenburger Tor, Paradepl. 10, Weißenburger Tor, ✆ 960301 0.5

i Südpfalz Tourismus, Luitpoldpl. 1, ✆ 53300 0.5

H Kleine Festung, Hauptstr. 18, ✆ 7001508, III-IV 0.5

P Café zum Elefanten, Hauptstr. 17, ✆ 9491517, II-III 0.5

BB Vinothek Jochem, Fischerstr. 21, ✆ 500970, ✆ 0171/9926221, II 0.5

Germersheimer Radhaus, Eugen-Sauer-Str. 2, Kirchenpl., ✆ 3100 0.5

Haasies Radschlag, Marktstr. 13, ✆ 4863 0.5

Lingenfeld

Vorwahl: 06344

i Verbandsgemeinde Lingenfeld, Hauptstr. 60, ✆ 5090 0.5

H Zip, In den Bellen 1, ✆ 9260233, ✆ 0176/75231649, III-II 0.5

H Zur Rose, Humboldtstr. 29, ✆ 4151, III 0.5

Radsport Laufer, Hauptstr. 35, ✆ 4990 0.5

Mechtersheim (Römerberg)

Vorwahl: 06232

H Pfälzer Hof, Schwegenheimer Str. 11, ✆ 8170, III-IV 1

Morgenstern, Philippsburger Str. 13, ✆ 83776 1

Berghausen (Römerberg)

Vorwahl: 06232

H Morgenstern, Germersheimer Str. 2b, ✆ 68500, III 1.5

H Fw Zum Engel, Berghäuser Str. 36, ✆ 6583211, III 1

Speyer

Vorwahl: 06232

i Tourist-Information, Maximilianstr. 13, ✆ 142392 0.5

H **Löwengarten, Schwerdstr. 14, ✆ 6270, IV-V** 1

H Domhof, Bauhof 3, ✆ 13290, IV-V 0.5

H Ibis Styles Speyer Hotel, Karl-Leiling-Allee 6, ✆ 2080, III 0

H Il Rustico & Hotel 1735, Rheintorstr. 5, ✆ 8505776, ✆ 676830, III-IV 0

H Zum Halbmond, Nikolausg. 4, ✆ 3124509, IV 0.5

Hg Am Wartturm, Landwehrstr. 28, ✆ 64330, IV-V 2

Hg Goldener Engel, Mühlturmstr. 5-7, ✆ 13260, III-IV 1

Gh Fw Maximilian, Korng. 15, ✆ 1002500, o.F., III-IV 1

Kurpfalz-Jugendherberge Familien- und JGH, Geibstr. 5, ✆ 61597, II 0.5

Otterstadt

Vorwahl: 06232

H Linde, Luitpoldstr. 31, ✆ 69900, III-IV 0.5

P Gästehaus Am Zimmerplatz, Am Zimmerpl. 1, ✆ 6768922, ✆ 640596, ✆ 0176/96295545, II 0

Altrip

Vorwahl: 06236

i Verbandsgemeinde Rheinauen, Ludwigstr. 48, ✆ 399923 0

H Darstein, Zum Strandhotel 10, ✆ 4440, III-IV 1.5

P Casa Rosa, Dalbergstr. 69, ✆ 42660, III 0.5

Blaue Adria, Adriastr. 20, ✆ 3831, ✆ 508841, I 1.5

Ludwigshafen am Rhein

Vorwahl: 0621

i Tourist-Information, Berliner Pl. 1, ✆ 512035, ✆ 512036 0.5

H Best Western Leoso, Pasadenallee 4, ✆ 59510, IV-V 1

H Gartenstadt, Maudacher Str. 188, ✆ 5500791, IV-V 1.5

H Tulip Inn Ludwigshafen City, Ludwigspl. 5-6, ✆ 59870, IV-V 0

Hg Regina, Bismarckstr. 40, ✆ 519026, ✆ 519027, III-IV 0.5

P Ludwigshafener Pension, Wattstr. 126, ✆ 59282025, ✆ 0170/7534422, III 1

Oggersheim (Ludwigshafen am Rhein)

Vorwahl: 0621

H Kalimera, Mannheimer Str. 85, ✆ 6298046, III 0.5

H Oggersheimer Hof, Schillerstr. 75, ✆ 689565, ✆ 0177/8142360, o.F., III 0.5

Fahrrad XXL Kalker, Oderstr. 3, ✆ 5790994 1.5

Friesenheim (Ludwigshafen am Rhein)

Vorwahl: 0621

H Newton, Kopernikusstr. 67, ✆ 6600100, III-IV 1.5

H René Bohn, René-Bohn-Str. 4, ✆ 6099100, III-VI 0.5

P Julius, Sternstr. 121, ✆ 698336 1

Oppau (Ludwigshafen am Rhein)

Vorwahl: 0621

H Knobelbecher, Bürgermeister-Trupp-Str. 28, ✆ 651100, ✆ 0151/40140055, o.F., III 0

P Deutschhof, Edigheimer Str. 2, ✆ 651107, ✆ 95344106, o.F., I-II 0.5

Radhaus Böhn, Rosenthalstr. 1, ✆ 6573976 0.5

Worms siehe Tour 4

Tour 10 - Palatia-Radweg

Speyer siehe Tour 9

Dudenhofen

Vorwahl: 06232

i Verbandsgemeinde Römerberg-Dudenhofen, Konrad-Adenauer-Pl. 6, ✆ 6560 1

H Goldens Lamm, Landauer Str. 2, ✆ 699980, III 1

Gh Zur Ganerb, An der Ganerb 2, ✆ 92701, III 1

Lachen-Speyerdorf (Neustadt a. d. Weinstraße) siehe Tour

Mußbach (Neustadt a. d. Weinstraße) siehe Tour

Neustadt a. d. Weinstraße siehe Tour

Lindenberg (Pfalz)

Vorwahl: 06325

P Silbertal, Lambrechter Str. 23, ✆ 959800, III 0.5

Lambrecht (Pfalz)

Vorwahl: 06325

i Tourist-Information Tal vital, Sommerbergstr. 3, ✆ 181110 0.5

P Pfalzakademie, Franz-Hartmann-Str. 9, ✆ 18000, III 0.5

Pz Gästehaus Jungmann, Freiherr-vom-Stein-Str. 18, ✆ 6542, II-III 0.5

Frankeneck

Vorwahl: 06325

Fw Gästehaus Gutfrucht, Im Buchental 6, ✆ 184740, I-II 0.5

Neidenfels
Vorwahl: 06325
Tourist-Information Tal vital, Sommerberg-str. 3, Lambrecht (Pfalz), ✆ 181110 0.5
Lichtensteinhütte, Hintertalstr. 50, ✆ 3040566, o.F., I 2.5

Breitenstein (Esthal)
Vorwahl: 06325
Forsthaus Breitenstein, Talstr., ✆ 06328/227, II-III 0

Elmstein
Vorwahl: 06328
Tourist-Information, Bahnhofstr. 60, ✆ 234 0
Naturfreundehaus Lambrecht im Kohlbach-tal, Im Kohlbachtal, ✆ 666, I 1.5

Iggelbach (Elmstein)
Vorwahl: 06328
Tourist-Information, Bahnhofstr. 60, Elm-stein, ✆ 234 0
Heller, Schlossg. 31, ✆ 989413, ✆ 989412, II-III 0.5
Pfälzer Hof, Dorfstr. 97, ✆ 252, III 0.5

Tour 11 - Queichtal-Radweg

Hauenstein siehe Tour 2

Wilgartswiesen siehe Tour 2

Rinnthal
Vorwahl: 06346
Trifelsland Büro für Tourismus, Messpl. 1, Annweiler am Trifels, ✆ 2200 0

Wernersberg
Vorwahl: 76857
Gh Trifelsblick, Hauptstr. 27, ✆ 06346/929193, III 1.5

Annweiler am Trifels
Vorwahl: 06346
i Trifelsland Büro für Tourismus, Messpl. 1, ✆ 2200 0
H Zum alten Wasserrad, Am Storchentor 8, ✆ 93344, III-IV 0
Gh Barbarossa, Trifelsstr. 72, ✆ 8479, III 0
Gh Richard Löwenherz, Burgstr. 23, ✆ 8394, III 0
P Bergterrasse, Trifelsstr. 8, ✆ 7219, IV 0
NF Naturfreundehaus Annweiler, Viktor-von-Scheffel-Str. 18, ✆ 8198, ✆ 3870, II 0
JH Turnerjugendheim, Turnerweg 60, ✆ 300690, II 0.5

Bindersbach (Annweiler am Trifels)
Vorwahl: 06346
H Kurhaus Trifels, Kurhausstr. 25, ✆ 308860, IV 0.5
P Heger, Rehbergstr. 58, ✆ 96360, III. Kurzaufenthalt auf Anfrage. 0.5

Albersweiler
Vorwahl: 06345
i Trifelsland Büro für Tourismus, Messpl. 1, Annweiler am Trifels, ✆ 06346/2200 0
i Verein für Tourismus und Wein, Weinstr. 12, ✆ 2953 0.5
i Gemeinde Albersweiler, Hauptstr. 66, ✆ 3601 0

H Berghof, Schlossstr. 36, ✆ 9355262, III-IV 1

Birkweiler siehe Tour 7

Siebeldingen siehe Tour 7

Arzheim (Landau i. d. Pfalz)
Vorwahl: 06341
P Gästehaus Kleine Kalmit, Prinz-Eugen-Str. 14, ✆ 93520, IV-V 2

Landau i. d. Pfalz
Vorwahl: 06341
i Büro für Tourismus, Marktstr. 50, ✆ 138310 0.5
i Südliche Weinstrasse e.V., An der Kreuzmühle 2, ✆ 940407 0.5
H Amelie, Otto-Kießling-Str. 2, ✆ 2674733, III 1.5
H Maximilians, Maximilianstr. 28, ✆ 2692921, III-IV 0.5
H Parkhotel, Mahlastr. 1, ✆ 1450, IV-V 1
P Villa Delange, Lindenbergstr. 30, ✆ 676740, IV 2
P Villa Hochdörffer, Lindenbergstr. 79, ✆ 649630, IV-V 2.5
AH Heiligenthaler Hof, Martin-Luther-Str. 17, ✆ 6732535, o.F., IV 0.5
Bikeshop I3.0, Meerweibchenstr. 11, ✆ 144152 0.5
Zweirad-Burckhardt, Theaterstr. 6, ✆ 87282, ✆ 0176/81324692 0.5

Queichheim (Landau i. d. Pfalz)
Vorwahl: 06341
H Soho, Marie-Curie-Str. 7, ✆ 141960, IV 1.5
Pz Andreashof, Queichheimer Hauptstr. 116, ✆ 52899, II 1

Offenbach a. d. Queich siehe Tour 8

Bornheim
Vorwahl: 06348
i Büro für Tourismus Offenbach, Konrad-Lerch-Ring 6, Offenbach a. d. Queich, ✆ 9860 0
P Villa Toskana/Zur Weinlaube, Wiesenstr. 31, ✆ 1584, IV-V 1

Ottersheim bei Landau siehe Tour 8

Knittelsheim siehe Tour 8

Bellheim siehe Tour 8

Sondernheim (Germersheim) siehe Tour 9

Germersheim siehe Tour 9

Tour 12 - Dt.frz. Pamina-Radweg Lautertal

Hinterweidenthal siehe Tour 1

Dahn
Vorwahl: 06391
i Tourist-Information Dahner Felsenland, Schulstr. 29, ✆ 9196222 0.5
H Pfalzblick Wald Spa Resort, Goethestr. 1, ✆ 4040, V 0
JH Felsenland-Jugendherberge Familien- und JGH, Am Wachtfelsen 1, ✆ 1769, II 0.5

Rad- & Wanderheim „Schwalbenfelsen", Schillerstr. 17a, 5757, 0173/3045376, o.F., III-IV 0

Büttelwoog, Am Campingpl. 1, 5622, I 1

Moosbachtal, Neudahner Weiher 12, 9248530, I 0.5

Neudahner Weiher, Neudahner Weiher 3, 1326, I 0.5

Rad-Sport Farbacher, Grabenstr. 4, 3510 0.5

Reichenbach (Dahn)

Vorwahl: 06391

BikerShop Ruppert, Industriestr. 4, Reichenbach, 2584 0

Bruchweiler-Bärenbach

Vorwahl: 06394

Tourist-Information Dahner Felsenland, Schulstr. 29, Dahn, 06391/9196222 0.5

H Felsengarten, Gartenstr. 78, 1661, IV-V 0

P Sonnenhöhe, Am Finkenschlag 1, 705, II-III 0.5

Bundenthal

Vorwahl: 06394

Bundenthal Touristik e. V., Rechtenbacher Str. 29, 9933824, 0176/23494888 0.5

Gh Zur Krone, Hauptstr. 98-100, 301, IV 0

P Falkenmühle, Mühlstr., 993977, III-IV 0

Pz Haus Fladenstein, Kannelgarten 17, 5378, II-III 0.5

Fw Fröhlich Daheim, Hauptstr. 96, 221, III 0

Rumbach

H Haus Waldeck, Im Langental 75, 06394/494, III 2

Niederschlettenbach

Tourist-Information Dahner Felsenland, Schulstr. 29, Dahn, 06391/9196222 0.5

Erlenbach bei Dahn

Vorwahl: 06398

H Burg Berwartstein, 210 0

Fw Schehl, Bergstr. 2, 327 0

Bobenthal

Vorwahl: 06394

Tourist-Information Dahner Felsenland, Schulstr. 29, Dahn, 06391/9196222 0.5

St. Germanshof (Bobenthal)

Vorwahl: 06322

H Hotel St. Germanshof, St. Germanshof 10, 06394/1455, III-IV 0.5

Wissembourg (F)

siehe Tour 7

Altenstadt (Wissembourg) (F)

Espace Cycles, Allée Peupliers, 0388543377 0

Scheibenhard (F)

Office de Tourisme, 21 Rue de la 1ère Armée, Lauterbourg, 0388055979 0.5

Lauterbourg (F)

Office de Tourisme, 21 Rue de la 1ère Armée, 0388055979 0.5

H Le Cygne, 39 Rue du Général Mittelhauser, 0388948059, III 0.5

S Camping Les Mouettes, Chemin des Mouettes, 0388546860, I 1

Berg (Pfalz)

Vorwahl: 07273

P Fw Gästehaus Im Unnerdorf, Ludwigstr. 17, 1468, II-III 0

Zweiradshop Berg, Rosengärtenstr. 6a, 4758 0

Neuburg am Rhein

siehe Tour 9

Daxlanden (Karlsruhe)

Vorwahl: 0721

H Steuermann, Hansastr. 13, 950900, III-IV 0.5

Grünwinkel (Karlsruhe)

Vorwahl: 0721

H Beim Schupi, Durmersheimer Str. 6, 55940, III-IV 0

Karlsruhe

Vorwahl: 0721

Tourist-Information, Kaiserstr. 72-74, 602997580 0

H AAAA Hotelwelt Kübler, Bismarckstr. 37-43, 1440, IV 1

H Astoria, Mathystr. 22, 828080, II-III 1

Hg Acora Hotel und Wohnen Karlsruhe, Sophienstr. 69-71, 85090, III-VI 1.5

Hg Berliner Hof, Douglasstr. 7, 18280, IV-V 1

Hg Markgräfler Hof, Rudolfstr. 31, 6278600, III-IV 1.5

Jugendherberge, Moltkestr. 24, 28248, II 1

Bike Buddy, Ettlinger Str. 43, 96883553 0

Der Ritzler, Kreuzstr. 33, 66531882 0.5

MK-Bikes, Bahnhofstr. 9, 357310 0.5

Radwerk Ostring, Ostring 4, 6272717 2.5

Ortsindex

Seitenzahlen ab
65 beziehen sich
das Übernachtungs-
zeichnis.